U0085678

書山有路勤為徑，學海無涯苦作舟

書山有路勤為徑，學海無涯苦作舟

三國志

人物故事集

陳壽◎原著
秦漢唐◎編著

一個風起雲湧的時代
一部熱血忠義的傳奇

《三國志》是古今中外最暢銷的一本書。曾被翻譯成英、日、韓、德……等多國語文。
《三國志》是一本包括政治、軍事、外交、文學等多用途百科全書。
《三國志》中有一代梟雄曹操的霸氣、運籌帷幄諸葛亮的才氣、過五關斬六將關羽的義氣、周瑜羽扇綸巾的少年俠氣……。

序言

《三國志》是晉朝陳壽所著。他是巴西郡安漢縣（今四川省南充市）人，生於蜀漢後主建興十一年（公元二三三年），卒於晉惠帝元康七年（公元二九七年）。

陳壽從少年時代起，就非常喜歡讀古代歷史名著。他在同郡的著名史學家譙周的指導下，研讀了《尚書》、《春秋三傳》、《漢書》、《史記》……等史書，同時學習撰寫史書的方法。

公元二六三年，蜀國被魏國所滅，兩年之後，司馬炎奪取魏國政權，建立晉王朝。公元二八〇年，晉朝滅掉吳國。自漢末以來，朝綱盡失，各地豪強并起，軍閥割據，漢朝的一統江山分崩離析，魏、蜀、吳三國鼎峙，前後約九十年，至此復舊統一。

在這近百年的時間裡，烽火在多災多難的九州大地上熊熊燃燒，多少人物叱吒風雲，指點江山，馳騁沙場，多少戰爭此起彼伏，鬥智鬥勇，你死我活，又留下多少故事令後人思索、回味和傳頌。陳壽從動盪的生活中走過來，深感修史明志的重要性。就在晉朝滅掉吳國後不久，他就開始廣泛搜集史料，為撰寫《三國志》做準備。

當時，魏史、吳史已有了各種官修和私撰的著作，官修的有王沈的《魏書》、韋昭的《吳書》，私撰的有魚豢的《魏略》。蜀國由於沒有設置史官，無專人負責搜集記錄史料，所以可供參考的資料不多。陳壽以《魏書》、《魏略》、《吳書》為基礎，又特地專程到蜀地搜集採訪蜀國史料，終於寫出了六十五卷本的《魏書》、《蜀書》、《吳書》，合在一起稱為《三國志》。

《三國志》原本是獨立成書的，到北宋刻印時，合為一部。《三國志》一寫出來，就引起很大轟動，後來有人把陳壽和《史記》的司馬遷、作《漢書》的班固相提並論，甚至還有的人在看過陳壽的《三國志》之後，就把自己正在撰寫的三國史書付之一炬。

陳壽去世後，梁州大中正尚書郎范頵上書給皇帝，稱讚陳壽的《三國志》「辭多勸誡，明乎得失，有益風化」，請求派人去採錄。於是皇帝派人到陳壽家抄寫了這部書。《三國志》與以前的史書如《史記》、《漢書》比起來，有自己的鮮明特點。它根據三國歷史的特殊情況，分敘同一時期內的三個國家的歷史，屬於紀傳體分國史，在斷代史上堪稱別具一格。

全書行文簡潔，文筆明快，人物的音容，時躍紙上，事件的起伏跌宕，多見行間，令人拍案叫絕，嘆為觀止。由於歷史的局限，陳壽身為晉朝治書侍御史，對於歷史人物的評價、歷史的事件的分析、三國歷史資料的取捨，難免要從當時統治階層的立場出發，反應晉朝的觀點。

晉朝脫胎於魏國，《三國志》自然要以魏國為正統，稱魏國的君主為帝，敘入「紀」中，而對蜀、吳的君主則稱主，做入「傳」中。三書中《魏書》的內容最為豐富，有三十卷；《蜀書》最為簡略，有十五卷；《吳書》適中，有二十卷。後人指出，《魏書》的內容雖然豐富，卻偶有失實之處，特別是對後來成為晉朝的統治階層的那些人，時有隱惡溢美之辭。

三書之中有一個共同的缺點，就是在記人敘事中過於簡略，部份能反映細節的許多史料常被忽略了。為此，南宋時的宋文帝特命裴松之為陳壽原書作注釋。

裴松之博引群書，廣集史料，據清人統計，注文超出原著三倍。由於過分繁複，被人批評為「注之所載，皆壽書之棄餘」。儘管如此，無論是陳壽的《三國志》，還是裴松之的注釋，在史學的研究和史料的保存上都有不可磨滅的歷史功績。

《三國志》成書於晉朝初年，記人敘事都是典型的文言文，對於今天的年輕讀者來說，或許有些艱澀難懂。為幫助青年朋友們了解《三國志》這部史書，編者從《三國志》原著中精選出了二百餘個故事，以白話、故事的方式重新演繹，並對故事的主人公加以簡略介紹，以加深對故事的了解。

蜀書

吳書

魏書

曹操 簡介

曹操（公元一五五—二二〇年），字孟德，小名阿瞞，東漢沛國譙縣（今安徽亳縣）人，漢相國曹參之後。少年時，為人機警，善使權術。二十歲時舉孝廉。東漢末年，群雄并起，連年戰亂。曹操憑藉他的文才武略，廣羅人才，逐步擴大勢力範圍。東漢建安五年（公元二〇〇年），官渡之戰打敗北方強敵袁紹後，逐步統一中國北部。他「挾天子以令諸侯」，南征北戰，確立了他北方霸主的地位。建安十三年（公元二〇八年），擔任宰相。同年，率軍南下，在赤壁和劉備、孫權的聯軍交戰，被打敗。建安二十一年（公元二一六年），封魏王。他曾在北方興修水利，開墾農田，為發展農業生產作出貢獻。他在軍事理論和文學創作上都有相當成就。《三國志》中的《魏書．武帝紀》記載了曹操從漢末群雄并起，到他消滅群豪並統一中國北方的三十餘年歷史。曹操去世，兒子曹丕稱帝，追尊他為魏武帝。《三國志》卷一《武帝紀》詳細介紹了曹操一生的主要經歷。

曹阿瞞詐病誆叔

曹操，小名阿瞞，自幼不務正業，喜歡打獵，遊蕩無度，玩起來沒完沒了。曹操出身於大官家庭，看到他的不良行為，他叔父便屢次到曹操的父親曹嵩面前告狀。曹操因此而經常受到他父親的責罰。曹操很討厭叔父的做法，於是他便設計離間他父親對他叔父的信任。

一天，曹操與叔父在路上相遇，他假裝口眼歪斜的樣子。叔父見狀不禁大吃一驚，連忙問他怎麼了，曹操回答說：「可能是中了惡風。」

叔父信以為真，連忙跑去告訴曹操的父親。曹操的父親聞訊趕來，卻發現曹操口貌端正，全然沒有中惡風的樣子。曹嵩問他說：「你叔叔說你中惡風了，難道沒有這回事嗎？」

曹操反口說道：「我本來就沒有中惡風，只是叔叔不喜歡我，才到你那裡說我的壞話。」

從此曹嵩對曹操的叔父產生了疑心。以後，曹操的叔父再向曹嵩告訴什麼事情，曹嵩都不相信了，失去了父親和叔父的管教，曹操就更加隨心所欲了。

賣家產，興義兵

曹操出身豪門，祖父和父親都在朝廷做過大官。小時候，曹操很機靈，但也很愛玩，整天和一群紈褲子弟一起打獵遊玩，很多人都說他將來沒有什麼出息，只有梁國人橋玄慧眼識英才。

橋玄對曹操說：「天下將要大亂，沒有齊世安邦的傑出人才是平定不了天下的，而這個人將非您莫屬。」

漢靈帝光和末年，由於地主對於農民的殘酷的剝削和政治壓迫，爆發了黃巾之亂。造亂的農民用黃布裹頭，以雷霆萬鈞之勢震撼著地主的統治。曹操被朝廷任命為騎都尉，參加了鎮壓黃巾亂民的活動。由於他作戰有功，被升遷為濟南國相，掌管濟南所轄十幾個縣的軍政大事。

曹操到任後，對貪官污吏繩之以法，將濟南治理得井井有條。漢靈帝去世時，太子尚年幼，即位後，大權被宦官所把持。大將軍何進與袁紹策劃殺掉宦官，請示太后，太后不同意。何進召在京外駐紮的董卓率軍入京，想用武力逼太后同意。董卓聞訊後起兵殺來，但沒等到他京城，何進就被宦官殺掉了。曹操當時任典軍校尉。他聽說此事後，笑著對旁人說：

「朝中用宦官，古今都有，但不能讓他們掌權。現在他們掌權了，胡作非為，要治他們罪，殺了首惡分子就可以了。懲辦首惡分子，用一個看管監獄的小官就足夠了，用不著召京外的將士，進行聲勢浩大的討伐。召董卓進京，肯定對朝廷不利。」

董卓進京後，先廢黜少帝，封他為弘農王，後立漢獻帝，京城大亂。董卓對曹操很賞識，奏請漢獻帝，舉荐曹操為驍騎校尉，打算和曹操共議朝中大事。

曹操對董卓的所作所為，早已看不慣，他認為董卓成不了大事，董卓是天下共誅之亂臣賊子。於是，曹操改換姓名，往家鄉逃去。朝廷則下令懸賞緝拿。

曹操路過老朋友呂伯奢家時，呂伯奢恰巧外出，只有他的五個兒子在家。呂伯奢的兒子們知道曹操是朝廷懸賞緝拿的逃犯，就想把他抓起來送官府邀功。曹操得知後先下手為強，手起刀落，連殺八人，對天大叫：「寧肯我背棄別人，也不能讓別人背棄我！」然後趁著夜色逃走了。

這時董卓已殺死太后和弘農王，在朝中霸氣衝天

不可一世。曹操逃回家鄉，立即變賣家產，在孝廉衛茲的資助下，大舉起兵，討伐董卓，由此掀開漢末軍閥割據、群雄並起的波瀾壯闊的歷史畫卷。

治世之能臣，亂世之奸雄

一天，曹操擅自闖進常侍張讓的居室，張讓發現了他。他就在廳堂上舞動起手中的兵器，奪路翻牆逃了出去。曹操有雄才大略，又武藝非凡，沒人能傷害他。曹操博覽群書，特別愛好兵法，把許多軍事家的兵法抄錄編輯成書，起名叫做《接要》，又注解了春秋時代著名軍事家孫武兵法十三篇。他的這兩部書都流傳於後世。

曹操曾經問東漢名士許劭：「您看，我將來會是怎樣的人物？」

許劭喜歡評論古今風雲人物，但對曹操的詢問卻不肯回答。經曹操再三問他，許劭才說：「你在國家太平盛世的安定時期，是個有才能的好臣子；可是在動蕩不安的時代，你將會是個結黨弄權的大官僚。」許劭諷刺他是治世之能臣，亂世之奸雄。曹操聽了大笑，覺得許劭說到他心裡去了。

五色棒初展雄風

曹操二十歲那年被派到洛陽，任洛陽北部尉，負責維護洛陽北部的社會治安。他一到洛陽北部尉衙門辦公，就修理了城門，整頓治安。

為了懲治治安他專門製作了五色棒，在衙門左右各掛了十多根。如有違反禁令的，即使是豪強仕紳，也毫不留情地一律用五色棒處死。

幾個月後，漢靈帝寵愛的小太監蹇碩的叔父，違反夜間禁止在外行走的禁令被抓住了，曹操當即以五色棒處決了他。京城裡的豪強為此嚇得都不敢在違反禁令胡作非為了。

皇帝的親信寵臣都恨不得置曹操於死地，然而又沒辦法傷害他，於是一起向皇帝稱讚、推荐他，將他升遷為頓丘縣令。

曹軍初戰試鋒芒

董卓在京城的倒行逆施，激怒了天下各路英雄。

東漢初平元年正月，後將軍袁術、冀州牧韓馥、豫州刺史孔抽、兗州刺史劉岱、河內太守王匡、渤海太守袁紹、陳留太守張貌、東郡太守橋瑁、山陽太守袁遺、濟北相鮑信等，同時起兵，討伐董卓。大家推舉袁紹為盟主，任命曹操為奮武將軍。

二月，董卓聽到各地起兵的消息，知道形勢對他不利，連忙脅迫獻帝把京都遷至長安。董卓自己留在洛陽，焚燒宮殿欲與各路義兵決一死戰。

各路義兵雖然匯集一處，但各懷心事，誰都不肯和董卓首先交戰。袁紹無奈只好領兵靜候。曹操找到袁紹，慷慨激昂地說：「興義兵討伐董賊，大軍既然都已匯集起來，那還遲疑什麼呢？董賊焚燒皇宮，劫走皇帝，舉國震驚，不知如何是好，這正是順民心、滅董賊、定天下的好機會，我們怎麼能放過呢？」

於是，曹操率軍去攻打董卓。在滎陽附近的汴水岸邊，曹操遇到董卓部將徐榮。兩軍交戰，曹軍失敗，很多士兵戰死。混戰中，曹操被箭射中，騎的馬也受傷了，眼看將有性命危險。所幸堂弟曹洪飛馬及時趕來將座騎讓給曹操，自己持刀護衛曹操，才得趁著夜色逃走。

曹操回到駐地養傷。這時，各路義軍已聚集了十幾萬人。但是，各路義軍的將領卻不思進兵一事，只是每天擺酒設宴狂喝濫飲。曹操見狀很生氣，對他們說：「若能以正義之師討伐叛逆，相信天下很快就會平定，如果還遲疑不敢進兵，就會使天下人失望，我真為你們感到羞恥。」

曹操的勸說、責罵，都沒產生什麼作用。所以他決定自己來帶頭幹。於是，他帶領手下悍將夏侯惇等人到揚州等地招募軍隊。揚州刺史陳溫、丹陽太守周昕給了他四千多人。可是，這些新招募的士兵大部份都不願去打仗，來了沒多久，大半人已逃走。曹操只好在別的地方又招募新兵一千多人。他率領新招募的軍隊，進駐河內，準備和董卓決一死戰。

此時天下大亂，有名叫于毒、白繞、眭固的幾個人，嘯聚黑山一帶，手下有十多萬人，在魏郡和東郡所轄之地，燒殺搶掠。東郡太守王肱抵擋不住，求曹操火速增援。曹操領兵殺來在濮陽殺敗賊寇白繞。於是，曹操接替王肱，任東郡太守，大本營設在東武陽縣。

初平三年春天，曹操領兵在頓丘駐紮，賊首于毒乘機攻打東武陽縣城。曹操聞訊後，與諸將商議。諸將都贊成應當揮兵回東武陽，與于毒在東武陽交戰。曹操卻說：「我要發兵去黑山，攻打于毒的大本營。于毒聽說後，肯定會從東武陽撤兵，來保衛他的大本營，那樣，東武陽之圍自然解了。如果他不從東武陽撤兵，我們就拔了他的大本營。大本營一去，于毒那裡還有心思攻打東武陽呢？」

果不出曹操所料，于毒聽說曹軍要攻打他的黑山大本營，連忙從東武陽撤兵。曹軍在半路上截住賊首眭固，揮軍嘶殺，眭固所率本是烏合之眾，對此一戰事更是聞風而逃。曹軍大獲全勝。

這年夏天，董卓被他的手下大將呂布和司徒王允設計殺死。董卓的部將李傕（ㄐㄩㄝˊ）、郭汜（ㄙˋ）等人知道消息後，進宮殺死王允，和呂布交戰，呂布戰敗而逃。

李傕佔據了董卓的位子，繼續把持朝政。漢朝從此進入風雨飄搖時期，天下大亂，群雄並起，曹操率軍南征北戰，開始了他鴻圖大展的霸業。

軍令如山曹操割髮受刑

有一次，曹操領兵出征，行軍經過麥田，曹操下令：

「士兵行軍不得毀損路旁麥田，違反命令者──處斬。」

騎兵們都知道主帥軍令如山，所以遇經麥田時紛紛下馬步行，有的還將倒下的麥子扶起來。這時，曹操的坐騎受驚躍入麥田，踏毀了一片麥地。曹操吩咐掌管刑法的主簿按法給自己定罪。

主簿根據《春秋》上所記載的道理回答說：

「對於主帥不能施用刑罰。」

曹操說：「制定法令的人卻自己去犯法，怎麼能夠統帥好部隊呢？然而我是軍隊主帥，不能自殺，請允許我處罰自己吧。」

於是，他拔劍割下自己的頭髮放在地上代替死刑。古時候人們認為頭髮是父母給的，不能毀傷，否則就是不孝。曹操割髮是對自己的嚴厲懲罰。

置之死地而後生

東漢建安二年春天，曹操率軍來到宛城。張繡投降曹操，但不久又反悔了，和曹軍打了起來。交戰中，曹操被亂箭射中，滾下馬來，他的大兒子曹昂衝過來，把自己的馬讓給曹操，曹操騎馬率軍撤退，曹昂則被張繡所殺。曹操退到舞陰，撫摸著身上的箭傷，對手下將領們說：「張繡來投降時，我沒拿他的家人當人質，這對我而言是一個大錯。明白了失誤的原因後，我再也不會失敗了。」

第二年三月，曹操在穰縣包圍了張繡。張繡的同黨劉表派兵援救，截斷了曹軍的後路，張繡乘機開城追殺曹軍。張繡和劉表的軍隊呈合圍之勢，前後夾擊曹軍，欲置曹軍於死地。曹操率軍邊打邊退，每天只能走幾里路。退到安眾縣，張繡和劉表合兵一處，據守險要，曹軍成了甕中之鱉。面對如此嚴重局面，曹操卻鎮定自若，他給在京師的荀彧（ㄩˋ）寫信說：「我軍必勝，而張繡敗局已定。」

夜幕降臨，伸手不見五指。曹操傳令下去，連夜在險要的地方開鑿地下通道，把車輛糧草運走，然後埋伏下奇兵。當太陽從東方露頭時，這一切已經順利完成，只等張繡前來上鉤了。

天大亮，張繡面對曹軍空空蕩蕩的陣地大惑不解，他急忙下令全軍追剿逃竄的曹軍。張繡和劉表的軍隊傾巢出動，離開自己的陣地。藏在暗處的曹操，突然下令，埋伏的奇兵一齊出擊，殺得張繡措手不及，大敗而逃。

曹操得勝班師回朝，見到老朋友荀彧。

荀彧問他：「你怎麼知道張繡必敗呢？當時戰局對你並不利啊！」曹操笑著回答：「張繡把我的軍隊置之死地，他和置之死地的軍隊打仗，不輸才怪呢。」荀彧聽罷，深為佩服。

追窮寇

東漢初平四年的春天，曹操率軍進駐鄄城，準備和袁術交戰。袁術進駐封丘，和黑山一帶的殘寇糾合一處，拉開和曹軍決戰的架勢。袁術派部將劉詳搶佔戰略要地匡亭，被曹操發現，他立刻發兵攻打劉詳。袁術火速增援，不料曹軍人人奮勇個個爭先，把袁術的軍隊殺得人仰馬翻，丟盔棄甲，落荒而逃。

袁術領著殘兵敗將退守封丘，尚未安頓下來，曹軍已成合圍之勢掩殺過來。袁術一看急忙躍馬揚鞭，逃往襄邑，躲進太壽城。曹軍追至城邊，曹操揮鞭下令：「決開渠水灌城！」

一時大水奔騰，如虎狼呼嘯，嚇得喘息未定的袁術繼續奔逃。他逃到寧陵，曹軍追殺至寧陵。最後，袁術逃往九江，曹軍大勝而歸。

攻呂布，曹操落馬

陳留太守張邈等人叛亂，請呂布為叛軍統帥，不少郡縣因懼怕呂布的威名，不得不跟著響應。只有鄄城、東阿等地不從，固守待援。曹操領兵進駐鄄城。呂布率叛軍攻打鄄城，沒有成功，在鄄城西面的濮陽駐紮下來。

曹操認為呂布不過是一個武夫，沒有什麼計謀，成不了大事，於是派兵攻打濮陽城。濮陽有個姓田的大戶人家，和曹操裡應外合，在曹軍殺來時，打開城東門，曹軍闖入城中，和呂布的叛軍展開血戰。不料曹軍不敵，被殺得四散而逃。戰亂中，曹操跌落馬下，左手被燒傷，呂布的騎兵將曹操抓獲。抓曹操的騎兵並不認識曹操，問他：「曹操在那裡？」

曹操用手指著前面說：「那個騎黃馬逃跑的就是曹操。」

騎兵不知是計，放了曹操，去追那個騎黃馬的人。這時，曹操手下的司馬樓異衝了過來，扶曹操上馬。城門上的大火燒得正兇，曹操騎馬從火中衝出。曹操手下的將士們突圍出來後，發現沒了主帥都很驚慌。這時見曹操滿身血污，騎馬趕來，令眾將士高懸的心落了下來。為安撫敗戰軍士鼓舞士氣，曹操不顧一身疲勞，馬上去到各軍營慰勞將士。

他下令趕快製作攻城器械，非報仇雪恨不可。呂布在濮城堅守不出，和曹軍對峙了一百多天。這時，發生了蝗災。蝗蟲鋪天蓋地而來，老百姓的糧食被蝗蟲糟踏了，這時曹操和呂布的軍糧都成了問題，雙方只好各自收兵。

忠孝不能兩全

曹操做兗（ㄧㄢˇ）州牧時，曾任命畢諶為別駕。張邈叛變，扣押了畢諶的母親、弟弟和妻子兒女作人質，逼畢諶離開曹操。曹操把畢諶找來，向他道歉，讓他趕緊走，去救親人。

畢諶連忙跪下，一邊叩頭、一邊表示，他跟定了曹操，絕沒有貳心。曹操感動得熱淚橫流，將畢諶扶起，對他的赤誠之心深表讚賞。

畢諶叩別曹操，趁人不注意逃走了，後來歸附了張邈，日後，曹操和張邈等叛軍交戰，打敗了叛軍，也抓獲了畢諶。大家都為畢諶捏了一把汗，認為此次他必死無疑。誰知，曹操非但沒有畢諶，還任命他為魯國相。大家百思不得其解。曹操說：「能孝順父母的人，難道會不忠於君主嗎？畢諶正是我們要找的人。」畢諶深為感動，愉快地走馬上任了。

妙用兵以少勝多

東漢建安五年二月，袁紹派部將郭圖、淳于瓊、顏良進攻駐紮在白馬城的東都太守劉延。此時，袁紹已挪兵十幾萬人，對京城許都虎視眈眈。袁紹領兵到達黎陽，準備渡過黃河。曹操的將領們認為自己兵少，無法抵擋袁紹的大軍，曹操卻不以為然地說：「我非常熟悉袁紹這個人，他志高才低，外表嚴厲，內心怯懦，常懷小人妒嫉之心，而缺乏統帥的威望。他的士兵雖然多，但部署得很差，他手下的將領又都驕橫得不可一世，互相看不起。這樣的人有什麼可怕的？他手裡的土地和糧食，早晚要奉送到我的手裡。」

這年四月，曹操領兵去援救被圍困在白馬城的劉延。謀士荀攸（ㄒㄩㄣˊ ㄧㄡ）獻計說：「現在我們兵力不足，不能和袁紹硬拚。只有把袁紹的兵力分散了，我們採取各個擊破的戰術才能取勝。您到達延津後，裝出要渡河攻打袁紹後方的樣子，袁紹一定會分兵出來和您作戰。這時，我們再派出一支輕裝部隊去攻打圍困白馬城的顏良，如此顏良插翅難逃。」

曹操採納了荀攸的建議，騙得袁紹分兵前來應戰。曹操則率軍星夜兼程，奔殺白馬城。顏良得知曹軍殺來，慌忙迎戰。曹操部將張遼、關羽拍馬上陣，只交手了幾個回合，就將顏良擊斬於馬下，曹操揮軍掩殺，袁軍潰不成軍，從白馬城邊逃走。白馬城之圍一解，曹操就下令，遷當地百姓沿黃河向西撤退，以防袁紹前來報復。

袁紹渡過黃河追趕曹軍，在延津南邊追上了。曹操下令部隊停止前進，紮下營寨，派人登上瞭望台，觀察袁軍情況。瞭望的人報告：「有五、六百騎兵追過來了。」

曹操說：「知道了，再看。」過了一會兒，瞭望的人驚慌地報告：「騎兵越來越多了，步兵的人數也多得數不清了。」

曹操一揮手說：「不用再報了。」他命令自己的騎兵解下馬鞍，把馬放開，擺出對袁軍的到來毫不在意的樣子。

這時，路上滿是從白馬城運來的軍用糧草。眾將士認為敵人太多，要趕緊將它們運回到營寨裡去才好。這時荀攸阻擋道：「這是專門用來引誘敵人的，怎麼能運走呢？」

袁紹的騎兵將領文丑率騎兵追殺過來，氣氛頓時緊張起來。曹操的部將焦急地說：「該上馬了，否則來不及了。」

曹操卻胸有成竹地說：「還不到時候，再等著。」

袁紹的騎兵蜂湧而至，他們看到路上的軍用物資，紛紛上去爭搶。曹操看到袁軍已自先亂了陣腳，下令將士們上馬出擊。一時，曹軍如神兵天降，衝入敵群左突右殺打得袁軍措手不及。混戰中，文丑被斬於馬下。曹軍人數不滿六百，卻大破近萬袁軍，袁紹得知他的兩名愛將均被曹軍所殺，大為震驚，趕緊領兵佔據陽武城，以求與曹操在官渡決一死戰。

官渡之戰

東漢建安五年八月，官渡上空戰雲密布。袁紹憑藉十萬大兵，採取步步為營的戰術，緩緩向前推進。他的軍隊所紮軍營，東西連綿數十里。而另一方與袁紹對陣的曹軍，人數不滿一萬，交過幾次戰後受傷的多達兩三千人。

袁紹此次發兵志在必得。曹操雖然已是北方梟雄，面對如此懸殊的兵力心裡也沒了底。袁紹的大軍逼近官渡，堆土為山，在山上挖地道，在地道中設伏兵，襲擊曹軍。曹操命令將士們也堆土為山，在山中挖地道和袁軍作戰。

袁軍依仗人多勢眾，不停地向曹營射箭，箭如雨下，曹營中的人連走路都要用盾牌護著身子。曹軍的情況十分危急，將士們非常恐慌，而且此時軍糧又告急。兵少糧缺，又被緊緊圍困，看來曹軍只有死路一條了。曹操給在許都的荀彧寫信，想撤兵回許都。荀彧深知這場決戰，對曹操日後能否成就霸業的重要性。他回信給曹操，信中說：「官渡之戰是您成就霸業的關鍵之戰，如果您不能制服袁紹。您也就成不了霸業。對袁紹不要懼怕，他不會任用手上將領。憑著您非凡的文韜武略，再加上上代天子討伐奸賊的旗號，您將無往而不勝。」

荀彧的信鼓舞了曹操。他決心和袁紹血戰一場，和袁紹爭奪北方霸主的地位。

不久，袁紹的幾千輛運糧車被曹操部將徐晃、史渙截住。他們殺敗袁紹的護糧部隊，把糧草全部燒光。喜報傳來，曹操萬分高興，更加堅定了打敗袁紹的決心。但是，曹操兵少糧缺，幾個月的連續作戰，已使曹軍將士們疲憊不堪，加之天氣漸冷，天寒地凍，北風呼嘯，大雪紛飛，曹軍陷入了極端的困境。

這天，袁紹的謀臣許攸跑來投奔曹操。許攸因勸袁紹不要和曹操作戰而觸怒袁紹，袁紹找碴兒將他的家人扣押起來，使他頓生叛逆之心，連夜投奔曹營。曹操聽說許攸來了，顧不得穿鞋跑出屋門，拍掌大笑，說：「許先生來了，官渡之戰我軍必勝無疑了。」

他連忙將許攸請進屋，以貴賓之禮待之。坐下後，許攸問曹操：「袁紹的軍隊很強大，您怎麼對付呢？您現在的糧草有多少？」

「還可以支持一年。」曹操回答，但他沒有說實話。

「不對，」許攸一針見血地說，「請再說確實一點。」

「可以支持半年。」曹操又答道。他還是不肯說出實情。

「您不是想打敗袁紹嗎？為什麼不告訴我實情呢？」許攸不高興地說。

「剛才我說的都是開玩笑的話，」曹操這才道出實情。

「其實我的糧草只夠支撐一個月，正不知如何是好呢。」

「您孤軍奮戰，外無救援，內無糧草，已經到了十分危急的時刻。」許攸分析了曹操所處的不利形勢。

「許先生有何高見？」曹操問。

「現在袁紹有上萬輛的糧草車，囤在袁紹大本營四十里外的故市、烏巢。守軍將領淳于瓊等人，沒有什麼戒備。您如果派一支精銳部隊去襲擊，燒了袁軍的糧草，不出三日，袁紹自然敗北。」許攸獻計道。

許多將官認為許攸的計謀不可取：大本營本來兵力就少，再派兵奔襲袁紹的後方，萬一袁紹得知，大本營豈不危在旦夕。只有謀士荀攸、賈詡認為許攸的計謀可行，他們力勸曹操破釜沈舟，先斷了袁軍糧草再說。曹操採納了許攸的計謀，留下曹洪守衛大本營，自己親自率五千人馬連夜出擊。他們打著袁軍的旗號，士兵嘴裡銜枚，把戰馬的嘴裡裹住，靜悄悄地星夜趕奔故市、烏巢。路上，遇到袁軍，被截問去那兒，曹操回答：「袁紹擔心曹操來襲擊後方，派我們來加強警戒。」袁軍信以為真，於是放他們過去了。

曹軍在天亮時到達，立即圍住了淳于瓊的營地。淳于瓊見曹人少，在營門外擺開陣勢，準備開戰。曹操下令進攻，手下大將個個奮勇當先，士兵們在糧草上放起火來。一時間，火勢凶猛，殺聲震天。袁紹聽

說曹操攻擊他的囤糧之地後，一面派騎兵火速增援，一面派大將張郃、高覽攻打曹操的大本營。他想讓曹操逃無路歸無處。

激戰正酣，手下的人向曹操報告：「袁紹的增緩部隊來了，請分兵抵擋。」

曹操發怒道：「賊兵到了身後，再來報告！」將士們看到主帥決心死戰，都拚命殺向敵人，很快將袁軍的幾員大將殺死，將淳于瓊、仲簡抓獲。曹操命令將袁紹的幾員大將的腦袋割下來，將被俘虜的幾千名士兵的鼻子割掉，然後把他們放了回去。只有仲簡沒走，曹操原不想殺他。曹操問他：「你知道你們為什麼失敗嗎？」

仲簡回答：「『勝負在天』，這還用問嗎？」

最後，曹操也把他給殺了。被割掉鼻子的士兵掩面逃回袁紹大本營，眾將士見了大為驚駭，人心大亂。被袁紹派去攻打曹操大本營的張郃、高覽，聽說淳于瓊已戰敗，袁軍將士已人心大亂，於是就投降了曹操。曹操揮軍追打亂作一團的袁軍。袁軍將領平時很驕橫，現在卻只顧逃命了，士兵無人指揮，成了案板上的肉，任憑曹軍砍殺。

袁紹見了大勢已去，連忙帶著兒子袁譚渡過黃河逃跑了，曹操接收了袁紹的全部軍用物資，俘虜了幾萬名袁軍將士。至此，官渡之戰以曹操大勝而告結束。周圍的許多郡縣知道曹操取得了勝利，紛紛投降了曹操。袁紹兵敗官渡之後，心情憂悶，不到兩年，就吐血而死。曹操終於成為北方霸主。

天下平，禮儀興

曹操成為北方霸主後，百廢待興。在他興邦強國的計劃中，他首先考慮的是興禮儀。東漢建安七年春天，他率軍進駐譙縣。在譙（ㄑㄧㄠˊ）縣（故鄉）內，他走了一天也沒遇見一個熟人，這使他感慨萬分。他對部將說：「我起正義之師，為天下人鏟除暴亂。故鄉的人民很支持我，父送子，妻送郎，跟我走的人很多都戰死在沙場。這真讓我悲痛欲絕。」

曹操安頓下來後，馬上下令：「凡是跟我征戰的將士，因戰死沙場絕了後代的，要找他們的親戚繼承他們的後裔，分給田地宅舍，由官府配給耕牛，設立學校，教育這些英雄的後代。並要建立祠廟，讓活著的後代能夠有地方祭祀自己的祖先。能夠把死者的後代培養成人，我死後見到那些先去的將士，就沒什麼可遺憾的了。」

第二年秋天，曹操又下令：「經歷十五年的戰亂後，讓年輕人沒見過仁義禮儀的風尚，這使我很憂傷與擔心。我命令所轄各郡都要提倡和重視古代聖賢們的典籍研究，要建立學校，滿五百戶的縣要設專門負責培養年青人的官員，選拔本地優秀子弟給於教育，使聖王之道不致廢絕，從而興天下。」

各郡縣按照曹操的命令，大興教育。教育興而人才起，人才起而百廢興。曹操的教育計劃，為漢王朝崩潰後魏、蜀、吳三國的建立、奠定了人才培育的基礎。

得人才者得天下

當初，袁紹與曹操共同起兵討伐董卓時，袁紹被推為各路英雄的盟主。袁紹曾問曹操：

「如果我們不成功，將來到那裡去據收陣地呢？」

「您的意見呢？」曹操反問道。

「我想南面據守黃河天塹，北面憑仗燕、代的勢力，還有戎狄的將士支持我，向南爭天下，必定成功。」袁紹胸有成竹地說。

「我依靠天下賢才的智慧，用聖賢之道加以治理，這樣就能無往而不勝。」曹操一語道破得人才者得天下的道理。

同時，他認為袁紹想憑藉地理環境來成就霸業是不會成功的。事實的發展果然如此。曹操的周圍匯集大批文臣武將，南征北戰，無往不勝。袁紹雖有雄厚的兵力和優越的地理環境，卻不得不以失敗告終，最後吐血而死。

論功行賞，唯才是舉

東漢建安十二年春天，曹操回到鄴城。他召集文武百官，對大家說：

「從我起兵討代叛亂以來，到現在已經有十九個年頭了。我每戰必勝，這難道是我個人的功勞嗎？不是的，這是賢能的文武官員群策群力的結果。雖然天下還未完全平定，但我要和大家一起繼續努力。平定天下有功，但這些功勞若光讓我一個人來承受，我感到很慚愧。現在我要給大家評定功勞，論功行賞。」

於是，曹操大封有功之臣二十多人為列侯，其餘的也按功勞大小依次受封。他還免除了戰死將士子女的賦稅徭役。文武百官為主帥不貪功為己有的做法深為感動，對曹操更加忠貞不二。建安十五年春天，曹操悟出立業需要人才，興業更需要人才的道理，下令唯才是舉。他對文武百官說：

「自古以來的開國和中興的君主，那個不是得到了才能的人和他共同治理天下的呢？得不到人才就得不到天下。而君主所得到的那些有才能的人，往往是不出里巷的，難道得到他們是僥倖碰上的嗎？有人說現在很難找到人才，不是人才難找，是當政的人不去求訪。現在天下還沒有完全平定，這正是求賢的時候。你們要幫助我舉荐那些地位卑賤的賢能之士，唯才是舉，使我能夠任用他們。」

這年冬天，曹操建銅雀台，銅雀台高十丈，有屋一百間，鑄一只高一丈五尺的大銅雀放在樓頂，意為招賢納士。一時內天下有才能的人，紛紛投奔曹操，在曹操麾下，發揮才幹，大展鴻圖。

詐中詐，強中強

東漢建安十六年，關中諸將馬超、韓遂、楊秋、李堪、成宜等發生叛亂。曹操派曹仁去征討他們。馬超等人率兵進駐潼關。

曹操對部將們說：「關西兵精銳強悍，你們先堅守壁壘不要和敵人交戰。」

有的部將擔心地說：「關西兵善於使用長矛，不選派精銳部隊打頭陣，恐怕抵擋不住。」

曹操回答道：「什麼時候和敵人交戰，主動權不

在敵人，而在『我』，敵人雖然善於使用長矛，我會使他們的兵器發揮不了威力，你們且看戰局的結果吧。」

這年秋天，曹操親率大軍西征，和馬超隔著潼關駐紮下來。他們正面牽制住馬超，同時派部將徐晃、朱靈等趁夜色渡過黃河，佔據黃河西岸的有利地形。曹操從潼關北面渡黃河，正在渡河當中，馬超等人殺來。曹操坐在船上，河水湍急，船順水漂了四、五里。馬超等人沿岸追殺，箭如雨下。已經渡過河的將士們不知曹操的安危，都非常恐慌，後來見曹操安然無恙，悲喜交加，淚流滿面。曹操笑著說：「今天差點被馬超這小子困住。」

曹操渡過河後，命令將士們沿河修道，向南推進。馬超的部隊抵擋不住，退到渭河口抵抗。曹操設疑兵迷惑敵人，暗中用船把士兵們送過渭河，在渭河南岸紮下兵營。馬超派兵夜攻曹軍營寨，結果被伏兵殺退。馬超無奈想割地求和，但曹操沒有答應。和馬超一起叛亂的韓遂請求見曹操。曹操和韓遂的父親在同一年舉孝廉，他和韓遂又年紀相當輩分相等。對韓遂的請求，他答應了，曹操想利用這個機會迷惑馬超，使叛賊首領之間起內訌。

兩軍對陣，曹操與韓遂拍馬上前會在一處，談起京城老友的舊事，又說又笑，有關交戰的事一句話沒說。談完了，二人拱手作別。韓遂回到馬超身邊，馬超忙問：「曹操都說了些什麼？」

韓遂答道：「他沒說什麼，盡是說一些陳年舊事罷了。」

馬超不相信，對韓遂起了疑心。過了幾天，曹操再使計謀，他給韓遂去了一封信，將信中的文字作了很多塗改。馬超等人見信，懷疑韓遂把信改了，將不想讓他們知道的內容給塗掉了。於是，馬超等人更加不信任韓遂了。

曹操見時機已成熟，就給馬超下了戰書。馬超集中兵力，要和曹操決一死戰。看到敵人的軍隊一支支到來，人數越來越多，曹操大為高興。部隊不解其意，忙問主帥因何而笑。曹操答道：

「關中地域遼闊，如果敵人憑險而守，要征討他們就費時間了。現在他們都集中在一起，人數雖然多卻彼此不服，互相猜疑，沒有一個統帥。對這群烏合之眾，我可以一舉殲滅，你們說我能不高興嗎？」

交戰後曹操先派出輕裝部隊來挑戰，故意打得很苦，顯出敵不過的樣子。馬超以為曹操不堪一擊。正在他得意之時，曹操下令騎兵出擊，前後夾擊馬超的部隊。馬超這才知道上當了，急忙下令反擊，但已無濟於事。在曹營的奮勇追殺下，叛將成宜、李堪被斬於馬下，叛軍士兵死傷無數，丟盔棄甲，落荒而逃。

馬超、韓遂、楊秋見大勢已去拍馬逃走。曹軍大勝，關中一帶遂被平定。交戰前，曹操曾對叛軍將領說：「我也是人，沒有長著四隻眼睛兩張嘴，比你們強的地方是，我有智謀。」這正是「詐中有詐，強中有強」，關中一戰顯示出曹操的雄才大略，這不是善使長矛的叛軍所能敵的。

曹丕簡介

曹丕（公元一八七—二二六年），字子恆，譙縣（今安徽亳縣）人，曹操的次子。他八歲時就寫得一手好文章，稍長大一些，就「博貫古今經傳、諸子百家之書。」。東漢建安十六年（公元二一一年），官拜五官中郎將，建安二十二年（公元二一七年），被曹操立為太子。曹操去世後，他繼承父親的王位為魏王。建安二十五年（公元二二〇年）十月，他廢掉漢獻帝，自稱皇帝，即魏文帝，年號黃初，定都洛陽，國號魏。他在文學創作上有較高造詣，所作《燕歌行》是文人七言詩中最早的優秀作品。他所著《典論・論文》是我國早期的文學理論文章，提出「效率，經國之大業，不朽之盛事」等觀點，對我國文學批評的開始有起頭作用。《三國志》卷二《文帝紀》記載了他在位前後的情況。

黃龍現，天子現

東漢熹平五年（一七六年），有黃龍在譙縣上空顯形，光祿大夫橋玄問太史令單揚：

「黃龍現譙，有什麼吉兆？」

單揚答道：「譙縣將出現真龍天子。用不了五十年，黃龍將再次顯形，這是上天的安排。」到了第四十五年的三月，黃龍果然再次出現，知道單揚預言的人，大為吃驚，說道：

「單揚說的話果然不錯，今天終於應驗了。」

就在黃龍再次顯形的時候，曹丕廢漢室而自稱帝，建立了魏國。在曹丕出生時，有青色而狀如圓車蓋的雲氣，罩在曹丕的身上終日不散。很多人都說，這雲氣乃是大福大貴的徵兆，這小孩日後必成大器。

曹丕在八歲時就顯出傑出的才華，博貫古今諸子百家之書，善擊劍，好騎射，開口吟詩如高山流水，下筆書文似東海之波，令父親曹操大喜，遂立他為太子，為他日後登上帝位鋪平了道路。

舞甘蔗牛刀小試

魏文帝曹丕文武雙全，曾向不少劍術高手學過擊劍。一天與平虜將軍劉勛、奮威將軍鄧展在一起喝酒。他聽說鄧展精通武藝，熟練掌握多種兵器，又能空手奪刀。於是他和鄧展談論起劍術來。他對鄧展說：「將軍的劍法不正確，我曾經很喜歡劍術，並且學得了很好的劍術。」

鄧展要求跟他比試。當時兩人都酒酣耳熱，剛好正在吃甘蔗，就以甘蔗作棍棒，在殿前交起手來。曹丕三次擊中鄧展的手臂，旁邊的人看了大笑，鄧展心裡不服氣，要求再次比試。曹丕說：

「我的劍法特點是動作急速而相連續，難以擊中面部，所以都打中了手臂。」

鄧展說：「希望再做一次交鋒。」曹丕料到鄧展是想用突然前衝的方法來擊劍，所以也假裝向前靠。鄧展果然迅速向前，這時曹丕就倒退了一步襲擊，正好打中鄧展的額頭，在座的人緊張地看著，曹丕獲勝。回到座位上，曹丕笑著對鄧展說：

「從前，名醫陽慶讓淳于意丟開陳舊的醫方，另外把許多秘方傳授給他。現在我也願意鄧將軍捨棄原有的技藝，另行學習劍術的精妙道理。」所有在座的人都盡情地大笑起來。

尊孔子，立太學

曹丕是個博覽群籍的皇帝，他非常推崇春秋時代的孔子。一天，他專為尊孔一事，下了皇帝詔書。詔書上寫道：「孔子有聖賢之才，帝國之能，但生不逢時，一生顛沛流離，過得淒淒慘慘。為了用天道來救人世，他不惜一切，受盡了委屈，結果並沒有受到哪個國家當權者的重用，他只好遠離官場，埋頭做學問，寫成《春秋》，編出《詩經》，為後代人留下寶貴的文化遺產。後代有作為的人，沒有一個不是從他那裡學來有用的東西而大展鴻圖的。孔子真是世間的大聖人，億萬年的師表。這些年遭逢天下大亂，祭祀孔子的廟宇被毀於戰火，不再興祭祀孔子的活動，使王道禮法都廢了。現在我下令，立議郎孔羨為宗聖侯，專門負責祭祀孔子的事宜；令魯郡修復孔廟，派人守衛，並在孔廟外修建房舍，讓有學問的人住在那裡，專門研修孔子的著作。」

魏黃初五年四月，曹丕下令恢復太學，即建立培養專門人才的高等學府，學習《易》、《書》、

《詩》、《禮》、《春秋》等五經，設置「春秋穀梁」博士。曹丕為鞏固自己的統治地位，一面推行「九品中正制」，讓所屬各郡縣「唯才是舉」，一面恢復尊孔活動，開設高等院校，培養專門人才，廣羅天下豪傑，靠人才和禮法來統治天下，這正是他的高明之處。

禁婦人參政

魏黃初三年九月，曹丕有感於歷史，因婦人參政、議政而導致王朝崩潰的教訓，召集文武百官，下了「婦人禁參政」的命令。他說：「婦人參政，是天下大亂的根源。從今以後，你們不能再向太后奏請什麼事，太后這一族人，不能擔當輔政之任，也不能無功受祿。我下的命令要傳給後世，誰要違背，天下共誅之。」

後人對曹丕的禁令大為讚嘆，認為曹丕力戒枕毒之害，是利國的大事，不愧為一代明主。

曹叡簡介

曹叡（ㄖㄨㄟˋ公元二〇五—二三九年），字元仲，沛國譙（ㄑㄧㄠˊ）縣（今安徽亳（ㄅㄛˊ）縣）人。文帝之子。年方十五歲，封武德侯，魏黃初二年（公元二二一年）為齊公，徙封平原王。黃初七年（公元二二六年）即位。在位期間，大興土木，廣修殿堂廟宇。對諸侯王控制很嚴，不予重用。在位時多依靠異姓大臣，為日後的魏國覆亡埋下種子。他善寫詩文，現存東府詩十餘首，《三國志》卷三《明帝紀》記載了他在位時的所作所為。

斬先臣——孟達

孟達在文帝即王位時就率眾投奔魏國。魏文帝曹丕早就知道孟達這個人，他聽說孟達來投奔他，就命令手下人去觀察一下。手下人回來報告：「孟達是將帥之才。」

曹丕一向愛才，於是他送給孟達一些馬匹等物，表示他的心意。因戰亂已平，江山統一，邊疆又無戰事，難委孟達重任，曹丕就讓孟達先安頓下來，然後到譙縣來見他。孟達安頓好後，和曹丕相見。孟達才辨過人，令眾將官深為佩服，曹丕更是非常喜歡。他和孟達一同乘車，同進同出。有一天，他一天他拉著孟達的手，拍著孟達的背，開玩笑說：「你是不是劉備派來的刺客？」說罷，大笑起來，然後和孟達一起登車遊玩。

過了一些時日，曹丕任命孟達為散騎常侍，領新城太守，統管西南的行政事務，因孟達沒有什麼戰功，卻被皇帝委以重任，讓眾將官非常妒嫉，認為皇帝做得有點過分了。曹丕駕崩後，孟達感到不安起來，不知何去何從。諸葛亮聽說後，連忙寫來密信，策動孟達謀反。

魏興太守申議，和孟達一向不和，知道孟達與蜀國的諸葛亮有來往，就向皇帝曹叡報告。曹叡不信，「先父王待孟達不薄，他怎麼會背叛魏國呢？」

他對諸將說：「我相信孟達。」過了一段時間，司馬宣王派人暗察孟達與蜀國來往一事，並將此事報告皇帝。曹叡這才覺得事態嚴重，急宣孟達入朝。孟達探得皇帝讓他入朝的目的，又驚又怕，知道入朝必死無疑，不如來個魚死網破，於是，他背叛魏國，投奔蜀國。

太和二年春天，驃騎將軍司馬宣王率兵征討孟達，在新城激戰，抓獲孟達，將他斬首，首級被送往京都請曹叡過目。曹叡下令，將孟達首級焚燒，以解心頭之恨。

先臣孟達死無葬身之地，而外姓司馬宣王卻深得曹叡的寵信。

董尋死諫

曹叡即位後，不顧連年內戰和百姓死活，窮奢極欲，廣修殿堂廟宇和皇家園林，選美女陪伴左右，終日遊山玩水，觀舞聽歌，揮霍無度，對國家大事全然不放在心上。皇太子的老師張茂實在看不下去，上書曹叡，冒死以諫。他說：

「自漢末動亂以來四、五十年了，戰馬不離鞍，將士不解甲，每次交戰，血流成河，其悲慘的嚎

叫之聲，至今還響在耳邊。再說，邊疆還不安定，圖謀推翻我魏國的侵略者常來騷擾，陛下您不兢兢業業，思考治國安邦的大業，反而窮奢極欲，整日遊玩作樂，助長了侵略者滅我魏國之心。我希望陛下能下個詔書，命令凡是無益只會帶來損害的事全都除去，省下錢來賞賜給在飢寒交迫中生活的將士們的父母妻女；了解老百姓所痛恨的事，然後去掉它；充實國庫，善養軍隊。

「您若以如此謹慎而恭敬的態度治理天下。這樣，吳國和蜀國的叛賊，不用我們派兵去圍剿，他們自己就會臣服了。這樣，天下太平之時指日可待。天下太平，四海一統，陛下您就不用整日勞心費神，將帥們可以高枕無憂，士兵們也可以解甲歸田。對您現在的所作所為，群臣都不敢說話，而我卻不能不說。我已五十歲了，常常擔心自己到死也沒有報國恩的機會了。現在我冒死向陛下進諫，請陛下裁定。」

曹叡接到張茂的奏書，對周圍的人說：「張茂憑他是我的老鄉的關係，對我胡說八道，我怪罪他是我的不是，將他調任散騎吧。」

張茂被趕出皇宮，而曹叡依然故我，照舊沉溺在聲色犬馬之中。景初元年十二月，有人奏請文昭皇后，在京都建廟宇。有個叫董尋的人站出來反對，向曹叡上書進諫。他說：

「我聽說古代正直的人，為了國家安危，就是要敢於說話不避死亡。建安以來，無數將士戰死沙場，活著的人多是遺孤老弱之人。假若皇宮狹小，應當擴建，也應安排在恰當的時間，不能妨礙農時。現在修建了許多沒什麼用處的亭樓廟宇，既費錢又費工，這不是聖明的君主所應做的事。朝中的文武百官，都知道這些不合王道，之所以不敢對您說什麼，是因為怕您年輕氣盛發脾氣。如今您尊崇群臣，使他們衣冠楚楚，進出都坐漂亮的馬車，以表示高平民百姓一等。但是，生活在基層的百姓，衣不蔽體，食不果腹，使我魏國臉上無光，對受尊崇的群臣也沒什麼好處。誰也不會把死當兒戲的，我知道說了上面那些話，我是必死無疑了。但是，我把自己看成是九牛之一毛，活著沒多大益處，死了也不會帶來什麼損失。我流著眼淚寫下這些心裡話，我的心已經與世長辭了，使我放心不下的是，我有八個孩子，我死之後，給陛下添麻煩來照看他們。」

奏書遞上去後，曹叡說：「董尋不怕死啊！」後來任命董尋為具丘縣令，他廉節勤勉，大得民心。但，曹叡并沒有因此而有所收斂，仍然做他的昏庸皇帝。

《三國志》作者陳壽在評述曹叡時感慨地寫道：他在位時，百姓生活痛苦不堪，四海分崩，他卻大興土木，像秦始皇、漢武帝那樣，盡做些勞民傷財的事，真是遺害無窮。

董卓

簡介

董卓（？—公元一九二年），字仲穎，東漢隴西臨洮（今甘肅省岷縣）人。本為地方豪強，性格剛猛，詭詐多謀，青少年時代，與羌族各首領結交。東漢中平元年（公元一八四年）任東中郎將，討伐黃巾軍，屢次戰敗，被免職。靈帝時，任并州牧。東漢昭寧元年（公元一八九年），靈帝駕崩，大將軍何進與袁紹想借機誅殺宦官，太后不同意，何進召董卓進京，以脅迫太后。董卓未到，何進人頭已落地。董卓進京後，廢少帝為弘農王，立靈帝少子陳留王劉協為帝，是為獻帝。後來，董卓又將弘農王和太后誅殺。董卓升遷為宰相後，獨攬朝政，殘忍不仁，暴虐天下，激怒天下英雄好漢起兵共討之。東漢初平三年（公元一九二年），被部將呂布和騎都尉李肅等人在皇宮的側門殺死。董卓並不是三國人物，但他是東漢末年動亂的挑起人，因他在朝廷胡作非為，激起地方豪傑的同聲反叛，從而揭開了東漢末年地方勢力與中央勢力之間，以及地方勢力相互之間的兼併鬥爭的序幕，三國鼎立的局面由此而處於醞釀之中。《三國志》卷六《董二袁劉傳》介紹了董卓的暴戾無道。

誅宦官，引狼入室

東漢靈帝駕崩後，少帝即位，朝中大權被以張讓為首的宦官把持，大將軍何進與司隸校尉袁紹合謀誅殺宦官，但太后不同意。何進於是給在京外的前將軍董卓下密詔，讓他率軍進京，逼太后同意並幫他誅殺宦官。何進命令董卓給皇帝上書，申明討代張讓的緣由。董卓連夜起兵，並上書少帝，歷數張讓等宦官的罪行，為自己起兵進京辯解。

他說：「揚揚止沸，不如滅火去薪；刺破膿包雖痛，但勝於讓它任意發展；如果快要淹死了再呼船來救，只能痛悔而於事無補。為此我的部將們一致要求誅殺宦官以為民除害，故特率兵前來討伐。」

董卓的兵馬未到，何進的企圖已經敗露反被宦官所殺。司隸校尉袁紹率兵圍捕宦官，宦官們見大勢已去，連忙劫持少帝和陳留王從谷門出走，來到河邊，無路可逃，知道被袁紹抓獲必死無疑，於是，撇下少帝和陳留王，紛紛投河自盡。

當時，少帝只有十四歲，而陳留王年僅九歲。兄弟倆在漆黑的夜色中，借著螢火微弱的閃光，往皇宮方向走去。行數里，遇到一戶人家，說明情況後，這戶人家用馬車將他們送到北芒的守軍那裡。文武百官想接少帝回宮，董卓此時已率軍入城，他聽說後，率軍前來，一起接少帝。少帝看見董卓的軍隊，掩面而泣，大臣們告訴董卓：「皇帝命你退兵。」

董卓對大臣們說：「你們身為朝廷的大臣，面對宦官的胡作非為不聞不問，致使國家動蕩不安，你們有什麼資格說要我退兵。」於是，他將陳留王抱在懷裡，打算廢掉少帝，另立陳留王為帝。

回到皇宮後，董卓幾次召見大臣們，對他們說：「當今皇帝又糊塗又懦弱，擔當不起皇帝的重任。我

想立陳留王為皇帝，你們認為怎麼樣？」

尚書盧植表示反對，認為少帝沒有過失，廢少帝立陳留王，毫無道理。董卓大怒，想殺掉盧植，但被別人勸住。不久，董卓廢少帝為弘農王，接著又把弘農王和當初反對他起兵進京的太后一起殺了，立陳留王為帝，即漢獻帝。董卓被漢獻帝升為宰相，封為郡侯。董卓從此大權獨攬，在朝中橫行霸道，恣意妄為。他規定，他朝拜皇帝時，主持朝拜儀式的司儀不得直呼他的姓名，滿朝文武只有他一個人能夠佩劍上殿。

他把國家的武器庫和珍寶，據為己有，迅速擴大自己的軍隊，威震天下。

董卓十分凶殘，有一次他派軍隊到陽城，正逢二月社日，百姓們正在祭祀土神，祈求五穀豐收，沒料想一場血災突然發生。董卓的軍隊把成年男子都殺了，砍下他們的頭，繫在車下，把婦女和財物裝在車上，回到洛陽城，謊報破敵大勝。後來又把那些頭顱焚燒了，把婦女和財物分給士兵。董卓本人還任意姦淫宮女、公主。他的殘暴實在令人髮指，天下英雄群起而攻之，拉開東漢末年，連年戰亂的序幕。

伍孚刺董賊視死如歸

董卓專權，在朝中恣意胡非，令文武百官又驚又怕，但又莫可奈何。

有個叫伍孚的人，從小就有大志。他對董卓恨之入骨，伺機刺殺。一天，伍孚在衣服裡藏了一把刀來見董卓，想找機會下手。他先和董卓閒談，說完話後，告辭出來。董卓送伍孚出來，走到屋外時，伍孚拔出刀來，往董卓身上砍。董卓身高體壯，力大無比，往後躲閃，伍孚沒有砍中，反被董卓抓住。董卓審問伍孚：「你想造反嗎？」

伍孚反罵道：「你不是我的君主，我不是你的臣子，那來造反一說？你這個奸賊，亂國欺主，罪大惡極，今天是我死的日子，所以來殺你這個奸賊。我恨不得把你綁在馬車上，在大庭廣眾之下撕碎你，以謝天下。」

遷都長安，火燒洛陽

董卓作亂，激怒天下英雄好漢，初平元年一月，結盟共討董賊。董卓驚恐不安，想棄洛陽城，遷都長安，於是，他召集朝中大臣商議此事。

董卓說：「過去高祖建都長安，經歷十一代，遷都洛陽。從光武帝到現在，洛陽作為國都，又經歷十一代。根據《石苞室讖》所預言的，國都應遷還長安。」

董卓一言既出，滿朝文武大驚失色。他們都知道董卓心狠手辣，一意孤行，雖覺遷都一事甚為荒唐，卻大都不敢說話，只有司徒楊彪表示反對。他說：

「遷都是件大事，應順乎民心。過去，王莽篡權，赤眉軍違反，焚燒長安，殘害百姓，人民紛紛逃往他鄉，光武帝才更都洛陽。如今剛剛確立新皇帝，要振興國家，無故遷都，恐怕百姓不解其意，會聚眾鬧事的。《石苞室讖》是本妖邪之書，怎麼能相信它呢？」

董卓一聽，滿臉怒氣，問道：「你想阻止我遷都嗎？」

楊彪答道：「遷都容易，建都太難。」

董卓說：「建都有何難？在杜陵南山下，有孝武帝留下的幾千處磚瓦窯，建都所需要的磚瓦很容易辦到。所需木料可命涼州送來。建宮殿，修官府，不在話下。小老百姓膽敢聚眾鬧事，我就派大兵剿殺，看那個人敢不聽說。」於是，董卓免掉楊彪的官職，於初平元年二月，起駕遷都長安。

獻帝離開洛陽後，董卓即命令手下士兵將洛陽全城放火焚燒，搗毀陵墓，挖取財寶，洛陽城中的富裕人家，被董卓隨便誣陷個罪名，就抓起來殺掉，沒收其財產。

一時間，洛陽城火光衝天，濃煙滾滾，哭喊聲晝夜不息，無辜而死的人難以計數。百姓們慘遭橫禍，叫天天不應，叫地地不靈，只好背井離鄉，逃難去了。

董卓設宴施酷刑取樂

董卓要到郿塢去，文武百官到橫門外給他送行。董卓已預先設置了帳幕，請大家坐下後，為助酒興，他命令手下人，將最近被誘降的北地反叛者數百人帶上來，當著文武百官的面，施酷刑，飲酒作樂。

董卓下令，先將反叛者的舌頭割掉，然後或挖眼或砍手或剁腳，有的被活活扔到大鍋裡煮，有的被沾滿豬油的布裹住身子再從腳上點火燒。一時間，血流成河，死屍遍地。還有一口氣的人，拖著殘缺不全的身子，在酒桌之間滾來滾去，慘叫聲、嚎聲響徹橫門的上空。文武百官被眼前的慘狀嚇得目瞪口呆，渾身顫抖，碗筷都拿不住了，恨不得趕緊脫身離去。

董卓卻邊飲酒邊大笑，對眼前的景象甚為滿意。文武百官只好戰戰兢兢陪著，只希望董卓別看自己不順眼，成為董卓的刀下鬼。

呂布斬殺董卓

東漢初平三年四月，司徒王允、尚書僕射士孫瑞、董卓部將呂布合謀殺董卓。他們利用皇帝大病初癒的機會，召集文武百官會聚未央殿。呂布派騎都尉李肅等人，率手下十幾個親兵，裝扮成禁衛軍，把守掖門。呂布懷揣皇帝的詔書，親迎董卓入宮。董卓騎馬出營，走著走著，他的馬忽然停下不走了。董卓覺得奇怪，想回營不去上朝了。

呂布勸他，還是上朝為好，皇帝大病初癒，理應上朝請安。董卓一行來到皇宮掖門，李肅率兵衝上來刺殺董卓。董卓大叫：「呂布快來救我。」

呂布上來對董卓說：「我們奉皇帝的命令來殺

你。」於是，呂布把董卓殺死。董卓一死，日清月明，微風不起，長安百姓奔走相告，全城像過節一樣高興。董卓的三族皆被誅殺。董卓的屍體被扔到街上，任百姓唾罵。

董卓長得很肥胖，從他身上流出來的血，把他屍體周圍的草都染紅了。負責看守他的屍體的吏卒，找來一根大燈芯，插進董卓的肚臍，點燃為燈，一連燒了幾天，後來董卓的手下，將董卓的屍灰收集起來，裝入棺中，葬在郿城。

高陽候蔡邕（當代的文學大家）在王允處聽到董卓被殺，感到惋惜。王允斥責道：

「董卓是國之大賊，殺少帝害大臣，為天地所不容。你身為大臣，上承皇帝的恩澤，不參加誅殺董卓的行動，反而為他的死惋惜，罪該萬死。」

於是，命令手下人把蔡邕抓起來關進監獄。蔡邕在獄中向王允謝罪，表示願意接受處罰，給他一條活路，來編寫漢史。王允沒同意，最後還是把蔡邕殺死了。

董卓亡諸將爭權

董卓死時，他的女婿中郎將牛輔率軍正駐紮在陝。牛輔派部將校尉李傕、郭汜、張濟等人奪取了陳留、潁川等縣。呂布知道牛輔不除，早晚會成心頭的大患。於是，他派李肅帶著皇帝的詔書，到陝去誅殺牛輔。牛輔得知岳父董卓已死，不肯引頸受戮，和李肅打了起來。李肅不敵牛輔，被殺敗逃到弘農。呂布大怒，怪罪李肅無能。

牛輔得勝回營，不料，營中士兵知道牛輔已成叛賊，趁夜色紛紛逃走。牛輔從夢中驚醒，以為手下的人都背叛了他，急忙收拾金銀財寶和幾個平時交往甚密的胡人匆匆上路，翻城牆，往北渡黃河。隨他走的幾個胡人，發現牛輔帶著金銀財寶，於是他們謀財害命，把牛輔殺了，砍下他的腦袋送往長安城。校尉李傕等人從陳留、潁川等地打仗回來，發現牛輔已被殺身亡，既然主帥已死，大家沒了依託便想散伙回家。

但是，他們既沒有皇帝的赦書，又聽說長安方面要殺盡所有與董卓有關的人，不知如何是好。討虜校尉賈詡獻計道：「大家棄眾單行，碰到一個小小的亭長就能把你們抓獲。我看不如率軍西征，沿路收留散兵，直攻長安，為董卓報仇。如果事情成功了，我們就侍奉皇帝而征討天下；如果不成功，再散伙回家也不遲。」

大家一聽覺得有理。於是，李傕等人率軍前來攻打長安，一邊走一邊收留散兵，到長安時，已有十幾萬兵力。他們又聯合董卓的其他幾個部將，如：樊稠、李蒙、王方等，合力攻打長安城。到第十天，長安城被攻破，呂布退到城中再戰，仍不敵李傕等人，只好敗逃別處。李傕等人率軍進入長安城，住在南宮側門。李傕縱容士兵們在長安城燒殺搶掠，殘害吏民，死者不計其數。

司徒王允帶著皇帝上宣平門城樓上逃避，被李傕等人圍困。皇帝在城樓上問李傕等人：

「你們起兵一路燒殺搶掠，到底想幹什麼？」

李傕等人下鞍落馬，伏地叩頭，對皇帝說：

「董卓忠於陛下，無緣無故被呂布所殺。我們是為董卓報仇而來，不是叛逆朝廷的亂臣賊子。」

李傕等人逼皇帝交出王允，將王允和他的妻子及宗族等十餘人，在街上殺死並陳屍於市集之上，長安百姓見了，沒有一個不痛哭流涕的。李傕當上了車騎將軍，封池陽侯；郭汜做了後將軍，封美陽侯；樊稠為右將軍，封萬年侯。他們三人把持朝政，像當年的董卓一樣。

這一年，韓遂、馬騰等人投降，率軍隊來到長安。朝廷命韓遂為鎮西將軍，派回涼州；馬騰為征西將軍，在郿城駐紮。侍中馬宇和諫議大夫種邵、左中郎將劉范等人策劃，想使馬騰襲擊長安，他們在長安城內作內應，殺死李傕等人。不料，馬騰兵馬未到，他們的計劃已洩漏出去，馬宇等人出逃槐里。樊稠率軍截殺馬騰，馬騰不敵，敗逃涼州。樊稠又揮軍殺向槐里，誅殺了馬宇等人。

當時長安一帶有幾十萬戶百姓，李傕等人趁戰亂放縱士兵任意掠奪百姓財物，草菅人命，致使田地荒蕪，城鎮凋敗，人民飢寒交迫，為活命而人吃人，兩年下來，城內外百姓死傷不計其數。

皇帝為救民於水火之中，數次頒詔，欲將宮中所存的布匹和販賣御馬所得的錢款，賜給公卿以下的官吏及貧民百姓中難以自己養活自己的人。李傕得知竟不要臉地對皇帝說：「我的儲備很少，皇帝就賜給我吧。」

於是，他命令把這些東西運到自己的軍營去了。人民在水深火熱中掙扎，李傕、郭汜等將官卻為爭權奪利而打了起來。他們先殺死樊稠，吞併了他的軍隊。接著，李傕和郭汜又在長安城中開戰。李傕將皇帝扣押在自己的軍營，將皇宮和城門燒毀。他想和郭汜議和，派出的說客都被郭汜扣押。兩人互相攻打了幾個月，戰死的人數以萬計。

天子出皇城亡命天涯

李傕把皇帝扣在營中，讓校尉守在門口，斷絕了皇帝的一切來往。恰逢酷暑，跟隨皇帝左右的人已多日水米未沾，皇帝可憐他們，請求李傕給米五斛、牛骨五具，以賞賜給左右的人。

李傕戲耍皇帝，給了五具已腐爛的牛骨，都是臭不可聞的。皇帝大怒，想斥責李傕，被手下人勸住。李傕暴虐無道，為部將楊奉所不滿。楊奉和軍吏宋果密謀殺死李傕，但還沒行動，就被李傕發覺。李奉於是率軍反叛李傕。李傕的兵力因此而大為削弱。這時，有人出來給李傕和郭汜議和。李傕同意放皇帝出來。皇帝走到宣平門，正要過橋，被郭汜的兵追上，郭汜想奪皇帝到郿城。李傕的兵手持大戟護圍著皇帝所乘的車馬。

郭汜的兵士上前來問：「是皇帝嗎？」

侍中劉艾大聲回答：「是皇帝。」

皇帝命侍中楊琦高舉車帷，對郭汜的兵怒斥道：「你們還不退，膽敢迫近我嗎？」

郭汜的兵見皇上發怒，紛紛退去。皇帝投奔楊奉，郭汜率兵追來。楊奉出營與郭汜大戰，打敗了郭汜，郭汜逃了回去。郭汜與李傕和好，又發兵追趕皇帝。楊奉和將軍董承護衛著皇帝往洛陽趕，在曹陽一處地方被李傕他們追上。楊奉急忙招來河東原來的白

波師韓暹、胡才、李東等人，聯合起來大戰李傕、郭汜。

楊奉等人擋住李傕、郭汜，皇帝乘機逃命。楊奉等人戰敗，帶兵潰逃。李傕、郭汜見皇帝已走，為解心頭之恨，放縱軍隊殘殺沒來的及逃走的公卿百官和宮人，把皇帝的財物搶入自己的營中。皇帝等人逃到黃河岸邊，岸高水急，船少人多。將軍董承等人用絹帶繫住皇帝的腰把皇帝先送上船。待送過皇帝，再划船回來接其餘的人，因人太多若都上船，船就會沉了，大家爭先恐後地往船上爬，先上船的揮刀砍擊攀扒船沿的人的手指，被斬斷的手指多得可以用手來捧。

渡過黃河，皇帝連車馬都沒有了，身邊只有皇后和太尉楊彪、太僕韓融等十幾個親近的臣子。他們走到大陽這個地方，住進平民百姓家稍事休息後，楊彪等人找來牛車，請皇帝坐上牛車，繼續逃命。

皇帝派韓融到弘農和李傕、郭汜議和。李傕他們放了被扣押的公卿百官和皇帝用的車馬。這時，天大旱，蝗災起，糧食都吃光了。跟隨皇帝的人，只能夠以野菜充飢。他們要返回舊都洛陽城，於是出箕關，日夜兼程。

有一個叫張揚的人帶著食物在路上迎接皇帝，皇帝立刻任命張揚為大司馬。皇帝一行人進入洛陽城，董卓放火燒後，留下的廢墟歷歷在目。宮殿被燒光了，街道一片淒涼，城中野草叢生。大臣們在殘垣斷壁間安頓下來。此時，天下鬧飢荒，洛陽城中已無糧食可吃。尚書郎以下的官員，自己出去砍柴和採集野菜，有的人被活活餓死。

曹操聞訊後，即刻率軍前來接走皇帝，並在許昌定都，使曹操得以「挾天子以令諸侯。」

袁紹 簡介

袁紹（？—公元二〇二年），字本初，東漢末汝南汝陽（今河南省商水西南）人。他出身於大官僚家庭，祖上四代都有在朝中做官的人，其高祖父安邵公，為明帝時的一代名臣。他出生時父親即去世。他少時好結交有才華的朋友。中平五年（公元一八八年），任司隸校尉，統領禁兵。靈帝駕崩，何太后臨朝，他勸大將軍何進盡誅宦官。何進被殺後，他帶兵盡殺宦官。董卓兵至洛陽，廢少帝，專斷朝政，他號召各州郡討伐董卓，成為關東各軍的盟主。後在與各地方勢力的混戰中，據有冀、青、幽、并等四州，成為地廣兵多的北方豪強。建安四年（公元一九九年），調兵十萬，進軍黎陽（河北省浚縣東北），欲一舉攻克許昌，消滅曹操。建安五年（公元二〇〇年），在官渡（今河南省中牟縣東北）和曹操大戰，被曹操所敗。兵敗後，心情憂悶，於建安七年（公元二〇二年）五月吐血而死。《三國志》卷六《董二袁劉傳》介紹了袁紹一生的活動。

道不同不相為謀，亡命冀州

少帝和陳留王被接回宮後，董卓把持朝政。一天他叫來袁紹，商議廢少帝，立陳留王為郡的事。董卓說：「當今皇帝糊塗，不配當天下之王。陳留王遠遠勝過少帝，我想立他為皇帝。」

這時，袁紹的叔父隗（ㄨㄟˇ）任太傅職。袁紹建議此事應和太傅商議。董卓不以為然。他對袁紹議，皇帝缺少智慧，長大後可能是個呆子，現在不廢以後會後悔的。袁紹反駁道：

「漢家君天下四百多年了，恩澤如雨露普降天下，贏得黎民百姓的深深愛戴。當今皇帝雖然年幼，但沒做過什麼不對的事情。你想廢掉而立別人為君，恐怕文武百官不會同意。」

董卓怒道：「你這個混蛋聽著，天下事難道不是由我來決定的嗎？我今天就決定這麼幹了，誰敢不聽從？你是不是覺得我刀不鋒利？」

袁紹冷笑道：「天下豪強，難道就你董卓一個人？」說罷，舉刀拜別，亡命冀州。

董卓欲追殺袁紹，被侍中周瑟、城門校尉伍瓊、議郎何顒（ㄩㄥˊ）等勸住。周瑟等人和袁紹關係很好，又博得董卓的信任。他們對董卓說：

「廢立皇帝是大事，不是一般人所能幹的。袁紹不懂事和您頂撞後因感到害怕，所以才逃走了，沒有背叛朝廷的意思。如果您派兵抓他，把他逼急了，他可能就真要謀反了。袁紹家族四代為官，門生故吏遍布天下，如果袁紹召集天下英雄起兵造反，山東就不是您的地盤了，不如赦免袁紹的罪過，任命他為一郡太守這樣一來，袁紹因禍得福，就不會謀反了。」

董卓覺得周瑟等人的話說得有理，於是就任命袁紹為渤海太守，封他為邟鄉侯。

渤海起兵，威震天下

董卓任命袁紹為渤海太守，並沒有因此而收買下袁紹的心。袁紹與關東各路英雄聯合起兵，被推為盟主，討伐董卓。袁紹自封為車騎將軍。他和冀州牧韓馥要立幽州牧劉虞為皇帝，想和董卓所立的漢獻帝對抗。劉虞膽小怕事，不敢稱帝。過了不久，韓馥（ㄈㄨˋ）的軍隊在安平和公孫瓚交戰，韓馥被打敗，退守冀州。公孫瓚率大軍追殺而來，韓馥又急又怕，不知如何抵擋。

這時候，袁紹領兵駐延津。謀士逢紀向袁紹獻計道：「您要幹大事，不佔據一個州郡，靠別人供應軍需糧草，難以成功。」

袁紹早有吞併冀州之心，隨口說道：「冀州兵強馬壯，我的士兵人困馬乏，如果不能得冀州，我就沒地方立足。」

逢紀說：「趁公孫瓚來攻打冀州的機會，您派人去找韓馥，向他講明利害，讓他讓位給您，冀州不就是您的了嗎？」

袁紹大喜，於是派高幹、荀諶（ㄒㄩㄣˊ ㄔㄣˊ）等人去游說韓馥。高幹、荀諶等人來到冀州府，面見韓馥。

高幹說道：「公孫瓚乘勝向南殺來，所過之處，無不響應，用不了幾天就會到冀州了。我又聽說袁紹率軍從東面向這裡殺來，不知是何意圖。我認為您處在危險中了。」

韓馥一聽，嘆息道：「是啊，我真不知道該如何是好。」

荀諶說道：「公孫瓚率領的軍隊，勇猛非常，其鋒不可擋。袁紹是當今豪傑，不在您之下。冀州雖然物產豐富，兵多糧廣，但公孫瓚和袁紹這兩個梟雄在

冀州城下交戰，冀州會立刻毀於一旦。袁紹是您的老朋友，你們又一起結盟討伐董卓，我們為您考慮，您不如把冀州讓給袁紹。袁紹得到冀州，公孫瓚就不敢來攻打了。您有讓賢之美名，袁紹必然會待您很好，而您和冀州都不會有危險，像泰山一樣安穩，請您不要再猶疑了。」

荀諶一席話，說得韓馥不停地點頭，他表示可以讓賢給袁紹。韓馥的長史耿武、別駕閔純、治中李歷等聽說韓馥要把冀州輕而易舉讓給袁紹，連忙跑來勸阻。他們說道：

「冀州雖然沒什麼了不起，但也有百萬軍隊，糧草可支撐十年。袁紹算個什麼東西，靠我們養活他，就像懷裡的嬰兒，不給他奶吃馬上就會餓死。您為什麼要把冀州拱手相讓給他呢？」

韓馥答道：「我以前是袁紹手下的一名小官，才能不如他，量德而讓，古人所貴，你們有什麼不同意的？」於是，他把耿武等人喝退。韓馥手下的都督從事趙浮、程奐等，這時正領數萬強兵駐紮在河陽。他們聽說韓馥要讓位給袁紹，率戰船百艘星夜往回趕。夜過袁紹駐地清水口，趙浮等人命令士兵擂鼓，一時間，百艘戰船，戰鼓齊鳴，氣得袁紹大發雷霆又毫無辦法。趙浮等人趕回冀州府，面見韓馥，要與袁紹血戰一場。他們說道：

「袁紹軍中缺糧，很多人都被餓跑了，我們請求您同意我們和袁紹打一仗，用不了幾天，一定讓袁紹的軍隊瓦解，你儘管高枕無憂，沒有什麼可擔心害怕的事。」

韓馥聽不進他們的意見，堅決讓位，派自己的兒子將冀州印給袁紹送去了，自己搬到了別處。袁紹領兵前來，不用一兵一卒，就吞併了冀州。袁紹手下的從事沮（ㄐㄩˇ）授，為袁紹爭奪天下獻計。他對袁紹說：「您年紀輕輕就在朝中做官，並揚名海內；在董卓廢少帝，立陳留王之際，您挺身而出，單騎走天下，令董卓心又恨又怕；在黃河北面的渤海，您成為一郡之首。您帶領很少的軍隊，就把冀州握在手中，威震天下。下一步，我建議您掃黑山之賊，平黃巾之亂，東定青州城，北滅公孫瓚，縱橫黃河之北，統一四州之地，收英雄之才，擁百萬之眾，迎皇帝回洛陽城，號召天下，這樣還有誰能敵得過您呢？用不了幾年，您就能建立這樣的豐功偉績。」

袁紹大喜，馬上封沮授為奮威將軍。董卓見袁紹羽毛漸漸豐滿，想再次收買他。於是，董卓派胡母班等人拿著詔書來找袁紹。袁紹命令河內太守王匡殺了胡母班。董卓知道袁紹不肯附依他，就把袁紹的叔叔太傅隗等人殺死了。

袁紹威名遠揚，有許多豪傑紛紛投奔他。還有不少地方起兵造反，也打著袁紹的旗號。韓馥雖然被袁紹待為上賓，但心裡始終不安。他見袁紹的勢力越來越大，就離開袁紹投奔了張邈。後來袁紹派人到張邈商議事情，和張邈說悄悄話不讓在坐的韓馥聽見，韓馥起了疑心，怕袁紹讓張邈對自己下毒手，於是告退出來，在廁所自殺了。

界橋之戰

公孫瓚掃蕩在青州的黃巾賊，得勝歸來屯軍廣宗，撤換縣令，冀州所屬的不少地方官吏，紛紛投奔公孫瓚。袁紹已領冀州牧，對公孫瓚的進犯不能無動於衷。於是，他率軍前來和公孫瓚在界橋南邊二十里處擺開戰場。

公孫瓚命令步兵三萬餘人組成方陣，在方陣左右各有騎兵五千餘人，另有騎白馬的驍勇將士作為中堅，分作兩隊互相接應。在陽光下一眼望去，戰旗獵獵作響，金戈鐵馬光耀天地，五萬大軍威風凜凜，煞是壯觀。

袁紹命令部將麴義率八百弓箭手作前鋒，自己帶數萬大軍在後面組成方陣。麴義在涼州生活了很長時間，對羌人的戰術很熟悉，他所率的弓箭手個個都勇猛無比。公孫瓚望見袁紹那邊打前鋒的不足千人，便命令騎兵衝上去，以為用萬餘騎兵追殺千名弓箭手易如反掌。

頓時，萬馬奔騰，山搖地動。麴義令弓箭手臥在地上，用盾牌護住身體，以靜制動，公孫瓚的騎兵眼看就要衝到跟前，麴義的近千名弓箭手從地上同時躍起，狂吼著衝上前去，邊衝邊射箭，箭無虛發每箭必中。公孫瓚的騎兵一下子亂了陣腳，向後潰退，馬踏人，人擠馬，亂成一團。公孫瓚精心擺出的方陣徹底崩潰，丟盔棄甲，紛紛逃命而去。

麴義在陣地上斬殺了冀州刺史嚴綱等千餘人的首級，接著又追擊逃跑的公孫瓚。他們在界橋上追上公孫瓚，把他打敗，衝到他的營地，趕殺守營的將士。公孫瓚兵敗如山倒，潰不成軍，五萬大軍如秋風下的敗葉，被袁紹的八百弓箭手打得七零八落。袁紹在後面，離界橋還有十里地，見公孫瓚已被打敗，就下馬設帳，身邊只留下一百來人守衛。這時，公孫瓚的潰逃騎兵有二千餘人突然到來，把袁紹的駐地重重包圍，箭如雨發。

袁紹的別駕從事田豐見形勢危急，要扶袁紹退到矮牆下躲避。袁紹摘下頭盔，摔在地上，說：

「大丈夫當上前戰死，躲到牆下苟且偷生，算個什麼東西！」

他率領百餘名戰士，勇猛反擊，殺傷了不少敵人。敵人不知道他們圍攻的人是袁紹，往後退了退。

正在這時麴義率軍趕來，公孫瓚的騎兵撤了包圍退兵。後來，皇帝派人來說和袁紹和公孫瓚。皇帝的使臣住在袁紹的軍營中，給公孫瓚送去一封書信。公孫瓚知道自己難以和袁紹相爭，於是派使臣給袁紹送來和解書。袁紹和公孫瓚和解後，麴義還憑著和公孫瓚交戰時所立下的戰功，狂傲自大，任意胡為，以為袁紹不會拿他怎麼樣。不料，袁紹下令把他殺死了，可憐一員戰將竟成了自己主公的刀下鬼。

兵敗官渡

建安五年，袁紹率十萬大軍，揮師南下，進攻許昌。出征前，謀士沮授、田豐力勸袁紹三思而行。他們對袁紹說：「幾年的戰亂，已使百姓疲憊不堪，國庫空虛，賦稅和徭役越來越多，這是國家的深切憂患。應當先派使者，到皇帝那裡報告我們打勝仗的捷報，使百姓安心務農，有個喘息的機會。如果這條路因曹操的阻礙而行不通，我們再奏明皇帝，說曹操阻我王路。然後我們屯兵黎陽，建造渡黃河的戰船和打仗用的器械，派出精銳騎兵，到曹操的邊境騷擾，讓曹操不得安寧，我們卻可以以逸待勞，不出三年大功就能告成。」

統領軍事的將官審配、郭圖對沮授和田豐的勸說，不以為然。他們非常狂傲，說：

「以我們主公的神武，擁有大片土地，統領十萬大軍，征伐曹操就像翻掌折枝那麼容易。現在不去消滅曹操，以後恐怕就難了。」

沮授反駁道：「救亂誅暴，謂之義兵；恃眾憑強，謂之驕兵。義兵天下無敵，而驕兵出師必敗。曹操迎皇帝在許昌定都，我們舉兵南侵，意義相違。再說能否取勝，不在誰強誰弱。曹操法令森嚴，軍隊精練，不是公孫瓚可以被我們所圍殲。如果我們不採取穩妥的策略而興無名之師，我為主公感到恐慌害怕。」

郭圖對沮授長他人威風，滅自己志氣的話非常不滿，他大叫道：「武王當初伐紂，不能說不義。我們討伐曹操這個大奸臣，怎麼能說師出無名呢？沮授的計謀是想固守一地，不是什麼隨機應變。我們這些主公身邊的文臣武將盡力竭力，將士們鬥志高昂，早已做好戰鬥準備，如不及早定下滅曹大計，而是左思右想，就會失去機會。」

袁紹採納了郭圖等人的意見。郭圖乘機說沮授的壞話，使袁紹降低了對沮授的信任。曹操為攻打劉備派軍去沛郡。田豐建議袁紹襲擊曹操後路。袁紹竟以小孩有病為由，沒接受田豐的建議。氣得田豐把手杖摔在地上，痛惜不已地說：「這麼難得的機會，竟然以小孩子有病為理由而失去，太可惜了。」

曹操沒有了後顧之憂，率大軍殺向劉備。劉備不堪一擊只好投降袁紹。袁紹進軍黎陽，派顏良攻打駐在白馬的曹將劉延。沮授對袁紹說：

「顏良生性氣度狹隘，雖然驍勇，但不可讓他一人擔此重任。」

袁紹不聽，仍然派顏良一個人率軍去了。結果，曹操率援軍趕來，將顏良斬於馬下。袁紹要率軍渡過黃河，到延津的南邊開闢戰場。沮授又出來勸說袁紹暫時屯兵延津，這樣退可守進可攻。袁紹又沒同意，命令渡過黃河，派劉備、文丑出陣挑戰。曹操手下大將拍馬上前，手起刀落，斬文丑於馬下。袁紹的軍隊大為震驚。曹操退回官渡，以守為攻。

沮授再獻破敵之計，他對袁紹說：「我們的士兵雖然多，但不如曹操的軍隊勇猛；曹操的軍隊雖然勇猛，但他的糧草不如我們多。曹操想靠速戰來取勝，而我們要取勝就應從長計議，和曹操打持久戰。」

袁紹急於求勝，以為勝利指日可待。他沒用沮授的計謀，而是領大軍圍攻躲在官渡的曹操。曹營中糧草缺乏，危在旦夕。這時，袁紹派淳于瓊領兵萬餘人押運糧草。沮授擔心曹操會派人襲擊，忙向袁紹建議再派一支軍隊去堵住曹營後路，免生後患。袁紹對沮授已深懷成見，沮授所說的話，他一句也聽不進去。袁紹的謀士許攸因對袁紹扣押他的家人很不滿，偷偷跑到曹營，向曹操獻計，建議曹操燒毀袁紹糧草，袁軍必大亂，再擊之，定能取勝。曹操聽後大喜，留曹洪守營，自己親率精兵五千，連夜攻打淳于瓊，結果大勝而歸。

袁紹派去攻打曹營的將領，見淳于瓊已被斬殺，就投降了曹操。曹操發起進攻，袁紹的軍隊徹底崩潰。袁紹帶著兒子逃過黃河，袁軍大部分被曹操的軍隊抓獲，斬首數萬人。沮授沒來得及逃走被曹軍抓獲，押到曹操帳下，曹操連忙為其鬆綁，待為上賓。沮授喊道：「我是不會投降的，你還是殺了我吧！」

曹操和沮授過去就認識，他非常愛惜沮授的才華，於是說道：「袁紹無謀，不用你的計策，所以才會失敗。如今戰亂已息，國家正是用人的時候，我很想和你一起共同為振興國家出力。」沮授擔心自己降曹會連累親人，說道：「我的叔父、母親、弟弟的性命都繫在袁紹的手裡，如果您開恩，就快把我殺了。」

曹操惜才，不忍下手，反而很好地對待沮授。沮授想找機會逃到袁紹那裡去，被曹操發現，終於殺掉了他。再說袁紹逃回冀州，對兵敗官渡非常惱火，想起當初沒聽田豐等人的勸說，他對手下人說：「我沒用田豐的計謀，一定會被他取笑的。」

田豐已經預感到大難臨頭。別人對他說：「袁紹回來一定會重賞你的，因為事情的發展果然不出你的所料。」田豐卻說：「如果我們的軍隊打勝了，我一定沒事；如果我們的軍隊打敗了，我則必死無疑。」果然，袁紹回來後，就下令把田豐殺了。

審配 簡介

審配（？—公元二〇四年），字正南，魏郡人，年輕時就以忠烈慷慨聞名。袁紹佔領了冀州後，委他以心腹之任，出任治中別駕，并總幕府。袁紹去世後，他跟隨其子袁尚南征北戰，被曹操困在鄴城，城破被俘，拒降赴死，氣壯河山。《三國志》卷六注《先賢行狀》描述了他壯烈犧牲時的情景。

從容面北赴死

袁紹死後，其子袁尚即位。袁尚位別駕審配和部將蘇由把守鄴城。曹操率軍攻打鄴城，蘇由想投降曹操，作為內應，和曹軍裡應外合，奪取鄴城。審配發現蘇由的陰謀，和他在城中激戰，蘇由不敵，敗逃出城，投奔了曹操。曹操下令攻城，採取了挖地道入城的辦法。審配便在城中挖溝，曹兵從地道中鑽出，就被打了回去。審配手下部將馮禮打開城門，放進三百多曹兵。審配發覺，下令士兵從城樓上往下推大石頭，將城門封死，進來的曹兵都被殺死。

曹軍將鄴（ㄧㄝˋ）城包圍住，沿城牆挖了一條長達四十里的壕溝。開始時，溝挖得很淺，示意城裡的人還可以從溝上走過去，有一條活路。審配在城樓上望著曹軍挖的壕溝冷笑不予理睬。曹操下令連夜挖溝，一夜之間，壕溝深二丈，決引河水灌溝，以水困城。接連四個月的圍困，使鄴城內無糧可食，活活餓死的人超過一半。

袁尚聽說鄴城危在旦夕，急忙親率一萬多大軍來救。曹操的部將們都認為，袁尚救城心切，他的軍隊一定會個個奮勇，人人爭先，不如暫避其鋒芒。曹操說：「看他怎麼過來吧，如果他從大路上來，我們就應當避開；如果他沿西山而來，必然會被我擊敗。」

袁尚沒走大路，而是沿著西山過來。在距鄴城十七里的滏水邊安營紮寨，燃起火堆向城裡的審配發信號。審配也命人燃火回應，他想派兵出城和袁尚前後夾擊曹操。曹操一面派兵把審配堵了回去，一面去攻打袁尚。袁尚被曹軍打得向後撤去。曹軍乘勝追擊，把袁尚打得大敗而逃，連官印和衣物都被曹軍繳獲了。曹操讓投降的袁軍士兵在鄴城下舉起袁尚的東西，給城上的人看，說袁尚已被打得向北逃竄了。城中的軍民看得清楚，聽得真切，頓生降曹之心。

審配的侄子審榮把守城東門，當夜打開城門，放進曹軍。審配站在城東南的角樓上，望見曹軍進城了，急忙命令部下去獄中殺辛評的家人。辛評與其弟辛毗，都是袁尚的哥哥袁譚手下的部將。袁譚與袁尚鬧翻投奔了曹操，想憑藉曹操的力量來和弟弟爭奪天下。這次曹操就帶著辛毗來攻打鄴城。審配恨辛氏兄弟投靠曹操，不殺辛評的家人不解心頭之恨。辛毗（ㄆㄧˊ）衝進城中，直奔監獄，可惜晚來一步，辛評的家人已全被殺死。審配在城中與曹軍苦戰，被生擒，押到曹操的帳下。辛毗揮起馬鞭猛抽審配的腦袋，邊抽邊罵：「你這個奴才，今天就是你的祭日。」

審配罵道：「狗輩，正是由於你的關係，曹操才得以攻破冀州，我恨不得殺了你。」過了一會兒，曹操來了。他問審配：「你知道是誰打開城門的嗎？是你的親侄子。」

「這小子竟然這麼不中用！」審配罵道。

「往日我圍困你的時候，你的箭弩為什麼那麼多？」曹操接著問。

「我恨射出的箭弩太少了。」審配答道。

「我知道你忠於袁氏父子，也是身不由己。」曹操想留審配一條活命，但審配不吐半句求饒的話，加上辛毗等人在旁大哭不止，曹操不得不下令殺了審配。臨刑前，早已投降曹操的原袁紹手下的將領張子謙，一向與審配間有衝突。

他嘲笑審配道：「老兄，你現在的情況和我能比嗎？」

審配烈聲罵道：「你是降虜，我是忠臣，雖死猶烈，你那配和我相比？」

臨行刑時，他轉身對行刑的劊子手說：「我要向北而死，我君在北。」審配寧死不屈的精神，深深感動了鄴城的百姓，大家無不為他而嘆息。

呂布 簡介

呂布（？—公元一九八年），字奉先，五原郡九原（今內蒙古包頭西北）人。他以勇武著稱，善弓馬，號為「飛將」。他為人心狠手辣，有勇無謀。開始時，他任刺史丁原的主簿，董卓入洛陽後，指使他殺丁原。他殺了丁原後投靠董卓，任中郎將，封都亭侯。後來，他與司徒王允等合謀殺死了董卓，被升遷為奮威將軍，封溫侯。建安三年（公元一八九年），他在下邳（今江蘇省睢寧西北）為曹軍所獲，在劉備的建議下被曹操所殺。《三國志》卷七《呂布臧洪傳》記述了呂布一生的主要概況。作者陳壽評論說：「呂布有如一隻怒吼的老虎那般勇猛，卻沒有英明的謀略，輕率狡詐，反覆無常，唯利是圖，從古至今，這樣的人沒有不被殺掉的。」

殺丁原．斬董卓

呂布以驍勇名揚荊州，受到刺史丁原的賞識，任他為主簿，受到很好的禮遇。

漢靈帝駕崩後，少帝即位，宦官專權，丁原帶兵進駐洛陽城，與大將軍何進商議誅殺宦官的事。事情敗露後，何進被殺，丁原僥倖逃脫。董卓率兵進入洛陽城，要廢少帝，立陳留王，遷都長安，在朝廷專權，他想先除掉反對派，丁原就是其中的一個。他給呂布送了一封密信，以高官厚祿誘使呂布對丁原下手。呂布接信後，果然將丁原的人頭砍下送給董卓。

董卓本人生性殘忍，對呂布的無情無義大為欣賞，任命呂布為騎都尉，過了不久，又升呂布為中郎將，封都亭侯。董卓非常喜歡呂布，收他為義子，形影不離。呂布善騎射，臂力過人，人稱飛將軍。他投靠董卓後成了董卓的護衛。董卓殘暴不仁害怕被人謀算，有呂布跟在身邊他就可以高枕無憂了。但是董卓是個沒肚量的人，一不順心就發脾氣。

有一天，呂布有了一個小小的過失，董卓拔出手戟（ㄐㄧˇ）就向呂布扔去。呂布一閃，敏捷地跳開了。呂布非但沒有生氣反而向董卓道歉，說得董卓消了氣。扔戟事情從表面看是過去了，但呂布心裡卻對董卓產生了不可磨滅的怨恨情緒。伴卓如伴虎，萬一哪天被虎咬了，豈不毀了自己。他對董卓不像過去那麼忠誠了，暗地裡和伺候董卓的婢女私通。他一面和董卓的婢女打得火熱，一面又害怕被董卓發現，心裡常常不安，不知那天禍從天降。

司徒王允是呂布的同鄉，過去和呂布的關係很好。一天，呂布到王允那裡做客，說起董卓扔戟刺他的事來，言詞中帶著怨氣。王允對董卓在朝廷上的胡作非為早已不滿，此時正與僕射士孫瑞密謀殺董卓一事。他從呂布的言談話語中聽出了呂布的怨氣，心想，真是天賜良機。如果呂布倒戈，董卓則必死不疑。於是，王允將謀殺董卓的計劃告訴了呂布，要呂布作為內應。

「我和董卓是父子關係，怎麼好殺他呢？」呂布

說道。

「你姓呂，和董卓沒有血親關係。」王允說道：「你現在為自己的命擔心還來不及呢，還說什麼父子關係？」

呂布覺得有理，他想，自己在董卓眼裡算什麼東西，他想殺就殺，萬一自己和他婢女私通的事被他發覺，自己那兒還有活路可走？不如早下手，先要了董卓的命。於是，他答應下來，並設計殺死了董卓。呂布為朝廷立了一大功，被任命為奮威將軍，晉封溫侯，和王允一起執掌起朝廷政務來。可惜好景不常，董卓的部將李傕等率兵殺來，從此使呂布陷入南征北戰的搏殺中。

黑夜出逃

呂布殺死董卓後，董卓部將李傕、郭汜等發誓為董卓報仇，率大軍圍攻長安城。第一戰在長安城北，呂布刺傷郭汜；第二戰，呂布與李傕大戰，呂布不敵，敗走長安，逃往武關，想投靠袁術。袁術與哥哥袁紹當初對董卓專權不滿，逃到南陽。呂布以為他殺了董卓，袁術會感激他。

不料，袁術對呂布的反覆無常非常討厭，拒不接受他。呂布無奈，跟他逃出長安的只有幾百人，對袁術的無理態度只好忍氣吞聲，於是他又投奔了袁紹。

袁紹得了呂布這一虎將，遂與他一起去攻打在常山的張燕。張燕有一萬多精兵強將，幾千名騎兵。但在呂布眼中卻是不堪一擊。呂布有一匹良馬叫赤兔，渾身火紅，威風凜凜。

當時人們讚嘆：「人中有呂布，馬中有赤兔。」呂布騎著他的赤兔馬，舞動手中的方天畫戟，和部將成廉、魏越在張燕軍中左突右殺，衝鋒陷陣，如入無人之境。張燕抵擋不住，大敗而去。呂布打了勝仗，急於擴軍，同時放縱手下將士任意掠奪百姓的財物，這使袁紹很不滿意。養虎為患，不如殺虎絕禍，袁紹下了誅殺呂布的決心。

呂布對袁紹的企圖有所察覺，想一走了之，於是，他向袁紹提出返回洛陽的請求。袁紹聽說呂布要走，表面上同意，並任命呂布為司隸校尉，暗地裡他卻命令士兵尋機殺死呂布。呂布要走的頭天晚上，袁紹派來三十名帶甲士兵，說是護送呂布去洛陽。呂布知道袁紹沒安好心。他讓這三十名士兵在自己的帳外兩側等候，叫人在帳中彈箏。

箏樂悠悠，袁紹的士兵臥地而聽，漸漸陶醉其中。呂布趁機悄悄離開自己的營帳，袁紹的士兵全然不知。入夜箏息，袁紹的士兵蜂擁入帳，舉刀亂砍呂布的床被，以為呂布定成肉醬，卻不知呂布早已出城。

第二天呂布在城下叫陣，袁紹這才知道呂布沒死。他叫士兵緊閉城門，呂布只好離去。

呂奉先乘夜襲徐郡

養和居士

神箭解兵圍

袁術派部將紀靈率三萬大軍，攻打屯軍小沛的劉備。大軍壓境劉備自知難以抵擋，急忙派人向呂布求救。呂布的手下部將，眼看劉備遭滅頂之災，都勸呂

布不要插手。他們對呂布說：「將軍您常想殺劉備，現在機會來了，可以假手袁術殺劉備，我們來個坐山觀虎鬥。」

呂布沒同意。他分析道：「袁術如果滅了劉備，就會和北邊的泰山各將領聯合起來，我則處在袁術他們的包圍之中。我不能不救劉備。」於是，他率領一千步兵和二百騎兵，趕奔小沛，後援劉備。

紀靈聽說呂布率軍來了，就收兵不敢再進攻了。呂布在小沛西南一里左右的地方安營紮寨，派人去請紀靈，紀靈等人也請呂布一起喝酒吃飯。呂布對紀靈說：「劉備是我兄弟，兄弟被你們圍困，當哥哥的所以來救。我素來不喜歡打打殺殺的，只喜歡調解別人的爭鬥。」

呂布命令守門士兵在營門中舉起一支戟，他說：「你們看我用箭來射戟上的小支，一箭中戟，你們就應當退去，如果我射不中，你們可留下繼續攻打劉備。」

說罷，呂布彎弓搭箭，一箭射出，正中戟上小支，紀靈等人大為震驚，不由歡呼道：「將軍您有天威啊！」第二天，大家歡聚一堂，大擺宴席，然後各自散去。

斷姻緣，袁術、呂布龍爭虎鬥

袁術見呂布驍勇無敵，想和呂布結盟共同對付曹操。於是，他為兒子求娶呂布的女兒，要和呂布結為親家。呂布同意了這門親事。袁術派使臣韓胤（ㄧㄣˋ）來告訴呂布他要自立稱帝，並迎娶呂布的女兒。沛相陳珪（ㄍㄨㄟ）知道此事後，擔心袁術和呂布聯姻，會使袁術所佔據的揚州和呂布的徐州連成一片，給國家帶來災難，於是，他到呂布那裡，力勸呂布不要和袁術聯姻。

陳珪說：「曹操迎接並尊奉當今皇帝，協助處理國家政務，他的威名和智慧天下聞名。現在曹操就要率正義之師來平定四方，您應該協助曹操一起策劃謀略，以便使您的地盤穩如泰山。如今與袁術聯姻，袁術冒天下之大不韙（ㄨㄟˇ）想自立為帝，和他在一起您將蒙受被天下人認為不仁不義的名聲，而您的徐州也會危如壘卵。」

陳珪的話勾起呂布對袁術的怨恨之情。當初他從長安城中敗逃出來，投奔袁術，被袁術拒之門外，只好去投奔袁紹，又差點被袁紹殺死。想起這些，呂布即決定和袁術斷了這門親事，派人把已經在途中的女兒追了回來，將迎親的使者韓胤斬首示眾。

陳珪見呂布已中了他設下的圈套，想派兒子陳登到曹操那裡去報告。呂布不同意。這時，恰逢曹操派的使臣來到，拜呂布為左將軍，呂布非常高興，隨即同意陳登前往曹操處，向曹操表示感謝，並請曹操任命他為徐州牧。陳登面見曹操，說呂布這個人有勇而無謀，很容易被人所左右，自己沒有什麼主意，應該盡早除掉他。

曹操說道：「呂布有狼般的野心，的確不能讓他活得太久。除掉呂布還需要你們父子的幫助。」

他犒賞了陳氏父子，給陳珪的俸祿增加了兩千石，任陳登為廣陵太守。陳登臨別時，曹操握著陳登的手一再叮囑：「那邊的事就託付給你了。」

命令他暗中聯絡部下，到時作為內應。陳登回到徐州沒有給呂布謀到徐州牧的職位，呂布大怒拔出戟砍下桌子的一角，大吼道：「你們陳氏父子勸我協助曹操，斷絕了和袁術的親事，而今我一無所獲，你們父子倒是得到曹操的賞識和重用，我被你們出賣了。你說你是怎麼對曹操說我的？」

陳登面對暴怒的呂布，臉不變色心不跳，慢慢地說道：「我對曹操說，對待呂布就好像養虎，應當用肉來餵飽他，餵不飽，他就會去吃人。曹操卻說，對您應當像養鷹，餓著才能被利用，餵飽了就會飛走。我是想為您求到官職，但曹操擔心您一旦得到徐州牧的官職就會背叛他，所以不肯給您。」

呂布一聽，明白曹操的擔心有理，氣就慢慢消了。

呂布斷了和袁術的親事，並斬了來使，使袁術大為惱怒。他派大將張勳，聯合韓暹（ㄒㄧㄢ）、楊奉等人，率軍前來攻打呂布。呂布急召陳珪來商議對策：「當初因為你給我出主意，使我和袁術結了仇，如今他派大軍來了，應如何對付才好呢？」

陳珪胸有成竹地說：「韓暹、楊奉和張勳都是烏合之眾，倉猝聯軍在一起，一時內誰也不會聽誰的。可用陳登的計謀，把他們看成是幾隻在一起的雞，只要把他們分開，就不會同時棲息了。」

呂布採納了這個建議，給韓暹、楊奉寫了一封信。信上說：「你們二位將軍大駕東征，本當為國立功，名垂青史。袁術背叛朝廷，天下共誅之，你們怎麼反而和袁術的人一起來征討我呢？我有殺董卓之功，可以和你們聯合在一起，共同擊破袁術的軍隊，為朝廷建功立業，這個機會二位將軍千萬別丟掉。我答應你們，如果擊破袁術的軍隊，所繳獲的軍需物資全部歸你們。」

韓暹、楊奉接信後，馬上回信給呂布表示同意。呂布於是率軍前來，在逼近張勳的營地時，韓暹、楊奉同時起兵，殺向張勳。張勳措手不及大敗而逃，手下十名戰軍被斬首，死傷的士兵不計其數。

呂布求饒，陳宮就死

建安三年，呂布又叛變到袁術一邊，派遣部將高順攻打在沛的劉備。劉備不敵，曹操派部將夏侯惇來援救劉備，也被高順打敗。於是，曹操親率大軍征討呂布。曹操到了呂布的城下，派人給呂布送了一封信。信上為呂布分析利弊，勸他投降，呂布一向沒有什麼主見，想打開城門，投降曹操。部將陳宮急忙勸住。陳宮原來是跟著曹操的，後來背叛曹操投奔呂布，知道一旦投降了曹操，自己只有形單影隻死路一條。

呂布派部將許汜（ㄙˋ）、王楷向袁術求救。袁術開始不同意。他對許汜、王楷說：「呂布不與我聯姻，被打敗了也活該，幹嘛來求我呢？」

許汜、王楷見袁術無意派兵救援，連忙說道：「您如果不去救呂布，呂布到時被打敗了您也難逃險境。」

呂布擔心袁術因為自己不同意親事而不派兵來救，就想親自把女兒送去。他把女兒綁在馬上，夜開城門，送女兒出城，被曹軍發現，亂箭齊發，呂布不

得不退回城去。袁術也害怕曹操滅了呂布，下一個就輪到他頭上，就帶著一千多騎兵趕來救呂布。不料和曹軍一交戰就被打敗了。只好逃了回去。呂布想讓陳宮、高順守城，自己帶兵去截斷曹軍的糧道。曹軍沒糧草軍心必亂即可乘機攻打，曹軍只能退走。

呂布的妻子聽說後，掩面而泣，對呂布說：「您出城斷糧道是對的，可是陳宮、高順一向不和，您一走他倆不能同心守城，萬一有個差錯，您還回得來嗎？您不回來，我該怎麼辦？請您仔細考慮，不要因為陳宮他們壞了自己的大事。」

呂布被妻子的話說得沒了主意，不知如何是好。陳登來見呂布。他聰明過人，在曹操剛到城之時，他就給呂布出主意，建議呂布趁曹軍遠道而來疲憊不堪之際，速戰速決，呂布沒同意，說等曹軍來攻城再反擊。現在他勸呂布說：「曹軍糧草不多，咱們分兵治之。您率軍屯於城外，我等領兵守於城內。曹操如果進攻您，我們就從城裡殺出，攻擊他的後面；曹操如果攻城，您就從外面來救援我們。這樣，用不了幾天，曹軍糧草用盡，我們全力反擊，一定能夠打敗曹操。」

呂布認為這個主意很好，就同意下來。呂布的妻子知道後，對呂布說：「過去曹操對待陳宮就像是親兒子，陳宮還背叛了他。如今您對陳宮也不過像曹操那樣，卻想把全城和您的妻子都託付給他，萬一您孤軍遠出後，他叛變了您，我還會是您的妻子嗎？」

呂布雖然驍勇無比，卻有勇無謀，對部將多猜忌，妻子的話使他對陳宮的意圖產生了懷疑，隨即打消了出城的念頭。

曹操挖壕溝圍城三個月，呂布手下的將士上下離心。呂布的騎兵將領侯成曾因請呂布飲酒，被呂布臭罵一頓，心中怨恨，這時他策動另外兩員大將一起謀反，抓起陳宮，率各自的隊伍投降了曹操。呂布的戰鬥力大為削弱，他登上城樓，見曹軍攻城很猛，心想，與其被攻破，不如去投降，投降也許還有一條活路。於是，他下城投降了曹軍。曹軍士兵把呂布綁起來，推到曹操面前。

呂布請求曹操說：「繩子綁得太緊，請稍微鬆一鬆。」

曹操答道：「綁老虎不得不緊一些，如此才安全。」

呂布請求曹操饒其一死。呂布說：「您所擔憂的不過是我，現在我已經投降您了，天下就沒有您所憂慮的事了。您率領步兵，讓我率領騎兵，天下就不難平定了。」

曹操猶豫，呂布畢竟是一員戰將殺掉太可惜。在一旁的劉備見曹操有些心動，忙上前提醒道：「您不記得呂布是怎麼對待他的恩人丁原和董卓嗎？」曹操一聽，馬上點頭，不能養虎為患。呂布罵劉備道：「你這小子才是最不值得讓人相信的人。」

曹操下令將呂布勒死，然後砍下首級，送往許都。曹操命人將陳宮帶上來，問他：

「你說我該怎麼處置你好呢？」

「我對朝廷不忠，對母親不孝，殺死我好了。」陳宮答道。

「你死了，那你母親怎麼辦？」曹操問。

「我聽說以孝來治理天下的人，不會傷害罪人的親人，我老母親能活與否，在你不在我。」陳宮回答。

「那你的妻子怎麼辦？」曹操又問。

「我聽說以仁政來治理天下的人，不傷害罪人的家屬，我妻子能活否，在你不在我。」陳宮接著回答說。曹操默然。

陳宮說：「我請求出去就死，以明您的軍法無情。」說罷，陳宮大步往外走去，曹操揮淚送他，陳宮頭也不回，昂首挺胸走向刑場。陳宮死後，曹操命人接來他的老母親精心奉養，並將他的女兒嫁了人。曹操處決了呂布、陳宮、高順等人，將他們的首級送往許都，把他們的身子埋葬了。徐州成為曹操的天下。

陳登 簡介

陳登，三國時代人，字元龍，從小就有扶世濟民的遠大志向，博覽群書，韜略過人，二十五歲時舉孝廉，任東陽的地方長官，愛民如子，受到百姓愛戴。後任廣陵和東城太守。他從廣陵走的時候，百姓都要跟他一起走，足見他的深得民心。他在誅殺呂布中立了大功，後又和吳國的軍隊多次交戰，由於他有勇有謀，每戰必勝。三十九歲時去世。《三國志》卷七《呂布臧洪傳》，簡略地介紹了陳登的生平和別人對他的評價。

不辱國命

陳登在誅殺呂布的戰鬥中立下大功，被封為伏波將軍。江南的孫策率大軍來攻打陳登於匡琦城。孫策的大軍鋪天蓋地，匡琦城外的大河上，到處都是孫策的戰船。陳登手下的人都被這駭人的景象嚇壞了，紛紛力勸陳登，敵人有十倍於我們的兵力，我們不如帶著軍隊暫時撤走，避開孫策，給他留下一座空城。江南人喜水，在陸地上住不慣，用不了多久他們就會自然退去。陳登豪氣沖天，堅決不同意。他大聲說道：

「我受國家之命鎮守此地。過去馬文淵在這個職位上，平定南方的百越，剿滅北方的狄寇，我即使不能為國家除掉凶惡的勢力，也不會逃走的。我替天行道與賊兵作戰，一定會打勝。」

陳登命令關緊城門，暫時不與孫策交戰。孫策的將士們攻城甚急，喊殺聲響徹雲霄，但陳登充耳不聞，好像孫策的人根本不存在似的。陳登登上城樓，瞭望敵軍陣式，發現孫策布陣有漏洞，可乘機擊之。於是，他急令手下將士整裝待發，然後打開城南門，撲向敵營。

孫策部將周章，正在陸地上布陣，陳登率軍前後夾擊，使周章不能回到船上。陳登親自擂動戰鼓，催動他的將士們猶如下山猛虎在敵陣中衝殺，周章的部隊抵擋不住，棄船逃走。陳登乘勝追殺，斬敵兵萬餘人。

孫策大為惱怒，為報此仇大舉發兵攻城。陳登知道快撐不住了，一面派人去曹操那裡搬救兵，一面率人悄悄離城，到十里外的地方布置火陣。他讓士兵們抱著柴草，兩捆一堆，隨十步遠就放下一堆，橫縱成行，好像列起長隊的士兵。到了夜裡，他下令點火，一時間，火光熊熊，照亮夜空。被圍困在城裡的人看見火光，都歡呼跳躍起來，以為曹操的援軍趕來了。

孫策的部將們望見十里外的火蛇，也以為曹操率援軍來了，頓時又驚又怕，趕緊逃命。陳登指揮他的將士傾城出動，追擊潰逃的孫軍。孫策的部隊兵敗如山倒，陳登的軍隊卻似虎闖羊群，斬敵萬餘。陳登以少勝多，不辱國命，保護了廣陵這塊土地，受到老百姓的愛戴。當他被調任東城太守時，老百姓都要隨他走。陳登再三勸阻百姓們回去，他揮淚說道：

「我在廣陵任太守，多次招來江南的賊兵進犯，幸而都把他們打敗了。我走了以後，你們不要擔心沒有人來接替我。」百姓止步，和他依依作別。

三傑縱論陳元龍

陳元龍去世後不久，許汜、劉備一起到荊州牧劉表那裡作客。

三人共論天下豪傑，許汜說：「陳元龍是江湖之士，去不掉江湖上的粗豪氣概。」

劉備問劉表：「許君說的對不對？」

劉表答道：「陳元龍名重天下，不好說他是對還是不對。」

劉備又問許汜：「你說有江湖人的習氣，有什麼根據嗎？」

許汜說道：「過去我遇戰亂經過下邳，到陳元龍家裡拜會他，他沒有像主人招待客人那樣招待我，半天不和我說話，自己還到大床上去睡覺，把我這個客人安排在床下的地上睡。」

劉備說：「你有國家名士的名聲，而今天下大亂，皇帝出入無從所。元龍期望你能憂國忘家去拯救天下，而你卻儘說些家常巷里的話好像胸無大志，這正是元龍所討厭的，他怎麼會和你說話呢？如果是我的話，我就睡到百尺高樓上讓你睡在地上，這之間隔就不是上下床之間的距離。」

劉表大笑。

劉備接著說：「像陳元龍這樣的人，只能拿賢人來比，現在人很難有資格和他比。」

臧洪

簡介

臧洪生卒年不詳，字子源，廣陵射陽人。他長得體貌魁梧，異於常人。曾做過縣長一類的小官，靈帝末年，棄官還家。董卓作亂，他與幾位英雄歃血為盟，要共赴國難。後追隨袁紹，深得袁紹賞識，讓他出任東郡太守。臧洪的好友張超被曹操圍在雍丘，臧洪請求袁紹派兵去救，袁紹沒同意，他和袁紹鬧翻，背叛了袁紹。臧洪鎮守東武陽，袁紹派兵圍城，歷年不下。袁紹讓人寫信勸臧洪投降，他回信表示不降。袁紹增兵攻城，城陷被俘，袁紹再勸，臧洪寧死不屈，遂被袁紹殺害。《三國志》卷七《呂布臧洪傳》介紹了臧洪後半生的主要活動情況。

困兵死守東武陽

東郡太守臧（ㄗㄤ）洪治理東武陽。好友廣陵太守張超被曹操圍在雍丘，臧洪領兵去救，並向袁紹求援。袁紹沒有同意。張超被曹操所殺，臧洪對袁紹產生起怨恨情緒，發誓再也不與袁紹來往。

臧洪的太守職位，本是袁紹給的，現在臧洪背叛了袁紹，袁紹怒而起兵，兵圍東武陽城，長達一年之久，未能攻下。

袁紹派人給臧洪送去一封信，陳述利害關係，勸他投降。臧洪覆信斷然回絕。袁紹見臧洪全然沒有悔改之意，要頑抗到底，就下令增兵攻城。臧洪見城中糧草已盡，又沒有救兵來，知道自己難逃厄運，就把手下將士找來，對他們說道：

「袁紹無道，圖謀不軌，破城後肯定不會原諒各位將領。我受命朝廷，出於大義，不得不死，各位愛將沒有必要和我同擔此禍。趁現在城池未破，你們帶著妻兒快走吧。」

將士們聽了臧洪的一席話，都流下眼淚，說：「您與袁紹本來沒有什麼隔閡和仇怨，如今您為了別人的緣故，招來橫禍，我們怎能離開您自己去逃生呢？」大家誰也不肯走。

開始斷糧時，還可以挖鼠洞，抓來老鼠煮著吃，後來連老鼠都吃光了，再也沒有什麼可吃的。主簿所掌管的米只剩下三斗，每次取一點給臧洪煮粥吃。臧洪端著粥碗，嘆息道：「為什麼單單給我一個人吃呢？」他命主簿將粥再熬稀，大家分著吃，又殺了自己的愛妾分給將士們吃。將士們各各都感動得熱淚橫流，低頭痛哭。到城陷前，有七、八千人被活活餓死，但沒有一個叛逃的。城陷後，臧洪被活捉，袁紹對臧洪的才華很欣賞，想饒他一死。故設下大帳召來部將和臧洪相見。袁紹對臧洪說道：

「臧洪，你為什麼要如此背叛我呢？今日你服不服？」

臧洪瞪圓眼睛，怒吼道：

「您們袁家有四代五人在朝做事，深受皇恩。現在王室衰弱，你非但沒有扶助，還想利用群雄際會推你做盟主的機會，有非分之想，多次殺害忠良以樹立你的淫威。你稱陳留太守張邈為兄，叫我為弟，我們

本想同你一起為國除害，你卻帶兵進入我們的城池大肆屠殺。只可惜我勢單力薄，不能殺你為天下報仇，我怎麼會服你呢？」

袁紹見臧洪沒有屈服之意，知道就是留他一命，也不會為自己所用，就下令把他殺。臧洪手下有個叫陳容的人，在城未破之前，被臧洪派了出去。他聽說臧洪被抓就趕來見袁紹，說：「你舉大事要為天下除暴，卻先殺忠臣義士，這那裡符合天意！臧洪身為一郡太守，你憑什麼殺掉他？」

袁紹感到慚愧，讓人將陳容趕出帳外，說：「你不是臧洪，請你回去吧。」

陳容回頭說道：「仁義豈有經常變動之理，遵循它就是君子，背離它就是小人。我今天寧可與臧洪同日而死，不與你同日而生。」袁紹命令將陳容處死，在座的人都為此感到惋惜。

公孫瓚 簡介

公孫瓚（？—公元一九九年），字伯珪，遼西令支（今河北遷安西）人，初為郡門下為佐，後因作戰有功，升騎都尉。董卓作戰，群雄逐鹿，他也拉起一支隊伍，轉戰北方，被任命為前將軍。他因殺幽州牧劉虞，被袁紹和劉虞的部將打敗，在易京自殺。《三國志》卷八《二公孫陶四張傳》概要介紹了他一生的主要活動情況。突圍求生公孫瓚出任遼東屬國長史，一次他帶著幾十個騎兵出行，與鮮卑族的數百騎兵交戰。公孫瓚等人退進一座空亭中，他對大家說：「現在不衝，我們都會被殺死的。」說完，他持矛握刀衝出空亭殺向敵人，他手下的騎兵跟著他一起往前衝。他們殺傷數十名敵人，衝出包圍圈，有一半人戰死，公孫瓚和其餘的人得以倖免。

殺劉虞引火焚身

幽州牧劉虞與公孫瓚相距不遠，公孫瓚有虎狼之心，使劉虞坐立不安。恰逢公孫瓚剛被袁紹打敗，元氣大傷，劉虞想先下手為強，趕走公孫瓚，以解懸劍之危。於是，劉虞率兵進攻公孫瓚的城池，不料被公孫瓚打敗。

當時，劉軍攻入城中，公孫瓚猝不及防，想打開城東門逃走，但他突然發現劉虞的士兵不怎麼會打仗，又愛惜百姓房屋，不肯放火燒房。公孫瓚急忙招來精銳部隊上前衝殺，又放起大火。火助人威，殺得劉虞的將士們退出城，逃奔居庸城。公孫瓚乘勝追擊，攻克居庸城，生擒劉虞。

劉虞出身皇室，曾被袁紹等人推舉為皇帝，他拒不接受，才沒使袁紹等人的企圖得逞。公孫瓚將劉虞綁在街頭的柱子上，對他說：「如果你真的應當成為皇帝的話，老天爺會下雨救你的，只要天下雨，我就不殺你。」

當時正是盛夏時節，烈日當空，從早到晚也沒有飄下一根雨絲。公孫瓚遂下令把劉虞殺掉。劉虞一死，他的部將和生前好友聯合起來進攻公孫瓚，要為劉虞報仇，袁紹又派大將麴義和劉虞的兒子合兵一處，一路殺來。公孫瓚數次交戰，都被打敗，只好逃到易京城固守。公孫瓚在易京城外挖一條十里長的壕溝，又在城中築起不少高樓。

他對手下將士們說：「過去我認為天下事可以揮麾而定，今天看來，天下事不是我們能夠決定的。我們不如休兵，把力量放在種田養畜上。兵法上說，百樓不攻。如今我們築起這麼多高樓，把糧草都藏進去了，可以靜觀天下事了。」

公孫瓚想以此給袁紹造成麻煩。袁軍攻打一年多，未能破城。建安四年，袁紹率領全部軍隊圍攻公孫瓚。公孫瓚派兒子向黑山張燕求救，又想親率城內守軍突破袁軍重圍，與張燕等聯合在一起，抄斷袁紹的後路。

長史關靖勸公孫瓚說：「您的將士被圍困這麼長的時間，已無鬥志，之所以還能堅守城中，是為了自家老小，您在城中可以作他們的主心骨幹。只要您能堅守下去，袁紹自然會退走的。袁紹一旦退走，四方之眾會重新聚集在您的身邊。如果您捨城而去，眾將士沒了主心骨幹，易京城就危在旦夕了，您失去大本營，在山野遊蕩，還能成就什麼大事呢？」

終於公孫瓚打消棄城而走的念頭，派人給已去張燕處的兒子送信。信上說，援軍到時，在城北燃火為號，他親率城中將士殺出，裡外夾擊袁紹。送信的人在路上被袁軍捕獲，押到袁紹那裡。袁紹讀過從信使上搜出的信，決定將計就計，騙公孫瓚出城。

袁紹命令手下在城北燃火，公孫瓚以為援兵來了，忙率軍出城。袁紹早已設下伏兵，公孫瓚一出現，伏兵躍起衝殺，公孫瓚大敗而歸，忙關閉城門，堅守不出。袁紹下令挖地道，一直挖到公孫瓚所築的高樓下面。先用柱子支撐，然後將柱子點燃，柱子燒毀後，其所撐高樓頓時塌陷。公孫瓚自知難逃厄運，將妻妾子女殺死，然後自盡。

長史關靖聽說公孫瓚已死，對手下人說：「我聽說有德性的人，在別人陷於危難之時，一定會同當此難，怎麼能夠自己獨自求生呢？」於是，他騎上戰馬衝向袁紹的軍隊，奮戰而死。袁紹命人將公孫瓚和關靖的首級送往許都，易京一帶遂被平定。

張魯 簡介

張魯，生卒年不詳，字公祺，沛國豐縣（今屬江蘇）人。祖父張道陵客居蜀地，創立五斗米道。張魯接位後，自號「師君」，倡導誠信不欺詐，提倡互相幫助，頗得百姓愛戴。益州牧劉璋認為張魯不聽話，就把他母親那一族人都殺了。張魯據守漢中，大行五斗米道。曹操來征討他，他遂投降了曹操，被封為閬中侯。《三國志》卷八《二公孫陶四張傳》介紹了張魯和他的祖父張道陵等人的活動情況。

五斗米道

張魯的祖父張道陵，早年客居蜀郡，在鵠鳴山學道，假造道書來迷惑百姓。當時天下大亂，百姓飽受戰亂之苦，張道陵傳道，意在建立太平盛世，頗合民心，有很多人都跟他學道。學道的人每人要繳納五斗米，所以人稱張道陵之道為「五斗米道」，又罵張道陵為「米賊」。

張道陵死後，其子張衡接著奉行其道。張衡死後，其子張魯繼位，大行五斗米道。

益州牧劉焉見張魯有一定的勢力，就用張魯做督義司馬，命令他和別部司馬張修一起率軍攻打漢中太守蘇固。張魯沒去攻打蘇固卻把張修殺了，奪取了他的軍隊。劉焉去世後，兒子劉璋接替父親當了益州牧。劉璋認為張魯不服從他，就把張魯的母親全家殺了。

張魯領軍佔據漢中，用五斗米道來教化百姓。他自稱為「師君」。來學道的人，開始都叫作「鬼卒」。接受五斗米道的道義後，就稱為「祭酒」，祭酒為一個地方頭目；所統領的人比較多的，就稱為「治頭大祭酒」。

祭酒，負責教育會中的教民，要誠實、守信用、不騙人，有了病要反省自己的過失。教民中有得病較輕的，過幾天就能好的，就說他信道；得病較重而難以痊癒的，就說他不信道。這和黃巾起義所奉行的信條相類似。

各位祭酒都建造了不收費的旅舍，又置辦免費的米和肉，懸掛在旅舍裡，過路人可在旅舍裡休息，並按自己的食量來自取食物。如果拿多，五斗米道的人就會懲罰他。對違犯法令的人，一般寬恕三次，再犯就施以刑罰。張魯靠祭酒來治理巴郡和漢中郡，不設縣官。百姓都很擁戴張魯，覺得日子過得很稱心。就這樣，張魯稱雄於巴郡和漢中郡近三十年。

兩雄相峙論優劣

自從曹操將皇帝接到許昌定都後，袁紹就心懷不滿，袁紹吞併河朔，威震天下。而此時曹操的東面有呂布，南面有張繡，和張繡在宛城交戰又失利，袁紹就更不把曹操放在眼裡，還給曹操寫來一封書信，並言辭上多有侮辱，曹操接信後大怒，行為舉止失去常態，左右部將都以為是和張繡交戰失利的緣故。有人

問荀彧是什麼事使曹操失態？

荀彧回答道：「以曹操的聰明，他不會為已過去的事情而責備自己的，肯定是有其他的事情而使他憂慮不安的。」

荀彧面見曹操，問他心裡有什麼事？曹操將袁紹的書信拿給他看，說：「我想去討伐袁紹，而力量又不敵，這如何是好？」

荀彧說道：「自古以來，決定成敗的是人的才華。有才華的人，雖弱必強，沒有才華的人，雖強易弱，劉邦滅項羽這件事，就足以證明這個道理。現在與您爭奪天下的，只有袁紹。袁紹外表寬厚而內心狹隘，用人又猜疑人；您心胸豁達，只要人有才就放心用，這是您在心胸上勝過他的地方。袁紹舉事不決，優柔寡斷；您能當機立斷應變自如，這是您在謀略上勝過他的地方。

袁紹領軍不講軍紀，法令不立，士兵雖多，其實很難指揮；您嚴明法紀，賞罰分明，士兵雖少，但打起仗來都爭先恐後地去拚死作戰，這是您在武力上勝過他的地方。袁紹憑藉他家世代豪門的資本，沽名釣譽，所以很多沒有真才實學的人，都投靠在他的門下；您以仁義待人，對人推心置腹，不追求表面上的美名，自己的行為又很謹慎，禮賢下士，所以天下有忠義之心、正直而務實的人都願意為您所用，這是您在德上勝過袁紹的地方。您以這些優勢來輔佐皇上，揮正義之師討伐叛逆，誰敢不聽您的？袁紹再強大又有什麼用呢？」

曹操聽後，心中大喜，鬱結多日的愁悶隨之煙消雲散。

荀攸 簡介

荀攸（公元一五七—二一四年），字公達，潁川潁陰（今河南省許昌）人，荀彧的遠侄。曹操迎皇帝於許都，召他為汝南太守，入為尚書，從此他隨曹操南征北戰，屢出奇謀。在征討袁紹父子的戰鬥中，他立下大功，深得曹操的賞識。魏國初建，為尚書令。後隨曹操征討孫權，在途中去世。《三國志》卷十《荀彧荀攸賈詡傳》介紹了他的謀臣生涯。

謀士忠言

曹操早就聽說荀攸的大名，知道他是個很有才學的人，跟他談話後心中大喜，對手下人說：「荀攸是個非凡的人物啊！我有機會和他商議大事，天下的事有什麼可擔心的呢？」於是他任命荀攸為軍師。

建安三年，荀攸跟隨曹操出征西北豪強張繡。荀攸對曹操說：「張繡和劉表相互依靠很有力量。但是張繡讓他的軍隊依靠劉表吃飯，劉表不會長期供給，將來勢必分裂。我們不如暫緩行動來等待他們分裂，這樣就能迫使張繡來歸順了。現在如果把張繡逼急了，他們勢必互相救援。」

曹操不聽荀攸的建議，進軍到穰縣與張繡開戰。張繡危急劉表果然去援助他。曹軍吃了敗仗。曹操感到很慚愧，他對荀攸說：「是我沒有採納您的意見，才會落到這種地步。」

足智多謀的荀攸佈置騎兵再戰，打得張繡大敗，最後使張繡不得不歸順曹操。

窮寇強攻

建安三年，曹操從宛城出發征討呂布，兵至下邳，呂布退入城中堅守。曹軍連續攻打三個月，未能破城，士兵都很疲憊，曹操想罷兵回去。荀攸與郭嘉一起來找曹操，對他說：

「呂布有勇無謀，如今已三戰皆敗，他的銳氣已喪失了。三軍以主將為主，主將喪失銳氣，三軍就沒有鬥志。呂布的謀士陳宮雖有謀略但很遲鈍，如今我們趁呂布的銳氣沒有恢復，陳宮的謀略沒有定下來揮師急攻，呂布一定會被徹底打敗。」

曹操採納了他們的建議，引沂、泗河水灌城，城陷，呂布投降。

分而治之

建安八年，正當曹操要去征伐劉表，袁紹的兩個兒子袁譚、袁尚為爭奪冀州打了起來。袁譚派辛毗來找曹操，表示願意投降並請曹操派兵去救援。曹操準備答應下來，問手下人是否妥當。多數人認為劉表的勢力強大，宜先平之；袁譚和袁尚互相爭鬥，目前還構不成威脅，不用擔憂。荀攸不同意這種看法。

他說：「劉表勢力雖強，但他只想坐保江、漢之間，沒有與人爭奪天下的企圖。而袁氏佔據四州之地，有十萬兵力。如果袁譚、袁尚和好，守四州而圖天下，那麼天下就難以平定了。現在他們兄弟反目，勢不兩立，趁此機會下手，天下就平定了，千萬不能失去這個機會。」

曹操說：「好！就按荀攸的意見辦。」於是曹操將女兒嫁給袁譚，先把袁譚穩住，然後攻打袁尚，將袁尚的軍隊擊潰了。後來袁譚背叛曹操，曹操又揮軍殺袁譚於南皮，冀州遂被平定。曹操向皇上表功說：「軍師荀攸，自從協助我以來，無征不從，前後克敵，都是荀攸出的謀略。」於是，皇上封荀攸為陵樹亭侯。

賈詡 簡介

賈詡（ㄒㄩˇ），生卒年不詳，字文和，武威人。他初隨董卓為平津都尉，遷討虜校尉，董卓被殺後，先隨董卓部將李傕，繼跟將軍段煨，接著離開段煨投於張繡門下，後勸張繡投降曹軍，曹操封賈詡為都亭侯，遷冀州牧。在隨曹操的征戰中，屢獻妙計，成為曹操的重要謀士。魏文帝，任他為太尉，進爵魏鄉侯。他給文帝出良謀，文帝不用。年七十七歲卒。《三國志》卷十《荀彧荀攸賈詡傳》介紹了他的主要活動情況。

忠臣雖強，不圖天下

車騎將軍皇甫嵩（ㄙㄨㄥ）大破黃巾賊之後，威震天下。剛被罷官的閻忠找上門來，遊說皇甫嵩另立為王。閻忠說道：「世間能得而易失的是時機，時機所帶來的是機遇，所以聖人常順時而動，有智謀的人必抓住機遇而行動。現在您遇到千載難得的機會，您卻想放過它，將來您靠什麼來樹立起自己的大名呢？」

皇甫嵩問：「你指的是什麼？」

閻忠說道：「天道無親，百姓各憑本事奪天下，本領大的人，不願受庸主的驅使。您不到一年時間裡，建立奇功，神兵如雷電橫掃，攻堅城比折斷一根枯枝還容易，摧毀敵軍猶如用熱湯澆雪，席捲七州，殺敵三十六萬，剷滅黃巾賊，鏟除邪惡勢力的隱患，威震本朝，馳名海外，群雄回首於您，百姓願跟隨您，即使古代的湯武，也比不上您建立的豐功偉業。您有如此大的功勞，還對庸主忠心耿耿，您的心能安嗎？」

皇甫嵩回答說：「我心不忘忠，怎麼會有什麼不安呢？」

閻忠說：「如今庸主勢弱，您指麾可以振風雲興雷電，羽檄先馳於前，大軍震響於後，蹈跡漳河，飲馬孟津，舉天網，誅閹（ㄧㄢ）宦，除群怨之積忿，解久危之倒懸。如此則攻守無堅城，不招必影從，即使是兒童和婦女都會為您賣命，何況有識之士。您以疾風掃落葉之勢去平定天下，大功即刻告成。待到功成名就，天下歸順，您就可以南面稱王，君臨天下。木朽不雕，世衰難佐，將軍您以您的忠心，去輔佐難佐之朝，在朽木上雕刻作畫，是不可能的事。況且當今朝廷被宦官把持，他們如同市井上的惡霸一般，皇上不能作主，下詔書都要聽左右人的，萬一有對您不利的事，降臨到您頭上，您必定會悔之無及。」皇甫嵩沒聽閻忠的勸告，閻忠只好離去了。

先文後武之策

文帝即位後，有一天問賈詡：

「我想征伐不聽從我的人，統一天下。你說是先伐吳國，還是先討蜀國？」

賈詡回答：「要攻佔城池就要先用兵，要建立帝王的基業就要用德行來感化。陛下您順天時而登皇位，君臨天下，若用德行感化他們，靜候其變，那麼平定吳、蜀兩國就不難了。吳、蜀二國雖小，但都

有高山大水阻隔。蜀國的劉備有雄才、諸葛亮善治國；吳國的孫權識虛實，陸遜有軍事才能。一個是據險地守要塞，一個是泛舟水溝，都難以用武力將他們很快平定。用兵之道，先禮後戰，根據敵人的情況來考慮我們自己的實力，這才是周全之策。我認為朝中群臣，沒有能和劉備、孫權相匹敵的人。您儘管以天威臨之，我看不出有必勝的把握。我建議您先文而後武。」文帝不聽，後在江陵之戰中，死傷了很多人。

破敵追兵勝在謀

曹操征伐張繡，勢在必得，可是一天突然率兵撤退。張繡大喜，親自帶兵追擊曹操。謀士賈詡對張繡說：「不要去追，追的話肯定要吃敗仗。」

張繡不聽賈詡的意見，領兵前進與曹操交戰，結果大敗而歸。賈詡見張繡吃了敗仗回來，馬上對張繡說：「趕快再去追擊，再次交戰必定能夠取得勝利。」

張繡推託說：「先前沒有採用您的意見才至這種地步。如今已經失敗，怎麼又要追呢？」

賈詡說：「戰鬥形勢起了變化，趕緊追擊必能得勝。」

張繡聽從了賈詡的意見，連忙召集敗兵前去追擊，與曹軍大戰了一場，果然得勝而歸。張繡雖然打了勝仗，卻不得其解，他問賈詡：「我先用精兵追趕撤退的曹軍，而您說肯定要失敗；我敗退後用敗兵去襲擊剛打了勝仗的曹軍，而您說必定取勝。事實完全像您所預言的，為什麼會精兵失敗、敗兵得勝呢？」

賈詡說：「這容易理解！您雖然善於用兵，卻不是曹操的對手，曹軍剛撤退時，曹操必須親自壓陣；我們追兵雖然精銳，但不是他們的對手，因此我知道我軍必敗。曹操先前在進攻您的時候，沒有發生任何差錯，卻突然退兵，肯定是國內發生了什麼事。曹操現已打敗您的追兵，必然是輕裝快速前進，即使有留下一些將領在後面掩護，那些將領也不是您的對手，因此，您雖用敗兵但打起來也必定能得勝。」張繡聽了表示十分信服。

拒強歸弱

曹操在官渡抗擊袁紹，袁紹擔心曹操和張繡聯合，就派人去勸說張繡歸附他，並給張繡的謀士賈詡寫信表示願意結交。張繡打算答應袁紹。賈詡擔心張繡與袁紹聯合起來，就對袁紹的使者說：「請回去告訴袁紹，他們兄弟之間反目為仇，互相都不能寬容，還能容納天下的俊傑嗎？」

張繡一聽，連忙對使者表示了不願歸附袁紹的意思，使者只好空手而歸。使者走後，張繡問賈詡：「我應當歸附誰呢？」

賈詡說：「不如歸順曹操。」

張繡擔心地問：「袁紹強曹操弱，我又和曹操結

了仇，歸順他有什麼好處呢？」

賈詡卻說：「曹操輔助天子號令天下，這是應該歸順他的第一個原因。袁紹強盛，我們拿很少的人馬投奔他，他肯定不會看重我們；曹操兵馬不強，他能得到我們一定高興，這是應該歸順他的第二個原因。曹操是個有雄踞天下志向的人，他必定會解除個人的恩怨，以此向天下人表明自己的博大胸懷，這是應當歸順他的第三個原因，希望將軍不要再遲疑！」

張繡聽了賈詡的意見，率領部將歸附了曹操。曹操見到了賈詡，十分高興，握著賈詡的手說：「您使我得到天下人的信任和重視，我一定會重用您。」於是曹操上表給皇帝，奏請賈詡擔任京都地區負責治安的長官，封為都亭侯，後來又升任冀州牧，掌管冀州的軍政大權。

袁渙 簡介

袁渙，生卒年不詳，字曜卿，陳郡人。他先跟劉備，繼從袁術，後被呂布所獲。呂布被曹操殺死後，袁渙跟曹操打天下，為曹操治理政事出謀策畫，深得曹操的賞識，拜他為郎中令，居官數年而逝。曹操為失去他而痛哭，賜給他家人許多糧食。《三國志》卷十一《袁張涼國田王邴管傳》介紹了他一生的概況。

唯德可以辱人

袁術被呂布兵圍阜陵，謀士袁渙前去救應，被呂布所獲。呂布與劉備的關係原來很好，後來惡化了。呂布讓袁渙寫封書信罵劉備，袁渙不寫，呂布再三強迫他寫，袁渙就是不答應。呂布大怒，拔出劍來壓在袁渙的脖子上，說道：「寫就生，不寫就死。」

袁渙面不改色，笑著回答道：「我只聽說唯德可以辱人，沒聽說用罵來侮辱人的。假如對方是個正人君子，就不會把你所罵之言放在心上；如果對方是個小人，也寫信回罵您，那麼受到侮辱的，不是對方而是您。再說我有朝一日到了劉備那裡，像侍奉您一樣地侍奉劉備，寫信來罵您，您覺得怎麼樣？」

呂布被袁渙的一席話說得滿臉慚愧，遂放棄了寫信罵劉備的念頭。

仁義征天下

呂布被殺後，袁渙歸附曹操，面見曹操時，別人都跪下行大禮，只有袁渙高揖不拜。曹操給眾將官每人幾輛車，用來自取所繳獲的東西。別人都用車來裝財物，袁渙卻只裝了幾百卷書。大家聽說後，都覺得非常慚愧。曹操知道後，愈加器重袁渙。曹操詢問袁渙治天下之道。

袁渙侃侃（ㄎㄢˇ）而談，說：「兵者，凶器也，不得已而用之。征服天下應該用道德和仁義，再加上使百姓安居樂業，並為他們除去天災人禍。當然，您在征戰治國中，經常遇到如何對待生與死的問題。自天下大亂以來，已經有十幾年了，百姓求安定，都希望早日結束動亂，然而動亂並沒有平息，這是為什麼呢？我認為是因為治國之道不符合德政。

「我聽說英明的君主善於救世，他們用仁義來對付亂世，用敦厚來去掉虛偽。各個年代的情況不一樣，君主治國的方法也不同，所制立的王法和上一個朝代比較，有增無減，這是古今君王所不同的地方，但是，用博愛來統治天下，在用武力平息暴亂之後，施行德政來恩澤於百姓，確實是古今君王都奉行的王道。您聰明蓋世，按照古人贏得民心的那些方法，您努力去做；對當今那些失民心的作法，您努力戒除，百姓都把希望寄託在您的身上，您使他們免除危亡的災禍。但是百姓還不知道您要施行什麼樣的德政，還需要您來開導，如果能夠這樣，那就是天下百姓的一大幸事。」

曹操覺得袁渙說得非常有道理，認真地採納了他的建議，並拜他為沛城南部都尉。

順應百姓安土重遷

曹操為開荒種田，強行招募了很多人，但招來的人都不願幹，經常發生逃亡事件，令曹操很頭疼。袁渙找到曹操，說：「百姓安土重遷，願意生活在生他養他的那塊土地上，不能強行讓他們改變自己的生活，應該按百姓的心願來辦事，違逆民心是難以辦好事情的。要順他們的心意，願意幹的就幹，不願意的也不要強求。」

曹操按照袁渙的主意去做，百姓果然非常高興。曹操隨即將袁渙升為梁相。袁渙到任後，經常告誡所轄各縣的縣令：「一定要多關心那些失去了親人和上了年紀的人，表彰那些孝子貞婦。常言說，天下太平就講究禮法，禮法講不講，全靠事在人為。如今雖然戰亂未平，難以講究禮法，但是我一定要努力去做，也希望大家和我一起努力。」在他的治理下，梁地百姓得以安居樂業。

田疇　簡介

田疇（ㄔㄡˊ），生卒年不詳，字子泰，右北平人。他先從劉虞，劉虞被公孫瓚所殺，他因哭祭劉虞被公孫瓚監禁。他被放出來後率人入深山屯田而居。袁紹想用他，被他拒絕；後曹操召他出山，他欣然前往。他在隨曹操出征烏丸時，獻良策大破烏丸。曹操論功行賞，封他為亭侯被他拒絕。三年之中，曹操數次要他接受封賜，他推辭不受，掌管法律的官員要彈劾他，說他為了保持個人的小節而破壞了國家的法度。他以死相對，使曹操不得不答應了他的請求。《三國志》卷十一《袁張涼國田王邴管傳》介紹了他跟隨曹操前後活動的情況。

擇忠侍主

初平元年，董卓將皇都遷到長安，天下大亂，英雄併起，幽州牧劉虞為了表示對皇帝的忠心，想送書信給皇帝，但是找不到合適的人，他對手下人嘆息道：「賊臣作亂，朝廷不穩，使天下各州郡皆不知所從。我身為皇親國戚，不能和別人一樣。現在我想派使節到長安去，以表明我的心跡，但是這個能完成使命的人，我到哪裡去找呢？」

劉虞左右的人建議：「有個叫田疇的人，雖然年齡不大，但很多人都稱讚他了不起。」

劉虞一聽，忙備禮物請來田疇，見面後非常高興，遂命他為從事。田疇時年二十二歲，喜歡讀書和擊劍，是個英姿勃發，勇敢無畏的人。接受了劉虞的派遣，臨行前，對劉虞說：「如今去長安的路上不太平，強盜出沒，如果我以官府的身分出行，就可能出事。我想便裝而行，以便能夠順利完成您的使命。」

劉虞同意了。田疇回到家裡，親自挑選了二十名壯士。劉虞親自去送行。田疇一行夜宿晝行，上西關，出邊塞，越北山，直趨朔方，沿小路而走，順利到達長安。皇帝接到劉虞的書信，甚感寬慰，下詔書拜田疇為騎都尉，田疇卻認為皇帝遭受磨難，尚未安定下來，自己不能夠接受這種職位。朝廷再三讓他接受下來，他就是不肯。

他得到皇帝的回信後，立即騎馬往回趕，還沒到幽州，就已聽說劉虞被公孫瓚殺害了。田疇回來後，去祭奠劉虞，對著劉虞的墓念皇帝的回信。公孫瓚聽說後，非常生氣，派人把田疇抓了起來。公孫瓚問田疇：「你為什麼到劉虞的墓前去哭，而不將皇帝的回信交給我？」

田疇答道：「漢室衰微，人懷貳心，只有劉虞不愧為忠臣。皇帝的回信上所寫的，對您來說不是好話，恐怕您不願意聽，所以我不送給您。況且您剛起兵造反，為了您個人的目的，既想滅掉無罪的君王，又想誅殺守義的忠臣，您真要這樣做的話，燕、趙兩地的有識之士都會跳東海而就死，哪有人會跟您走呢？您想想看，有這兩點，我還能找您來嗎？」

公孫瓚見田疇毫無懼色，侃侃而談，不覺有些欣賞，遂給他鬆綁，不想殺他了。公孫瓚將田疇囚禁在軍中，禁止他的親朋好友來看望他。有的人對公孫瓚提出建議：「田疇是有名的義士，您不但不以禮相待，而且還將他囚禁起來，這樣做恐怕會失去眾人的心。」公孫瓚一聽有理，只好將田疇放了。

隱居避戰亂

田疇被公孫瓚放回家。到家後，他把本族的人和跟隨他的人找在一起，一共數百人，舉行了一個儀式，他發誓道：「君仇不報，我將不在立於世。」

田疇遂率眾入徐無山中，在險要的深山中，找到一塊平整寬敞的地方住了下來，開荒種田，日出而作，日落而息，奉養父母，過著世外桃源般的生活。

山外飽受戰亂之苦的百姓，紛紛舉家而來，幾年間就由幾百人增加到五千多家。為了保證百姓安居樂業，田疇將有威望的老人們請到一起，說道：「大家看得起我，遠道而來，靠大家的努力而使這裡成為一個都邑。現在沒有一個統一的法度，來約束所有來這裡的人，這恐怕不是長治久安之道。希望大家能夠推舉一個賢明的人作為首領。」

大家都說這個主意好，並一致推舉田疇作首領。田疇既當首領便提出治理方案。他說：「我們到這裡來，不是為了苟且偷生，而是要幹一番大事，為了報仇雪恨。我擔心有的人為了個人的利益，欺侮別人，或圖一時之快，只想著眼前利益，而沒有長遠的打算。我想制定一些法規與各位一起遵行，不知可否？」大家一致贊同。

田疇於是制定了二十餘條涉及傷害、偷盜、打架等方面的法規。對違法嚴重的人，要處以死刑；對違法較輕的人，要服刑抵罪。他又制定了婚喪嫁娶所應遵循的禮節，開辦學校傳授知識。各項法規頒布施行後，所有的人都感到很好，都非常自覺地遵守，形成了道不拾遺、夜不閉戶的社會風氣。

功不受封

田疇應曹操所召，離開徐無山，來到曹軍，隨軍去討伐烏丸。此時，正值雨季，道路泥濘不堪，烏丸的士兵在險要的地方把守，常來偷襲，使曹陷入困境。曹操感到很憂慮，就來問田疇如何是好。

田疇回答說：「這條路在秋夏兩季雨水很多，而且淺不能通車馬，深不能載舟船，這種情況已經有很長時間了。過去北平郡在平岡一地，有一條道從盧龍直達柳城，自建武以來二百年，這條道路因年久失修而斷絕了，但是有條小路還可以走。如今敵人以大軍擋住我們現在走的這條路上，要是我們因不能前進而後撤，敵人一定放鬆警戒。然後我們突然回軍，從這條小路上走，路又近，敵人防備又不嚴，敵首可不戰而擒。」

曹操一掃愁雲，大喜道：「太妙了！」於是，曹操下令撤軍，並在路邊立了一根大木頭，上面寫道：

「現在是暑夏，道路不通，到了秋冬，再來進軍。」

烏丸的騎兵見到這根大木頭，以為曹軍真的撤走了。

曹操命令田疇親率五百士兵在前面作嚮導，上徐無山，出盧龍，過平岡，登白狼堆，直逼柳城。在距柳城二百餘里的地方，敵人才發覺曹軍已回師殺來。烏丸連忙布陣迎敵，但曹操已大兵壓境，烏丸面臨滅頂之災。

曹操親自督戰，將士們個個奮勇殺敵，烏丸的軍隊如湯澆蟻穴，四散奔逃，曹軍遂兵圍柳城，即日攻克，大勝而歸。回朝後，曹操論功行賞，封田疇為亭侯，邑五百戶。田疇卻推辭不受，認為自己在徐無山中隱居多年，一出來就受封，好像就是為了追求個人名利，這有違於他的本意。曹操知道了的心意，只好答應了他的請求。

王修　簡介

王修，生卒年不詳，字叔治，北海（今山東省昌樂西）人。他先跟孔融出任高密和膠東兩地縣令，震服兩地豪強。前後他跟隨袁譚，任治中從事，力勸袁氏兄弟不要自相殘殺。袁譚一意孤行被曹操設計殺死。他為主求屍，想安葬袁譚後就去死。曹操讚賞他的俠義精神，答應了他請求並任他為官，後官至魏郡太守。魏文帝即位後，任他為大司農、郎中令，在官位上病逝。《三國志》卷十一《袁張涼國田王邴管傳》介紹了他的生平概況。

執法正義

王修七歲喪母，母親去世那天，正趕上是祭祀土地神的社日。第二年的這天，周圍的鄰居們聚在一起要祭祀土地神，王修思念母親悲痛欲絕，鄰居們為他的一片孝心所感動，自動放棄了鬧社日的活動。

王修二十歲那年，到南陽去遊學住在張奉家裡，有一次，張奉全家都病倒了沒有人來探視，王修卻整日陪伴照顧張奉全家，等他們的病全好了才告辭離去。王修後來被孔融召去作高密縣令。高密縣有家姓孫的豪強，這家人和他家的食客經常犯法。

有一次，一個強盜搶劫了百姓的東西後，躲進孫家，追捕強盜的官兵被擋在門外。王修讓大家把孫家包圍起來，孫家派家丁與之對抗，官兵和一起來追捕的百姓都嚇得不敢往前走了。

王修下令說：「不許退，誰膽敢不上去進攻，就與強盜同罪。」孫家害怕了，只好放出強盜。

王修被調到膠東當縣令。這時期，膠東一帶賊寇很多，社會秩序非常亂。有一個大家族，以公孫盧兄弟為首，恃強凌弱自建營寨，在營寨外還挖了一條壕溝，不聽官府的調遣。王修帶著幾人，騎著馬直入公孫盧家營寨，當眾斬殺公孫盧兄弟，公孫盧的家族人數雖多卻被嚇住了，誰也不敢動手反抗。王修對大家勸說了一番，說明不能自建營寨為寇的道理，從此這一帶的賊寇就慢慢消失了。

手足相殘，兩敗俱傷

袁紹去世後，兒子袁譚、袁尚自相殘殺，袁譚被打敗，喪失了大片地方。袁譚為報仇，準備和袁尚再戰，王修出來勸阻說：「兄弟之間互相攻擊，走的是敗亡之道。」

袁譚不高興，但知道王修是為自己好，就問他如何是好。王修說道：「兄弟的關係就猶如手足。兄弟之間爭鬥，就好像人的兩隻手在打架，左手把右手砍斷了，說『我贏了』，這樣做可以嗎？把兄弟之間的情義都丟棄了，天下人誰還敢和您親近呢？您身邊那些搬弄是非的小人，為了自己的私利而讓你們兄弟互相攻打，希望您不要聽信這些人的話。如果把這些小人斬殺幾個，和袁尚恢復親密的兄弟關係，共同來抵禦四方之敵，要橫行天下就不難了。」

袁譚不聽，求助曹操，與曹操的女兒結婚，曹操打敗了袁尚，袁譚又背叛了曹操，被曹操在南皮殺死。袁譚被圍時，王修正在樂安押送糧草，聽說袁譚陷入危急，急忙率幾十人星夜救援。到高密，聽到袁譚已死，遂下馬大哭說：「我沒有主君可歸了。」王修去找曹操，乞求收葬袁譚的屍體。曹操想進一步了解王修的意圖，就故意不答應。

王修說：「我受袁氏厚恩，如果您讓我收葬袁譚的屍體，然後就死，我也沒有什麼遺恨了。」曹操很讚賞王修為主赴死的精神，就同意了他的請求，不僅沒有殺他，還任命他為督糧官，返回樂安繼續押送糧草。

邴原 簡介

邴原，生卒年不詳，字根矩，北海（今山東省昌樂西）人。他曾以俠義勇敢的精神救好友及其家人過。跟隨曹操，官至五官將長史。他為官清正廉潔，不徇私情。曹操曾向他提出要將亡子與他的亡女合葬一處，被他拒絕。在征討吳國的路上，因病而卒。《三國志》卷十一《袁張涼國田王邴管傳》概略介紹了他的情況。

為學而涕

邴（ㄅㄧㄥˇ）原十一歲時父親去世，家裡很貧窮，又沒有兄弟。離他家不遠的地方有一所私塾。一天，邴原從旁經過大哭起來。私塾的先生覺得奇怪，踱出房門問道：「小孩子你為什麼如此悲傷？」

邴原眼淚汪汪，回答道：「孤獨的人容易傷心，貧困的人容易傷感。讀書的那些學童，一定都是有父兄的。我一是羨慕他們不孤單，二是羨慕他們有書讀，所以心裡難過而哭了起來。」

教私塾的先生被邴原的一番話說得眼圈發紅，問道：「我來教你讀書好嗎？」

邴原答道：「我沒有錢交學費。」

私塾的先生說：「你如果真有志氣立志向學，我可以不收你的束脩（學費）。」

邴原破涕為笑，遂上了學。一個冬天的時間，他讀完了《孝經》、《論語》。在同學之中，邴原顯示出了卓越的才華。

義救朋友

邴原與同郡好友劉政都是有英雄氣概的人。他們一起來到遼東。遼東太守公孫度對劉政有成見，想把劉政殺掉。公孫度派人去抓劉政，劉政逃走了，其家人都被抓走收監。公孫度向所轄各縣發布通告說：「誰敢藏匿劉政，就與劉政同罪。」

劉政走投無路，跑到邴原家。邴原把劉政藏了一個多月，恰逢太史慈路過，邴原將劉政託付給太史慈，等他們走了以後，邴原去找公孫度，對他說：「將軍您前些日子要殺劉政，是因為他對您有害。如今劉政已經走了，對您的危害豈不跟著除掉了？」

公孫度覺得有理，說道：「你說得對。」邴原接著說：「您畏懼劉政，是因為他有智謀。如今劉政您都放過了，還拘禁他的家人幹什麼？不如赦免他的家人，以免有人埋怨您不通情理。」

公孫度接受了邴原的勸告，將劉政的家人都放了出來。邴原拿出錢來送給劉政的家人，使他們順利地返回了故鄉。

王烈 簡介

王烈，生卒年不詳，字彥方。他以仁義著稱鄉里，曾教化鄰里和睦相處。曹操數次徵召他，任他為丞相的隨員，未到職就去世了。《三國志》卷十一《袁張涼國田王邴管傳》簡要介紹了他的情況。

仁義之士

王烈是個聞名於海內有道德的人。有一次，有一個偷牛的人被牛的主人抓獲，偷牛的人說：「我是一時糊塗才幹下這件事，從今以後我一定改過自新。您既然已經放過我了，千萬別再讓王烈知道。」有人將這件事告訴了王烈，王烈拿了一匹布送給偷牛的人。

別人覺得奇怪，問王烈：「這個人幹下偷牛的事，害怕被您知道，您知道後不但不責備，反而送他布，這是為什麼？」

王烈答道：「過去秦穆公的駿馬，被人偷走殺掉吃了，秦穆公知道後，送去美酒與肉食，偷馬的人後來以死來救秦穆公。如今這個偷牛的人能夠悔過，他怕我知道，是因為他已經對自己的行為感到羞恥和厭惡，這說明他的善心將要產生出來，所以我才給他布，鼓勵他以後多做善事。」

過了幾年，有一個老人挑著沉重的擔子在路上走，有一個人過來幫他挑了數十里，快到老人家裡時，才把擔子交還給老人。老人問幫他挑擔的人的姓名，這個人什麼也沒說就走了。

過了幾天，老人又上路了，但是把寶劍遺失在路上了。有個人從這裡路過拾到寶劍。他想把寶劍放在原地，等失劍的人自己來取，但，又擔心被別人拿走，他想放下錢拿走寶劍，又怕出什麼差錯。最後，他只好守在寶劍旁，等候失劍的人來找。到了傍晚，老人才回來找劍，一見看護自己寶劍的人，正是為自己挑擔的人。

老人抓住他的衣服，說：「你前些天為我挑擔，不肯告訴我姓名；今天又為我在路上看守寶劍，我從沒見過像你這麼講仁義的人。請你一定要告訴我姓名，我要去告訴王烈。」守劍的人只好把姓名告訴了老人。老人把這個人的名字告訴了王烈。王烈說：「世上還有這樣的仁義之士，我還沒有見過。」於是，他讓人把這個人找來，一見面才發現，這個人就是原來那個偷牛的人。王烈大為感嘆，說：「人能改過自新，竟做到這種程度，真是想不到。」

王烈教導別人要向這個改過自新的人學習。當時有的人互相間鬧矛盾，要找王烈去判定是非曲直，但都是在半路就自己覺得不好意思而和好如初，互相檢討起自己不對的地方，而不敢讓王烈知道他們曾鬧過矛盾。至此，鄰里之間強不凌弱，眾不欺寡；市井之上，做買賣的人，不出二價；百姓和睦，安居樂業。

崔琰

簡介

崔琰，生卒年不詳，字季珪，清河東武城人。他從小就喜歡習武，先跟袁紹，袁紹死後，留下的兩個兒子互相爭鬥，他以病相辭被囚禁起來，後被人救出。曹操破了袁紹二子之後，任崔琰為別駕從事。他跟隨曹操後，數次直言勸說曹操謹慎從事，官至中尉。後來他因荐人不當，言語不慎，被曹操下獄，自盡身亡。《三國志》卷十二《崔毛徐何邢鮑司馬傳》，介紹了他一生的主要活動情況。

直言不諱

曹操打敗袁譚、袁尚後佔據冀州，任命崔琰為別駕從事。一天，曹操召集眾將官，為最近的勝利而慶賀。曹操高興地說：「昨天查了戶籍，我可以得到三十萬人，所以冀州可以說是個大州了。」

崔琰（ㄧㄢˇ）說道：「如今天下分崩離析，九州大地四分五裂，袁氏兄弟大動干戈，冀州的原野上屍骨可見，我沒聽見主公討論如何用仁義治理這塊地，方救萬民於水火，卻首先考慮可以得多少士兵，這難道是冀州百姓對您的期望嗎？」

在座的人對崔琰的大膽直言都感到非常吃驚，嚇得臉都變了顏色，曹操卻覺得崔琰說得有理，連忙表示感謝。眾人見主公非但沒有發怒，反而感謝崔琰，這才鬆了一口氣。

言不慎而招殺身禍

崔琰是個美髯公，鬚長四尺，飄逸胸前，聲若洪鐘，目光炯炯，為朝野人士所敬重。他向曹操推荐鉅鹿的楊訓，楊訓雖然才學不足，但一向潔身自好，遵守古訓。曹操對楊訓以禮相待。曹操稱魏王，楊訓寫了一篇文章，稱讚曹操的豐功偉績，頌揚曹操的仁義盛德。文章寫出來後，有的人嘲笑楊訓寫的文章太浮華虛偽，說崔琰推薦有失。崔琰從楊訓那裡找來他寫的文章，草草看過後，給楊訓寫了一封信，說：「不要把這篇文章呈送曹操，就沒什麼事了，時勢是經常變動的。」

他的本意是譏諷那些說閒話的人，說他們只會挑剔而不看楊訓的一片忠心。有對崔琰的聲望深懷嫉妒的人，知道了崔琰這封信的內容，就告訴了曹操，說崔琰心懷不滿。

曹操一聽就發怒了，說崔琰罵他，並詛咒魏國不能長治久安。於是，就下令將崔琰下獄，並剃去他的鬍鬚。誣告崔琰的人過了些日子又去找曹操，說崔琰鬍鬚倒立，眼裡依然然有神而毫無悔意，好像心中有不滿情緒，曹操聽信了這個人的話，心裡開始有了殺崔琰的意思。

他派人到獄中吩咐，說看看崔琰在三天之內，有沒有改過自新的意思。

崔琰被誣告下獄，鬍鬚自然往外長，目光天生就有神，他怎麼也想不到他的鬍鬚和眼神會給他招來殺身之禍。幾天過去後，曹操派來的人回去告訴曹操，說崔琰還是老樣子，一點沒有悔過的意思。

曹操大怒道：「崔琰的意思是一定要我殺了他嗎！」

監獄官將曹操的旨意告訴崔琰，崔琰說道：「我太笨了，不知道曹操的本意在此。」於是，他自殺而死。崔琰死後，很多人都為他感到痛惜。

孔融 簡介

孔融（公元一五三—二〇八年），字文舉，魯國（今山東省曲阜市）人，孔子二十世孫，他從小聰明過人，勤奮博學，長大後才華橫溢，為著名的「建安七子之一」。東漢末，歷任中軍侯、虎賁中郎將、議郎、北海相，後曹操召為將作大匠，遷少府，太中大夫等職。他為人恃才負氣，好結交賓客，常議論時政，後因觸怒曹操被殺。《三國志》卷十二注《續漢書》等介紹了孔融的生平活動情況。

人小才高

孔融是孔子二十世孫，從小就聰明過人，他十歲多的時候，去拜訪河南伊李膺（ㄧ），想了解李膺的為人。李膺當時名氣很大，誰都想來結識他。他對守門的人說，不是當代英才賢人和世交的孩子，一律不見。孔融來到李膺的家門口，對守門人說：「我是李膺家世交的孩子。」

守門人通報給李膺，讓他進去了。見面後，李膺問孔融：「你的前輩和我有過交往嗎？」

孔融答道：「我的先君孔子與您的先君李老君，都是有道德、講仁義的人，他們是師友，我與您不是有世交嗎？」在座的人都對孔融的回答之妙感到驚奇，紛紛讚嘆他不是個普通的孩子。

這時，太中大夫陳煒（ㄨㄟˇ）來了，別人把剛才的事告訴了他，他不以為然，說道：「人小的時候雖然很聰明，但長大後就未必有奇才了。」

孔融答道：「正像您所說的，您小的時候，一定很聰明了？」

李膺大笑道：「這小孩長大以後，一定會很有出息的。」

兄弟爭死

孔融的哥哥，有一個好友叫張儉。張儉因仗義執言而得罪中常侍侯覽，侯覽通告各州郡搜捕在逃的張儉。張儉來投靠孔融的哥哥，恰逢只有孔融在家。這年他剛十六歲，張儉見他年齡小，就沒把事情告訴他。孔融見他面帶焦急的神色，問道：「有什麼事不能對我說嗎？」

張儉於是把他逃亡的事說了出來，孔融聽後將他藏留在家中。後來事情敗露，郡縣派人來抓張儉，張儉逃脫了，孔融兄弟以窩藏罪犯罪被抓進監牢。

孔融對審訊他們的人說：「張儉是我留藏的，我應當承擔這個罪名。」

他哥哥爭道：「張儉是來找我的，和弟弟無關，我應當承擔罪名。」

兄弟二人爭死，郡縣官員不知如何決斷，只好上報，結果判孔融的哥哥有罪，孔融卻因此而遠近聞名。

何夔簡介

何夔（ㄎㄨㄟˊ），生卒年不詳，字叔龍，陳郡陽夏人。其父早喪，他和母親住在一起，以孝聞名鄰里。他先被袁術強留軍中，後逃回鄉里，又被曹操任命為司空的隨員，遷長廣太守。到任後，他用仁義道德來治理長廣，使長廣一帶的賊寇斂跡。曹操籌集軍糧下文徵稅。他以疆域初定百姓貧困為由，加以拒絕，並建議讓百姓休養生息後再依法征稅。曹操採納了他的意見。其後，他歷任樂安太守、丞相東曹掾、太子少傳和太傅。魏文帝即位後，封他為陽亭侯。《三國志》卷十二《崔毛徐何邢鮑司馬傳》概要介紹了他的情況。

失德必自亂

何夔被曹操任命為司空的隨員。有消息說，袁術的軍中發生騷亂，曹操問何夔是否相信？何夔答道：「被上天所助的人是順應天時，被大家所助的人是得到信任。袁術不順應天時，不被大家信任，卻希望能夠得到上天和大家的幫助，這是不可能的，他也無法得到天下……以德平亂主公失去王道，他的親戚都要背叛，更何況他的左右部下呢？以我來看，袁術軍中發生騷亂的這個消息，肯定是真的。」

曹操說：「治理國家失去賢才的支持，則國家必亡。你早先不願被袁術所用，袁術那裡發生騷亂，不是很好的事嗎？」

以德平亂

何夔遷為依山傍海的長廣郡太守，恰逢天下大亂，豪強並起各立山頭與朝廷作對，袁譚用高官厚祿拉攏這些豪強，把長廣郡搞得雞犬不寧。

有一個叫管承的人，聚眾三千多人，稱霸一方。何夔召集手下商議對策。大家建議舉兵征討，何夔不同意。他說：「管承等人不是生下來就喜歡搗亂的，現在他們作亂，迷途不知返，是因為沒有人用德行來教化他們。如果我們大舉進兵，他們害怕被消滅，必然會以死抗之，我們進攻他們，不是輕而易舉就能取勝，即使勝了，恐怕也會死傷不少官兵和百姓，不如用恩德來啟發他們的良知，使他們自己內心產生悔悟，這樣就可以不用舉兵而將他們平定了。」

何夔派郡丞黃珍去管承那裡做說服工作，管承等人表示願請罪臣服，何夔又派人去那一帶做軍事長官，遂將那一帶平定。

鮑勛

簡介

鮑勛（？—公元二二七年），字叔業，泰山平陽人。其父鮑信追隨曹操，遇害身死建安十七年，曹操為追認鮑信的功勞，任命鮑勛為丞相的隨員。魏文帝即位後，他被封為駙馬都尉兼侍中。他數次面諫魏文帝以民為本、以國為重，不能恣意享樂，做勞民傷財的事。他為此多次得罪魏文帝，最後被魏文帝誅殺。《三國志》卷十二《崔毛徐何邢鮑司馬傳》記述了他剛直不阿的氣節。

死忠諫帝

駙馬都尉鮑勛是個憂國憂民的人。魏文帝即位後，他就給魏文帝講述：「如今首要的事是加強軍隊建設，大興農田水利，為百姓創造寬鬆的生活環境，皇家樓館花園的修建應往後放的道理」。

一次，魏文帝要出京遊玩打獵，鮑勛攔車上書，說：

「我聽說以前聖明的君主所奉行的治國之道，都是以孝義來治理天下的。您像他們一樣，仁義、聖明而又有惻隱之心，我希望您繼承前人的治國之道，成為萬代國君的榜樣。現在您剛即位不久，天下尚未太平，您卻急著去遊玩打獵，我冒死勸您考慮，這樣做是否合適？」

魏文帝興致正高，鮑勛擋駕上書，令他十分掃興，他把鮑勛的奏書撕了，率大隊人馬馳向獵場。中途停下休息時，魏文帝問身邊的侍臣：「打獵和聽音樂比起來，哪個更好呢？」

侍中劉曄（ㄧㄝˋ）答道：「打獵更好。」

鮑勛反駁道：「音樂上通神明，下和人理，可以用它來幫助治理國家，移風易俗，陶冶人心。而打獵呢，皇帝在野外奔波，餐風沐雨，又傷害生靈，這是不合時宜的事。雖然皇帝您喜歡這麼做，但愚臣我卻認為這是不應該做的。」

他接著奏明魏文帝：「劉曄阿諛逢迎、花言巧語，只想博得您的歡心，而不管您所做的事，是否會產生不良影響。對劉曄的不忠不義，我認為應該提請掌管刑律的大臣審議他的罪過，以清除對皇朝不利的人。」魏文帝遊獵的興致，被鮑勛徹底打消了，他滿臉怒氣，下令返回了京城。

黃初六年的秋天，魏文帝想派兵征討吳國，他召集文武百官商議此事。

鮑勛面諫魏文帝說：「過去我們多次派兵去攻打吳，蜀兩國，甚至皇帝都不顧危險，乘龍舟御駕親征，但吳、蜀兩國憑藉險山惡水，所以都沒有能攻克。如今國力不足，處在危險邊緣，要舉大兵遠襲吳國，日費千金，國力會更加虛弱。國力不強，敵人就會向我們耀武揚威。所以，我認為還是不去征討吳國為好。」

魏文帝很生氣，但鮑勛說得又很有理，不好給他治罪，只好將鮑勛降級使用。

程昱　簡介

程昱（ㄩˋ），生卒年不詳，字仲德，東郡東阿人。他長得儀表堂堂，在鄰里中有很高的威望。兗州刺史劉岱請他出來做官，他以有病為由推辭。曹操來到兗州，召他隨軍，他愉快地跟曹操走了。他在跟隨曹操的戎馬生涯中，屢建戰功，歷任壽張令、東平相、尚書、東中郎將、濟陰太守。魏文帝即位後，進封安鄉侯。他去世後，又追贈為車騎將軍。《三國志》卷十四《程郭董劉蔣劉傳》記述了他從平民到高官的過程。

智保東阿城

程昱身高八尺二寸，儀表堂堂，美髯飄胸，是東郡東阿縣的一位名士，黃巾賊起義來攻打東阿縣城，縣丞王度在縣城裡策應，燒著倉庫，一時城內火光沖天，城外殺聲震地，縣令嚇得跳城牆逃走，官吏和百姓扶老攜幼往東逃奔渠丘山避。

程昱隨人群跑到渠丘山後，派人去偵察王度的情況。王度得到一座空城，因手下人手不足不能堅守，只好出城到城西五、六里處屯兵待援。程昱得知這一情況後，找到縣城大戶薛房等人，對他們說：「現在王度他們得到縣城卻不敢待在裡面，看來他們的勢力並不強大，只不過想掠奪財物，沒有足夠的兵力來堅守城池，我們不如率眾回城，城高牆厚，糧食又多，大家齊心合力來堅守縣城，王度他們肯定不能堅持太久，我們再去攻打他們，定能取勝。」

薛房等人表示同意，但逃出來的官吏百姓不願意回城。他們說：「敵人在西邊，我們只有在東邊才能保證安全。」

程昱對薛房等人說：「和沒有頭腦的人是無法商議事情的。」於是，他密派幾個人打著黃巾賊的旗號，在東山上搖晃，然後大喊：「敵人來了！」接著就往山下跑，官吏百姓慌作一團，跟著程昱跑回縣城。程昱回城後，又派人找回逃走的縣令，大家一起堅守城池。

王度再次帶人來攻城，久攻不下，想離去。程昱趁機打開城門，率領官吏百姓追擊王度的人馬，王度大敗而逃，東阿縣城由此得以保全下來。

守三城，立大功

曹操率軍征討徐州，將程昱和荀彧（ㄩˋ）留下來把守鄄城。陳留太守張邈背叛曹操投降呂布，郡縣紛紛響應只有鄄城、范縣、東阿縣不為所動。呂布手下的士兵有投降程昱的，說呂布手下的大將陳宮要親自領兵來攻取東阿縣，同時派汜嶷去范縣說服縣令靳允歸順呂布。這個消息一傳開，官吏百姓都很驚慌，擔心鄄城危在旦夕。

荀彧對程昱說：「如今只有這三座城沒背叛曹操，陳宮如果大兵壓境，這三座城必須要緊緊團結在一起，否則就保不住。您在東阿官吏百姓心中有很高的威望，如果您能回東阿縣城，給大家講清道理，就沒有什麼可擔心的了。」

程昱於是起程回故鄉東阿縣，路過范縣，他對縣令勒允說：「我聽說呂布將您的母親、弟弟和妻子、孩子都抓了起來，您作為孝子確實是很痛心的。現如今天下大亂，豪傑並起，非天命所授的人不能平息。聰明的人要慎重選擇自己的王君。選對者昌，選錯者亡。陳宮等人投靠呂布，百城響應，好像能有什麼作為，然而以您來看，呂布算個什麼東西！呂布是個很粗俗無禮的人，只能在匹夫中間稱雄而已。陳宮等人投靠，他成為一群烏合之眾，最終是成就不了什麼大事的。曹操要比呂布不知高明多少倍，他的智謀膽略非別人所能比，都是上天授與的。請您仔細考慮，如果您投靠呂布，就是違忠從惡，最後不但救不了您的母親，連您也會一起完了；如果我們三座城抱成一團，共同對付呂布，即可立下大功。」

勒允為不能救母親出虎口而流淚，但他還是下了不背叛曹操的決心。此時，陳宮派來遊說的氾嶷已在范縣，勒允召見，他埋下伏兵將氾嶷殺死然後佈置好精兵，堅守城池。程昱來到東阿縣城，東阿縣令已率領萬餘吏民據城堅守。三座城池終被保住。

後來曹操出師不利，回來後拉著程昱的手說：「要不是你出力保住這三座城池，我就無處可去了。」程昱原名叫程立，曹操在「立」上加「日」，為「昱」，稱讚程昱是他的心腹之人，並遷他為東平相。

鐵膽英雄

程昱率七百士兵把守鄄城，袁紹擁十萬大軍在黎陽，兩地相距不遠。袁紹將率軍南渡黃河。曹操聽說後，擔心袁紹會順便掃蕩鄄城，派人告訴程昱，想給他增派兩千士兵。

程昱不肯要，他對來人說：「袁紹擁十萬大軍，自認為所向無敵。他見我這裡人少，不會輕易派大軍來攻打。如果我增加了守城的士兵，袁紹就會來攻打了，而且攻必克之，鄄城和曹公那邊都白受損失。請回去告訴曹公，不要為鄄城擔心。」

曹操同意了程昱的意見，為鄄城捏著一把汗，在外面靜觀事態的發展。袁紹聽說鄄城兵少，認為不值得一打，果然沒有派兵來。曹操知道後，對手下人大為讚賞程昱的膽識。程昱收降了數千在荒山野澤中亡命的人，組建了一支大軍，趁袁紹離開黎陽後的守備空虛，和曹操一起討伐留在黎陽的袁譚、袁尚。袁譚、袁尚大敗而逃。程昱遂拜奮武將軍，封安國亭侯。

降虎不殺

曹操出征馬超，曹丕留守。程昱被留在曹丕身邊，負責處理軍事要務。

河間一帶的田銀、蘇伯起來造反，曹丕派將軍賈信去討伐，有數千叛軍請求投降，賈信派人回來請示如何處理這些人。曹丕召集留守的文官武將商議，多數人認為應該依照過去的刑法，將投降的叛軍誅殺。程昱不同意，他說：

「誅殺投降的人，是在天下大亂時的作法，對先圍而後降的人不赦免，以示威於天下，為叛亂的人指出一條活路，在被圍之前就投降。如今天下大體上已經平定，而且河間又在我們自己的領地上，殺這些叛軍起不了什麼作用，和以前的誅殺叛軍的意思不可同日而語，我認為還是不誅殺他們為好。」

眾人說道：「『將在外，君命有所不受』。讓賈信自己處理好了。」

程昱不予回答，曹丕起身進入裡屋，將程昱叫了進來，問道：「您還有什麼話要說嗎？」

程昱答道，「『將在外，君命有所不受』，是指處理很危急的事。如今這些叛軍已在賈信的控制之下，沒有朝夕之變的可能，所以我不願意讓賈信隨意處置那些人。」

曹丕說：「您的心地很善良，所以才這樣想。」

曹丕派人去請示曹操，曹操同意了程昱的意見。曹操征戰回來後，聽說了這件事的處理經過，非常高興，他對程昱說：「您不但有非凡的軍事才華，而且心地善良，很有人情味。」

郭嘉　簡介

郭嘉（公元一七〇—二〇七年），字奉孝，潁川陽翟（今河南省禹縣）人。他初投袁紹，見袁紹好謀不決，不善用人，以為難於成事，遂離去。後經荀彧推荐，為曹操召見。他和曹操縱論天下事，倍受曹操讚賞，遂使任司空軍師祭酒。在曹操征呂布、破袁紹、討袁尚、擊三郡烏丸的戰鬥中，多出良謀，使曹操連戰連勝。在官渡之戰前，他曾分析雙方實力及戰爭條件，斷言袁紹必敗。他先後從征十一年，運籌策劃，屢建功勛，封洧陽亭侯。公元二〇七年病卒時，曹操親自臨喪。赤壁大戰，曹操在兵敗後嘆息，說如果郭嘉在，就不至於如此。《三國志》卷十四《程郭董劉蔣傳》介紹了郭嘉的生平事跡。

十勝與十敗論

一天，曹操問郭嘉：「袁紹地廣兵強，多次對我挑釁（ㄒㄧㄣˋ），我想去征討，但目前兵力尚不足，你看如何是好？」

郭嘉答道：「過去劉邦的兵力不如項羽。但，劉邦善用智謀，項羽雖強最後還是敗在劉邦的手下。我認為，袁紹和您相比，他有十敗，而您有十勝：

袁紹兵力雖強，但不會有什麼作為。袁紹講求繁縟的禮儀，而您崇尚自然，這是您的一勝，以道取勝。

袁紹背叛朝廷逆天而行，而您奉天子，順民意而號令天下，這是您的二勝，以義取勝。

漢末的統治手段過於寬鬆，才導致天下大亂，而袁紹卻依然用寬鬆來治理天下，所以不會有好的結果，您用嚴厲的法制來治理天下，這是您的三勝，以法制取勝。

袁紹外表寬厚而內心多猜忌，用人後又多懷疑，且所任用的人都是些親戚子弟；而您外表不顯露什麼而內心卻很機警聰明，用人不疑，只要有才華就用，不管和您的關係是遠是近，這是您的四勝，以判斷取勝。

袁紹多謀略而少決斷，常常丟掉時機，而您有計策就行動，在行動中又變幻無窮，這是您的五勝，以謀略取勝。

袁紹因出身豪門，爭求名譽，那些只會口頭上說好話的人多歸附於他，而您以赤誠之心待人，不追求虛名，對有功的人從不吝惜獎賞，忠正而有遠見、又有真才實學的人都願意為您所用，這是您的六勝，以德取勝。

袁紹遇見飢寒交迫的人關懷之情馬上溢於言表，但對那些見不到的貧寒之士卻考慮不到，這是婦人之仁，而您對眼前的小事，有時就忽略了，但對於大事，您卻能想得很多很廣，施恩於天下，超過了天下對您的期望，即使您沒有親眼見到，也能考慮得很周全，沒有不顧及到的，這是您的七勝，以仁取勝。

袁紹手下將官爭權奪利，讒言惑亂，而您卻以道來教育手下人，不允許互相攻擊，這是您的八勝，以明取勝。

袁紹是非不分，而您對正確的就以禮相待，對錯誤的就以法來正，這是您的九勝，以文取勝。

袁紹喜好虛張聲勢，不知用兵要領，而您能以少勝多，用兵如神，使敵人聞風喪膽，這是您的十勝，以武取勝。」

曹操聽後大笑，說：「您所說的這一切，我真是承受不起。」

兵貴神速——千里奔襲

曹操要去征伐逃到三郡烏丸的袁尚和三郡烏丸的首領蹋頓單于，眾位文武官員很擔心劉表會乘機派劉備襲擊許都討伐曹操。謀士郭嘉對曹操說：

「您雖然威震天下，但是烏丸依仗地處僻遠，必然不會設防。趁他們沒有防備，進行突襲就能消滅他們。袁紹曾給過烏丸地區官民恩惠，袁熙、袁尚兄弟還生活在烏丸。現在青、冀、幽、并四州的人，只是因為迫於您的威力而歸附，還沒有得到您的恩澤，如果我們放棄北伐而西征劉表，袁尚就會憑籍烏丸的支持，招納袁氏的死黨，烏丸一動，各族都來響應，就會使蹋頓產生野心，如果他們入侵陰謀得逞，那時恐怕青州、冀州又不是我們所有的了。劉表是個空談家，他自知才力不足以駕馭劉備，如果重用劉備就怕無法控制，如果不重用劉備，劉備就不肯為他出力。

因此，您不必有後顧之憂，放心率軍征伐烏丸吧。」

曹操採納了郭嘉的意見，率軍出發。到達易縣後，郭嘉說：「用兵貴在神速。現在是到千里以外的地方去打仗，軍用物資多了，就難以快速行軍去奪取戰事的主動權，況且他們一旦得知我軍情況，必然會做準備；不如留下輜重物資，輕裝兼程前進，乘敵人沒有防備而進行襲擊。」

曹操下令輕裝前進，直奔蹋頓單于的駐地。蹋頓單于突然聽說曹操率軍到來，驚慌失措地糾集人馬應戰。曹軍如神兵天降，大敗了烏丸軍隊，殺了蹋頓以及他手下的將領。袁尚和哥哥袁熙逃往遼東。曹軍取得了輝煌勝利。

董昭 簡介

董昭，生卒年不詳，字公仁，濟陰定陶人。他先從袁紹，後仰慕曹操，投書表示願跟隨曹操。他有勇有謀，出能揮軍作戰，入能運籌帷幄，為曹操建立官制政體，深得曹氏父子的賞識。歷任冀州牧、司空軍師祭酒、大匠、大鴻臚，封千秋亭侯、右鄉侯。《三國志》卷十四《程郭董劉蔣劉傳》介紹了他一生的主要活動。

審時度勢隨機應變

關羽將曹軍大將曹仁圍困在樊城，準備一舉拿下。孫權派使者遞交書信告訴曹操：

「我已發兵西上，準備偷襲關羽後方。關羽及其部將的家屬、財產都在江陵、公安兩城，關羽失掉這兩座城，必定會迅速退兵，樊城之圍，不需救兵就自然解除了。請保密不要洩漏，免得關羽有所準備。」

曹操閱罷書信問群臣，群臣都說應當對信上的內容保守秘密。只有謀士董昭說：

「打仗的事重在審時度勢、隨機應變。可表面上答應孫權予以保密，而在暗中將這消息透露出去，關羽聽到孫權西去的消息後，如果撤兵去保護自己的後方，那麼樊城之圍則迅速解除，我們也就獲得好處。這樣，會使孫權和關羽相互咬住不放，我們可坐收漁人之利，如果嚴守秘密而不洩露，只會使孫權得到好處，這不是上策。再說樊城中的將士們不知道已能獲救，如果發生意外，局面就難以收拾了。我認為還是把信透露出去的好。況且關羽為人強悍自大，他自以為江陵、公安二城防守堅固，絕不會輕易退兵的。」

曹操認為董昭說得有理，當即命令去救援的將領徐晃，把孫權的信用箭射入樊城和關羽的營中，樊城中的將士得悉內情，鬥志昂揚，士氣大振。關羽接信後卻猶豫起來不知如何是好。孫權率軍到達江陵、公安，拿下了關羽的這兩座城，關羽慘敗，不得不退走了。

料事如神

黃初三年，征東大將軍曹休在長江邊，一個叫洞浦口的地方屯兵，他給魏文帝上疏說：「我願率精銳的部隊虎步江南，掃蕩敵寇，定能取勝。萬一我戰死沙場，請皇上不要掛念。」

魏文帝擔心曹休馬上就渡江到江南，急忙下了詔書，不同意他的這次行動。詔書送出後，魏文帝依舊心神不定，怕曹休已經行動了。侍中董昭正在魏文帝身邊，他見皇上滿臉是憂鬱之色，就勸說道：「您是在為曹休渡江的事擔心嗎？依我看，曹休要渡江是很難辦到的事，縱然他有此大志，還需要手下的諸將配合才行。他手下的臧（ㄗㄤ）霸等人，自小都富貴慣了，只想安享清福沒有什麼其他宏願，哪裡還肯去赴湯蹈火、自投死地，而追求什麼捷報？如果臧霸等人不想進軍江南，曹休自然會放棄渡江的打算。」

果然如他所料，曹休沒能渡江。過了一些日子，江邊颳起暴風，將吳國的船吹到了曹休的軍營這邊，曹休遂殺散敵軍。

兵有進退

征南大將軍夏侯尚率軍攻打吳國的江陵城。江陵城離江邊很近，攻打多日未能攻下。此時，正是長江涸水期，水淺江面窄，江中露出大片小土山似的土地。夏侯尚安排船隊，將步兵和騎兵都運到江中的小土山上駐紮，各座土山之間用浮橋連接，對江陵城形成包圍的陣勢，很多人認為江陵城不日將被攻克。

董昭見此陣勢，大為憂慮，馬上給皇帝上疏說：

「過去武皇帝曹操智勇過人，但用起兵來還對敵人懷有畏懼的心理，從沒有像現在這樣輕敵。用兵喜歡進攻不喜歡退卻這是常理。在平原打仗，敵人無險要的地方可以據守，打起來還很艱難，向前深入要考慮好退卻的路，用兵有進退，這是由戰場上的形勢所決定的，不是由一方所隨意決定的。

「如今將部隊屯在江中小土山上，進軍太深了；用浮橋相連，形勢太危險；只有一條用浮橋連接而成的路供進退，太狹窄了。這三項是兵家大忌，而今夏侯尚卻不顧兵家所忌而行之。敵人如果將浮橋破壞掉，小土山上的駐軍就不再是魏國的了，瞬間即轉為吳國所有。我對此感到非常焦慮，廢寢忘食，而其他人卻不以為憂，這不是太讓人感到疑惑了嗎？萬一江水暴漲，在江中的這些士兵用什麼來防禦？就是不被敵人燒橋或攻破，自己就被水淹死了。為什麼大家處在如此危險的境地而不自知、不知害怕呢？請陛下認真考慮。」

魏文帝閱罷，馬上明白了事態的嚴重性，立即下了詔書，催促夏侯尚馬上將部隊撤回岸上。

吳國的軍隊乘機前來攻打，魏國的軍隊只有一條用浮橋連接在一起的路可供撤退，敵人攻勢甚猛，而魏軍撤退的速度卻很慢。官兵以死力拚，損失慘重，好不容易才撤了出來。過了十天，江水暴漲，原先露出水面的小土山，全被江水淹沒了。

魏文帝對董昭說：「多虧了您想得周全，否則後果將不堪設想。」

劉曄 簡介

劉曄（？－？），生卒年不詳，字子揚，淮南成德人。少時即勇武過人，曾受母遺命，手刃父親的僕人。跟隨曹操做謀臣，歷任司空倉曹掾、主簿、行軍長史兼令軍、侍中，賜爵關內侯，進爵東亭侯，後拜太中太夫、大鴻臚，在位二年遜位，復為太中大夫。為曹操屢出奇謀，曹操多不採納。文帝和明帝相繼做皇帝，他的一些治國安邦之策仍常遭冷落。在朝中做官時，不喜結交人，願獨善其身，為朝廷盡心竭力。他死後諡號景侯。《三國志》卷十四《程郭董劉蔣劉傳》，概要介紹了劉曄的生平活動情況。

母命難違

劉曄七歲時母親就病死了。臨終前，母親將劉曄和他哥哥劉渙叫到身邊，說：「你們父親身邊的那個侍者，是個很危險的人。我死之後，擔心他擾亂咱們家。等你們長大後，要能除掉他，我就死而無憾了。」

劉曄長到十三歲時，對比他大兩歲的哥哥說：「母親臨終時囑託的事，我們現在可以做了。」哥哥表示同意。劉曄隨即進屋殺了那個侍者，然後就去拜謁母親的墓。侍者被殺，院裡的人大為震驚，急忙告訴了劉曄的父親劉普。劉普大怒，派人找回劉曄。劉曄拜倒在父親面前，說：「這是母親臨終的囑託，我願意接受您的責罰。」劉普對兒子的話非常驚異，就沒再追究了。

手刃鄭寶

揚州有不少輕狂的人，鄭寶就是其中一個。他臂力過人，驍勇果敢，擁兵自重，為地方一霸。鄭寶想驅趕百姓越過長江，他想強逼劉曄倡導這件事。劉曄年方二十多歲，對此很憂慮。恰逢曹操派人來揚州，劉曄面見來使縱論時勢。來使要走，劉曄將請他在家中留住幾天。鄭寶聽說後，也帶著幾百人抬著牛肉和酒來見來使。劉曄讓家裡的僕人，將鄭寶帶來的人擋在中門外，設酒飯招待。他將鄭寶請了進來，在房中宴飲，他想在酒宴上殺死鄭寶。

他密囑家裡的幾個壯士，在喝酒時動手。鄭寶不喜歡喝酒，非常清醒，陪著一起喝酒的幾個壯士都不敢動手。劉曄見狀，自取佩刀在飯桌上將鄭寶殺死。他將鄭寶的頭砍下，提到中門外，對隨鄭寶一起來的人說：「曹操有令，敢有反抗者，與鄭寶同罪。」

隨鄭寶來的幾百人都被嚇壞了，急忙跑回軍營。軍營中有數千精兵，劉曄擔心他們乘勢作亂，就騎上鄭寶的馬帶上幾個家裡的僕人，直抵鄭寶的營門叫出首領，告訴他怎樣才能避禍取福。這些人都跪下叩頭，打開營門接劉曄進來。劉曄對大家勸說安撫，大家心悅誠服，一致推舉劉曄為王。劉曄認為漢室已衰微，在各路諸侯的爭鬥中已顯得無足輕重，現在擁兵不合時宜，於是將鄭寶的這些人，送給了盧江太守劉勛。

曹操征討漢中的張魯，將劉曄轉為主簿。大軍進發到漢中，只見山勢挺拔，連綿不斷，道路阻絕，軍中糧草又頗為缺乏。曹操說：「這是個妖妄之國，一時攻不下來，我軍糧草缺乏，不如速還。」

曹操引軍返還，令劉曄督後路諸軍，依次往山外撤退。劉曄認為張魯可以攻克，如果在崇山峻嶺中慢慢後撤，缺乏軍糧，不戰而自損，不如強攻張魯。於是，劉曄騎馬去找曹操，力陳速攻的必要。曹操同意了劉曄的建議，揮兵強攻張魯的營地，弓弩齊發，張魯營中大亂，張魯在混亂中逃走，漢中遂被平定。

漢中已平，劉曄又對曹操建議：「您曾率五千步兵，誅董卓，破袁紹，征劉表，九州百郡，十並其八，威震天下，海外懾服。如今您平定漢中，蜀國人望風破膽，您大軍向前蜀國可傳檄文而平定。劉備，人中豪傑，但得蜀國時間不長，蜀國人對他尚未有仰仗之心。您平定漢中，蜀國人必然感到震驚和恐懼，人人自危。您如果率大軍壓境，蜀國會很容易攻破。假若您現在不去攻打，將來必生後患。蜀國相諸葛亮聰明而善於治理，大將軍關羽、張飛勇冠三軍，若再加上蜀國百姓安定下來，就難以攻打了。」

曹操沒有採納劉曄的建議，率大軍返回去了。其時蜀國已亂作一團，一日數十驚，劉備雖然連斬數人仍不能穩定局面。直到曹操撤走局面才漸漸安定下來。

梁習 簡介

梁習（？—公元二三〇年），字子虞，陳郡柘人。累遷乘氏、海西、下邳等縣令，因治理有方，遷為西曹令史、并州刺史。在并州期間，平豪強，勸農桑，使百姓安居樂業，受到曹操的表彰，賜爵關內侯。文帝即位後，進封申門亭侯。明帝即位後，拜為大司農。在位二十多年，樂貧而勤政，深得曹氏三帝（武帝、文帝、明帝）的賞識。《三國志》卷十五《劉司馬梁張溫賈傳》概要介紹了他的主要活動情況。

陷重圍，斬敵首

鮮卑族一個叫育延的首領，各州郡都很怕他，一天，他派人到并州刺史梁習那裡，提出要用五千餘匹馬和梁習交換一些東西。梁習左思右想，要是不和育延交換東西，恐怕他會怨恨自己；要是和他做這一筆買賣，又擔心他以賣馬為由，趁機搶掠并州城。最後，他想出一個主意，決定在一座空城裡和育延做交易。

交易那天，正在進行當中，梁習手下的人將育延帶來的一個鮮卑人綁了起來。育延等人大為驚恐，急忙上馬彎弓搭箭，將梁習包圍起來。梁習這邊的人被這突然的變故搞得驚慌失措，不知如何是好。梁習雖身陷重圍，卻毫不慌張，他叫來抓鮮卑人的官吏，問他為什麼抓人。

這個官吏回答說，因為這個鮮卑人侵犯了我們，做了不該做的事。梁習派人去叫育延。育延過來後，梁習責問道：「你的人犯了法，本該將你抓起來。我們沒抓你，你反而讓你手下的那些人製造混亂，這是為什麼？」說完，就將育延殺了。育延手下的人都被嚇破了膽，一動也不敢動。事後，鮮卑人也沒敢來騷擾邊界。

逐殺叛將亂箭穿心

曹操平定漢中後，率軍回長安。臨走前，留下騎督太原烏丸王魯昔，鎮守池陽。魯昔有一個愛妻，住在晉陽。他非常思念愛妻，想將愛妻接來，又擔心并州刺史梁習不同意。於是他率手下五百騎兵背叛了曹操，並離開池陽返回晉陽。他讓手下人留在晉陽城附近的山谷中，自己獨自一人進入晉陽城，偷偷將愛妻接了出來。他們出了城以後才被守城的官兵發覺，但大家都不敢去追。因為魯昔騎馬射箭，百發百中。

梁習知道後，急令從事張景派鮮卑人去逐殺魯昔。魯昔和愛妻共騎一馬，所以馬跑得很慢，還沒來得及和留在山谷中的手下人會合，就被追兵追上，亂箭齊發，魯昔和愛妻同死馬下。曹操聽說了這件事，對梁習的處理很滿意，封他為關內侯。

王思 簡介

王思，生卒年不詳，濟陽人。曾受到曹操的賞識，提拔為刺史。在任刺史期間，能夠禮賢下士，頗得好評。後被齊王命為大司農。上了年紀以後，脾氣變得很古怪，常常為小事情就發怒，被後人稱為是個苛吏。《三國志》卷十五注《魏略・苛吏傳》記述了他的幾件小事。

苛吏大司農

王思是個脾氣暴躁剛愎（ㄅㄧˋ）自用的人。他老眼昏花，經常無緣無故大發雷霆，手下的人為伺候他忙得團團轉，還經常挨罵，不知他的火氣因何而來。

一天，一個小官來向他告假，說父親病重想回去看看，因家離得很近用不了多大一會兒功夫。王思懷疑他說的話不真實，發怒道：「我只聽說有想念老婆和病中的老娘的，沒聽說還有想念父親的。」遂不准假。第二天，這個小官的父親就離開了人世。

王思聽說後，一點也沒有悔恨的意思。他的脾氣很急，一次他提筆畫畫，有隻蒼蠅停在筆桿上，驅之又來，一連三次，氣得他摔下筆，去追滿屋亂飛的蒼蠅。最後，蒼蠅沒捉到，他的怒氣都發在筆上，他將作畫的筆扔到地上，又踩又踩，直到把筆徹底毀了，才解了心頭之氣。

劉類 簡介

劉類，生卒年不詳，高陽人。在弘農當太守期間，昏庸無道，幹盡荒唐透頂的事，最後被弘農的官吏百姓趕跑。後人稱他是個苛官暴吏。《三國志》卷十五注《魏略．苛吏傳》記述了他所幹的幾件荒唐事。

荒唐的昏官

弘農太守劉類是個荒唐的昏官。他對有過錯的人，不論輕重大小都揪著頭髮來回走四次，邊走邊挨棍棒的抽打。他派人到處去挖錢，大街小巷到處都是坑。他每次外出巡視，表面上通知各地官員，不要搞什麼迎送之類的禮儀，暗地裡卻對不來捧場的人懷恨在心，找機會中傷。

他對手下的人極不信任，每次派大官出去辦事，又叫小官隨後去監視。他白天常躲在屏風後觀察手下人的表現，夜晚又派人去檢察手下的人。他對自己派出去的人產生了懷疑，就讓奴婢丫環去監視手下人的一舉一動。

劉類為審一個案子出行，住在百姓家。這家百姓養了兩條狗和一頭豬。狗追豬，豬驚跑，一頭插進柵欄中出不來了，嚎叫了半天。劉類看到這場鬧劇後，聯想到所辦的案子，認為狗之所以追豬，是因為豬來搶奪狗食，這件案子裡，官吏之間有矛盾，是因為外吏來搶奪本地官員的飯碗。

他想到這裡後，就不再去調查了，派人將與案子有關的五官掾孫弼（ㄅㄧˋ）找來，揪著他的腦袋先亂撞一通，然後責問他案子的事。孫弼據實相告，與劉類想的毫不沾邊。劉類只好解釋說是自己沒有調查清楚，接著就說起別的事情。

有一個叫尹昌的老人，年近百歲，聽說劉類出巡路過他這裡，就叫他兒子扶他出去迎接，要感謝劉類給的百歲之恩。老人的兒子扶著老人在路邊迎候劉類，劉類看見，沒等老人說什麼，劉類就罵起老人的兒子：「為什麼要扶一個死人來見我？」

劉類就是這樣無理。後來安東將軍司馬文王西征，路經弘農，百姓皆告劉類昏庸無能，不配當弘農太守。司馬文王報告了皇帝，將劉類召為五官中郎將，離開了弘農。

游楚 簡介

游楚，生卒年不詳，字仲允，歷任蒲阪縣令、漢興太守、隴西太守、北地太守。他是個文武兼備的人，為官一方，愛民如子，不好戰，卻喜聲樂歌舞。《三國志》卷十五注《魏略》，概要介紹了他的情況。

以死守城

隴西太守游楚為人慷慨，太和年間，諸葛亮率軍出征隴西，魏國的官吏和百姓為之騷動，天水郡、南安郡的太守各棄職逃走，唯游楚獨據隴西郡，不畏諸葛亮咄咄逼人的氣勢。游楚召來屬下官吏和百姓推舉的代表，對他們說：

「我對你們既無恩又無德，如今蜀軍殺來，天水、南安兩郡的官吏和百姓都已降蜀，這也是你們求取富貴的好時機。我的使命就是為國家守衛本郡，從道義上講要以死捍衛，你們可以砍下我的頭去諸葛亮那裡討功。」聽畢，在座的人都哭了，表示要與游楚太守同生死，決無貳心。

游楚又說：「如果你們不願接受我剛才的建議，我再為你們出一個主意。如今靠東邊的天水、南安二郡已丟失，蜀軍必定來攻打我們。我們開當齊心協力堅守等待救兵。假若救兵來了，蜀軍就會撤走，這樣我們一郡的人都會受到朝廷的嘉獎；假若救兵來不了，而蜀軍攻城又非常緊急，那麼你們就砍下我

的頭去投降，這樣也不算晚。」

大家接受了他的這個建議，一起來守衛城池。蜀軍果然大兵壓境，欲奪隴西郡。游楚聽說蜀軍殺到城下，一面派長史馬顒（ㄩˊ）出城佈陣，一面登上城樓，對蜀軍統帥說：「如果你們能截斷隴西郡與外界的聯繫，不讓救兵東來，那麼一個月之後，隴西郡內將不攻自破。如果不按我出的主意辦，你們的攻擊將是徒勞無益的。」說罷，命馬顒擂起戰鼓。蜀軍後撤，去截斷隴西郡通往外界的各個交通要道。過了十幾天，魏國的援軍到了，殺敗蜀軍。南安、天水兩郡的太守被判重刑，而游楚卻以守郡有功被封為列侯。

賈逵　簡介

賈逵，生卒年不詳，字梁道，河東襄陵人。歷任絳邑長、澠池令、弘農太守、丞相主簿、鄴縣令、豫州刺史、建威將軍等，封陽里亭侯。他很有軍事和政治才華，無論是隨曹操征戰，還是擔任地方長官，都有非凡的表現，有時做得過火了，曹操也不追究。臨終前，囑咐身邊的人，說他領受了國家很多的恩惠，卻沒能殺了吳國的孫權。他的喪事一定要從簡不能鋪張。《三國志》卷十五《劉司馬梁張溫賈傳》，介紹了他一生的主要活動情況。

萬民相護

賈逵從小就喜歡玩打仗的遊戲。他的祖父對此十分驚奇。說他長大後一定能當將軍，就口授給他幾萬字的兵法。他少孤家貧，結婚後還穿不起棉褲，有一年冬天，他路過妻兄柳孚的家，告訴柳孚自己的窘迫情況，柳孚將自己的棉褲送給了他。

長大後，他開始當郡吏，後兼領絳（ㄐㄧㄤˋ）邑長。郭援進攻河東時，一路勢如破竹，打到絳邑城下。郭援攻不破城池，就招來匈奴單于，聯合起來加緊進攻絳邑城。眼看絳邑將要陷落，絳邑百姓派出代表與郭援達成協議：他們願獻城投降，但要求不要殺害賈逵。絳邑陷落後，賈逵被郭援抓了起來。郭援聽說過賈逵很有名望，就想讓他做自己的部將。郭援手下的人拉著賈逵，逼他叩頭稱謝，賈逵叱責他們道：「哪裡有朝廷命官向敵人叩頭的！」

郭援大怒，要殺掉賈逵。絳邑的官吏和百姓聽說要殺賈逵，許多人登上城樓喊道：「如果背約殺死我們的賢君，我們寧可一起死！」

郭援手下的人也替賈逵求情，認為他講義氣不該就死。郭援不便硬頂就將賈逵囚禁在壺關的土窖中，用一個車輪蓋在土窖口，想過幾日再處置他。賈逵在土窖中，對看守他的人說：「這裡難道沒有英雄好漢嗎？我這個義士就這樣死在土窖裡嗎？」

有一個叫祝公道的人正巧路過這裡，聽了賈逵的話，頓時豪氣填胸，當夜就將賈逵救了出去。賈逵被抓後，擔心郭援先去佔領戰略要地皮氏，曾使用計謀拖住郭援，讓他白白浪費七天的時間，沒能佔領皮氏，使皮氏得以保全。

忠臣免死

曹操欲征討吳國，遇上大雨。大雨連下數日，三軍多不願行，曹操知道三軍畏難而不願行進，擔心有人來建議他取消或推遲這次出兵行動，就下令說：「有諫者死。」

意思是誰來勸誰就犯了死罪。賈逵這時為丞相主簿。他對另外三個主簿說：

「現在實在不是出兵的時候，曹公不許提反對意見，我看從長遠考慮，不可不諫。」於是，他起草了諫書，請他們簽了名，然後他去找曹操，力勸曹操推遲出兵討吳的時間。曹操大怒，當即下令將賈逵等人抓了起來。臨送監獄時曹操問主謀是誰？賈逵說是自己。進了監獄後，管監獄的官吏認為賈逵身為主簿，不用戴著刑具，想給他去掉枷鎖。

賈逵說道：「我一定要戴著刑具，否則曹公會以為我在利用職權向你要求照顧。曹公會派人來看的。」

賈逵剛整理好身上的刑具，曹操派的人就來了。看見賈逵依然是刑具加身，忙回去報告了曹操。曹操即傳過話來，說賈逵進諫沒有惡意，可以官復原職。於是，賈逵免死罪而復原職。

兼程救曹休

太和二年，明帝派賈逵率領前將軍滿寵、東莞太守胡質等四支軍隊，從西陽直奔東關，同時命曹休向皖（ㄨㄢˇ）進發，司馬宣王進軍江陵。賈逵到達五將山時，曹休向明帝上表，說敵人中有請求投降的，要求深入敵區去接應這些投降的人。

明帝下詔，令司馬宣王的軍隊駐紮下來，賈逵和曹休一起進兵。賈逵料想敵人在關東的守備不會很嚴，而在皖將集結重兵。曹休在敵人重兵集結之地孤軍深入，多半會失敗的。於是，賈逵指揮水陸兩軍一齊進發，去接應曹休。走了二百里路的時候，抓住敵人的散兵逼問，說曹休已經戰敗，被孫權困在了夾石一帶，陷入被動挨打的境地。各地將領聽說後，不知如何是好，有的提出先按兵不動，等待後面的援軍趕到時，再去解救曹休。

賈逵不同意，他說：「曹休被困在夾石，往前進不了，往後退不得，危在旦夕。敵人以為曹休沒有後援，如果我們迅速前進，出其不意，攻其不備，以突來動搖敵人的軍心，敵人肯定會望風而逃的。如果我們在這裡等待援軍，敵人利用有利時機截斷險要之地，我們的軍隊再多又能有什麼用處呢？」

賈逵力排眾議，率軍兼程而進，同時設置很多旗幟和戰鼓作為疑兵，讓敵人產生懷疑，以為大批援軍趕到了。他們趕到夾石，給餓了多日的曹休軍隊送去糧食，令這些疲憊不堪的軍隊士氣大振。吳國的軍隊見狀只得撤走。

當初，曹休和賈逵的關係並不好，曹休曾勸阻文帝不要重用賈逵。在夾石一戰中，如果沒有賈逵來救，曹休將會全軍覆沒。賈逵性格剛強直爽，不記前嫌，兼程救曹休，表明他識大體，顧大局的襟懷。

杜畿 簡介

杜畿（？—），生卒年不詳，字伯侯，從小很貧苦，年青時即作鄭縣的縣令，處事果斷，為郡中人士所推崇。恰逢天下大亂，棄官而走，後被曹操召用，累遷西平太守和河東太守。在任期間，體察民情，勸農桑田，為曹操的征伐提供了大批糧草，深得曹操的賞識。魏國建立後，命為尚書。文帝即位，賜爵關內侯，進封豐東亭侯。受詔命造皇帝乘坐的船，試船時，遇大風，船沒身亡，時年六十二歲。《三國志》卷十六《任蘇杜鄭倉傳》介紹了他一生的主要活動情況。

分而治之

杜畿臨危受命，被曹操拜為河東太守。其時，高幹舉并州反，而河東人衛固、范先以請原太守為名，暗地裡與高幹通謀，欲亂河東。衛固等人率數千人馬在陝津一地阻絕杜畿，使他不能渡河赴任。曹操派夏侯惇帶兵來征討衛固等人，兵馬未到，杜畿想過河。左右的人勸他說：「平亂需用重兵。」

杜畿說道：「河東人有三萬戶，不是個個都想叛亂。如果用重兵壓來，不給他們活路，他們必然會因為害怕而聽命於衛固。而與衛固等人抱成一團，拚命死戰，我們重兵征討，如果不能取勝，周圍的郡縣就會跟著衛固叛亂，天下就不會安寧了；如果取勝，其代價是殘害一郡之民。況且衛固等人並沒有公開打出叛亂的旗號，而是以請原太守為名來舉兵的，所以不會加害新太守。我隻身前往，出其不意。衛

固為人多慮而少決斷，他肯定會先接受我的。我到任一個月，再用計謀對付他，定會成功。」

杜畿從郖津渡河赴任。范先欲殺杜畿，他對衛固說：「既為虎而不吃人肉，衛固就不配當猛虎，今不殺杜畿恐日生後患。」但又想先觀察杜畿一段時間再說。他們故意在杜畿的門前，斬殺了三十餘名主簿以下的官員，想看看杜畿會有什麼反應。沒想杜畿就像往常一樣，舉止自然，行動自若。於是，衛固決定不殺杜畿了，他對范先說：「殺掉杜畿對朝廷來說不算什麼損失，而我們卻白白承受殺太守的惡名。況且杜畿是掌握在我們的手中，不怕他會怎麼樣。」

杜畿安頓下來後，召衛固、范先來商議事情。他說：「二位在河東有很高的威望，我很欽佩。希望我們能緊密團結，共議治理河東的大事。」

他任命衛固為都督，行丞事，領功曹；將三千多官兵交由范先統領。衛固、范先很高興，在表面上和杜畿沒有矛盾了。衛固想發兵出征，杜畿心中不安，勸他道：

「凡要成大事，必須要合民心。如今民心思定，您卻要發兵出征，這樣民心必亂，亂則必敗。不如用錢來招募士兵，等招募士兵來後，再出征也不遲。」

衛固認為杜畿說得有理，採納了他的意見，用了幾十天的時間撥發募兵的費用。諸將官貪財，爭著要錢，卻很少募兵。杜畿又去見衛固說：「人情皆惜家顧眷，諸將和他們手下的官吏，可先讓他們回去休息，有事再召他們也不難。」

衛固等人不想違背諸將想回家休息的意願，於是又同意了杜畿的意見。這樣一來，衛固所掌握的軍隊被杜畿分散了。和杜畿一心的人在外面可以接應他，和衛固一起叛亂的人都回家去享樂了，有事也難召集。恰逢高幹等叛軍在附近地區為非作歹。衛固想召集已回家的諸將，聚兵與高幹匯合，無奈命令發出後卻沒幾個人回來。

杜畿知道是各縣將衛固手下的人都扣住了，就帶著幾十人跑到別的地方躲避衛固。有數千人投奔杜畿，衛固等叛軍攻城不下，掠奪各縣，也沒有得到什麼。待援救杜畿的大軍殺來，將衛固等人斬首，其餘的人都被赦免放他們回去了。

鄭渾 簡介

鄭渾，生卒年不詳，字文公，河南開封人。出身名儒世家。被曹操召用為下蔡長、邵陵令。上任後，為百姓安居樂業殫思極慮，使百姓得以在戰亂中休養生息。累遷京兆尹、丞相掾、侍御史、駙馬都尉、陽平太守……。在任期間，與民間同苦樂，引導百姓恢復和建設自己的家園，使百姓過著豐衣足食的生活。魏明帝曾因此下詔佈告天下，予以表彰。他政績顯赫，家境卻很貧寒，為當時不多見的為官清廉之朝廷命官。《三國志》卷十六《任蘇杜鄭倉傳》介紹了他一生的主要活動情況。

化強為弱

鄭渾被曹操任命為邵陵縣令時，正值天下未定之際，百姓難以安居樂業，不少人連孩子都養不活。鄭渾上任後，下令收繳打獵捕魚的器具，讓百姓把精力放在種田養桑上，鼓勵開墾荒地，養育後代。開始時，百姓被迫去做，怕因為不做而獲罪。後來，糧食多了，百姓都放開膽子努力去做了，所生的孩子也都以鄭渾的鄭字作為孩子的別名。

曹操見鄭渾政績卓著，就將他調為丞相的隨從官員，遷左馮翊（ㄩˇ）。當時一個叫梁興的人，強迫五千餘家官吏、百姓進山為寇，各個縣都抵抗不了他，百姓非常害怕，都跑來找鄭渾求救。大家建議應當佔據險要之地與梁興對抗。唯鄭渾不同意，他提出破敵之計：

「梁興等人是流竄在山野中的一股逆賊，讓他們棄暗投明，如果我們據險而守，是向梁興證明我們很怕他，所以不能這麼做。」

於是，鄭渾召集官吏百姓，大修城池，做好禦敵的準備。然後派百姓進山去捉賊人，誰能抓來就獎賞誰。百姓歡天喜地蜂湧進山，抓回很多賊人的妻女，帶回不少財物。賊人失去妻女，都要求投降。鄭渾提出投降的條件，就是必須帶一個賊人的妻女出來，然後才還給投降的人妻女。這樣一來，不少賊人紛紛投降。

鄭渾又派人進山宣傳，使梁興處於土崩瓦解之中。梁興非常恐慌，將剩餘的人聚在鄜城企圖頑抗。曹操抓住時機，急派夏侯淵領兵前來，幫助鄭渾攻打梁興。

鞠躬盡瘁，為民造福

曹操征伐漢中，任命鄭渾為京城行政長官。這時由於各地的流民百姓紛紛湧進京城，社會治安很亂。鄭渾著手制訂了移民的法令，讓人多幾代同居的家庭與人口少的家庭編排在一起，讓善良誠實的人與孤單的老人結成鄰居，勤懇耕種，明訂法令，從此百姓安心務農，盜賊活動不再發生。

曹操大軍進攻漢中，鄭渾為轉運軍糧立了功。漢中攻陷後，鄭軍又調動百姓到漢中種田，沒有一個不願去的。曹操嘉獎了他，召他進京擔任丞相。

曹丕做皇帝後，鄭渾擔任中央監察機關的高級官員，並兼任皇帝的近侍官，後又升任陽平、沛郡二地的太守。陽平、沛郡交界的地方地勢低窪，常鬧水災，百姓飢餓貧困。鄭渾決定在蕭縣和相縣交界的

地方。興修陂池土堰等水利工程，開墾稻田。

當地的人們都認為這麼做沒用，但，鄭渾說：「地勢低下，便於灌溉，最終會在養魚，種稻上獲得長久的利益，這是日後百姓豐衣足食的根本大事！」於是鄭渾親自率領官吏百姓，興建這些工程，只費了一個冬天就全部完工了。此後連年豐收，耕地逐年增加，租稅的收入比平常多出一倍。百姓得到好處，豎碑刻石頌揚鄭渾，將他興建的水利工程命名為「鄭陂」。

不久鄭渾調任為山陽、魏郡太守。他對那裡的治理也仿效在陽平和沛郡時的做法。他發現郡內的百姓，苦於缺乏木材，就規定州郡的百姓每戶種植榆樹作為籬笆，並且植各種果樹。經過一段時間的努力，這裡榆樹成行，果樹飄香。一進入魏郡地界，就可看到村落整整齊齊，百姓豐衣足食。魏明帝曹睿知道了鄭渾的事跡後，頒下詔書讚揚他，並通報全國。

不久，又把他調任為掌管皇家土木工程的將作大匠。鄭渾廉節奉公，雖身在高位，家中妻兒卻不免受凍挨餓。他死了以後，朝廷任命他的兒子鄭崇進宮為官。

顏裴 簡介

顏裴，生卒年不詳，字文林，濟北人。被魏文帝任命為京兆太守。上任後，倡導農桑，醫治戰爭創傷，為民謀福，與百姓建立了骨肉之情。後調任平原太守，百姓哭送，十餘日方出郡界。未到任，卒於路途。《三國志》卷十六注《魏略》中概要介紹了他的事跡。

愛民者民愛之

顏裴被任命為京兆太守。京兆自遭戰亂以來，百姓處在動蕩不安之中，多不願種植。顏裴到任後，下令整治農田，種植桑樹果木。當時，百姓多無車無牛，顏裴讓百姓在閒暇時去伐取造車的木材，又派人去教他們如何造車。他又下令飼養豬狗一類的家畜，然後賣了豬狗來買牛。

開始時，百姓嫌煩，多不願照做。但一、二年過去後，家家都置辦起牛和車，好日子由夢想變為現實，才感到顏太守的英明，都願聽他的話了。百姓的溫飽問題解決了，顏裴又興辦起學校。於是，社會風氣大為好轉，官民互不相擾，官不煩民，民不求官。

京兆與馮翊、扶風兩郡接界。馮翊、扶風二郡道路又窄又髒，田地都荒蕪了，人民處在飢寒交迫之中。而京兆郡卻面目一新，人民豐衣足食，為雍州十郡中最好的一個郡。

顏裴為政清廉，嚴於律己，因此京兆的官吏和百姓都怕他被調走。過了幾年，調令果然來了，朝廷調他到平原郡當太守。臨行時，京兆的官吏和百姓哭著擋道不讓他走。他乘的馬車在人群中走得很慢，常被送行的人擋住。一連走了十幾天才走出郡界。顏裴的馬車東行到崤地時，顏裴忽染疾病。隨行的家裡人見他的病越來越重，就安慰他道：「平原太守應勉勵自己，盡早康復。」

顏裴心裡牽掛著京兆百姓，他說道：「我不願意去平原，他們為什麼不叫我當京兆太守？」過了幾天，他帶著京兆的深深眷戀，與世長辭了。京兆的官吏和百姓聽說後，都為他的英年早逝而痛哭流淚，自發為他立碑，傳頌後世。

張遼 簡介

張遼（公元一六九—二二二年），字文遠，雁門馬邑（今山西朔縣）人。少為郡吏，漢末，并州刺史丁原以他武力過人，召為隨員，派他領兵去京都協助何進殺宦官。何進失敗，他帶兵跟隨董卓。董卓被呂布所殺，他又跟隨呂布，遷騎都尉。曹操在下邳打敗呂布，他率兵降曹，拜中郎將，賜關內侯。數戰有功，遷裨將軍。從此，他在曹操身邊猶如一隻猛虎，轉戰南北，屢建奇功。魏文帝即位，轉為前將軍，進爵都鄉侯，封晉陽侯。在和孫權的作戰中生重病，醫治無效，在江都去世。《三國志》卷十七《張樂于張徐傳》介紹了他的赫赫戰功。

單身降敵

張遼與夏侯淵圍昌豨（ㄒㄧ）於東海，數日未能攻破而糧草卻要吃完了。諸將商議想撤軍，張遼表示反對。他說：「幾天來我們圍攻昌豨，我發現昌豨多次用眼神向我表示什麼，同時向我們射來的箭越來越少。這說明昌豨處在猶豫不決之中，所以他不拚力死戰。我想去和他面談一次，誘導他投降。」於是，張遼派了人去告訴昌豨說曹操有話要張遼來傳。昌豨果然下城與張遼對話。張遼說：「曹操神武，以德來恩澤四方，誰先跟著他，誰就受到大大的獎賞。」

昌豨於是表示願意獻城投降。張遼單身上三公山，到昌豨家，拜見昌豨的妻子。昌豨很高興，和張遼一起去見曹操。曹操讓昌豨回到東海，並責備張遼不該這樣冒險。

張遼卻不以為然地說：「以您赫赫於四海的威信，我奉旨去見昌豨，他肯定不加害於我。」這說明張遼是經過慎重考慮才行動的。

狹路相逢勇者勝

小軍閥陳蘭、梅成憑藉六縣的人馬起兵叛亂。

曹操派于禁、臧霸等討伐梅成，派張遼率張郃（ㄏㄜˊ）、牛蓋等討伐陳蘭。梅成向于禁假投降，于禁就撤兵了。梅成就帶領他的部隊到了陳蘭那裡，輾轉進入灊（ㄑㄧㄢˊ）山。山中有個天柱山，形勢高峻，通往山頂的道路長達二十餘里，山路十分險狹，只有一條羊腸小道可勉強通過，陳蘭他們就在上面構築了壁壘準備迎擊張遼。天柱山下，張遼要發動進攻，部將們說：

「我們兵少，道路又險惡，難以深入。」

張遼說：「狹路相逢勇者勝。」

於是，張遼帶領將士們向天柱山發動進攻，將士們以一當十，勇猛衝殺，終於殺上天柱山，斬了陳蘭、梅成的首級，俘虜了他們所有的人馬。得勝返朝，曹操評論各位將領的功勞時，說：「攀登天柱山，歷經艱險，打敗陳蘭、梅成，功勞要首推蕩寇將軍張遼。」

留妙計，張遼立功

曹操去征討張魯，臨行前交給護軍薛悌一封信，信邊上寫著一行字：「敵人來了再打開。」

其時，張遼與樂進、李典等將領率七千餘人駐守合肥。曹操走後沒多少，孫權率十萬大軍圍住合肥。諸將急忙打開曹操留下的信，只見信中寫道：「如果是孫權來了，就請張遼、李典出戰，樂進將軍守衛城池，護軍薛悌不要參戰。」

諸將看了曹操的信後頓生狐疑，不解其意。張遼卻明白了其中的意思。他說：「曹操遠征在外，如果等他來救，孫權早就把城攻破了。曹操信上的意思是讓我們趁孫權大軍剛立足未穩之機，就去攻擊他們，挫其盛勢，使守城的官兵安下心來，然後就可以據城死守了。成敗之機，在此一戰，各位還有什麼疑惑嗎？」

李典認為張遼分析得對。於是，張遼於當夜招募八百人，組成敢死隊。殺了牛來犒勞大家，準備明日的大戰。

第二天日早，張遼披甲持戟，率先衝入敵陣，殺

了數十人和斬了孫權的兩員大將，一邊殺敵，一邊高呼自己的姓名，一直殺到孫權的麾下，孫權大驚，他手下的人也被這突然的襲擊搞得暈頭轉向。

孫權急忙退到一座高墳上，揮動長戟和張遼應戰。張遼在墳下高叫，讓孫權下來打，孫權不敢。孫權發現張遼所帶的人馬不多，就在墳上指揮他的兵馬將張遼重重包圍起來。張遼左突右進，橫衝直撞，包圍圈被殺開，他帶著手下幾十人衝了出去。包圍圈復合，被圍在裡面的人大喊：「張將軍要拋棄我們嗎？」

張遼迴馬又衝了回來，救出其餘的人，孫權的人馬不敢上前阻擋，都退到了一邊。從早上一直打到中午，將孫權的人馬殺得沒了銳氣。張遼回到城中，各位將官都很佩服，官兵們倒懸著的心這才安定下來。孫權攻打合肥城十幾天，見攻不破，就引兵退去了。張遼率城中人馬追擊，差點抓獲孫權。曹操回來後，對張遼的勇武大為誇讚，遂拜他為征東將軍。

于禁 簡介

于禁，生卒年不詳，字文則，泰山鉅平人。參與鎮壓黃巾賊，被將軍王朗推薦給曹操。曹操拜他為軍司馬。他在曹軍中英勇善戰，不斷升遷，歷任平虜校尉，偏將軍、左將軍。曹仁被關羽所圍，于禁受命去後援，為大水所困，投降關羽。關羽又被孫權打敗，于禁歸到孫權部下。孫權和魏國講和，將于禁送回到魏國。魏文帝派他出使吳國，臨行前以他投降的畫面相辱，遂發病而卒。《三國志》卷十七《張樂于張徐傳》介紹了于禁升遷榮辱的一生。

賊道難行

張繡先降後叛，曹操出兵討伐，交戰的結果，曹操被打敗退兵舞陽。張繡乘勝追擊，曹操的各路兵馬倉皇逃竄，紛紛退守舞陽。唯有于禁率領的幾百人，且戰且退，陣法不亂，即使有死傷也沒被殺散。張繡的追兵被甩遠了，于禁將部隊整頓好敲著戰鼓回到舞陽。隊伍還沒走到曹操的帳下，在路上遇到十幾個光著身子走的人。于禁問他們為什麼不穿衣服？這些人回答說：「我們被青州兵搶劫了。」

青州兵的前身是黃巾賊兵，投降曹操後改編而成的另一支軍隊，為曹操南征北戰，縱橫天下立下汗馬功勞，成為曹操的嫡系部隊。曹操對待他們不像對待別的部隊那麼嚴，因此青州兵才敢胡作非為。

于禁非常生氣，對眾人說：「青州兵和我們一樣，同屬曹操，而他們竟敢對我們大行賊道。」於是，他帶著部隊去找青州兵算帳。青州兵跑去告訴曹操，說他們被于禁打了。

于禁將部隊安頓下來，紮下營壘，忙於守備的事。有的人對他說：「青州兵已經到曹操那裡告你的狀了，你應當盡快到曹操那裡去申辯。」

于禁回答說：「如今敵人就在後面，不知什麼時候就會攻上來了，不做好準備，怎麼來迎敵？況且曹操很聰明，不會輕易聽信青州兵的胡說八道的。」

于禁將禦敵的各項準備工作做完後才去見曹操，把事情的來龍去脈講清了，讓曹操裁決。曹操聽後非常高興，對于禁說：「和張繡交戰失利，是我操之過急，將軍能在亂中求整，且戰且退，退到這裡後又做好禦敵的準備，說明您有不可動搖之氣節，即使古代的名將，都不能跟您相比。」

曹操非但沒責怪于禁，還表揚了他，並封他為益壽亭侯。

揮淚斬友

冀州被曹操平定以後，昌豨背叛了曹操。曹操派于禁前去征討。于禁率軍攻打昌豨，昌豨和于禁過去是很好的朋友，就獻城投降了。于禁手下的將官認為，昌豨已經投降，按理應當押送到曹操那裡，請曹操來處置。

于禁說：「你們難道不知道曹操定的法令嗎？圍而後降者不赦免。按照法令行事，是一個將官必須奉守的節操。儘管昌豨是我的朋友，我也不能夠因私枉法，失去節操。」

於是于禁親自前去與昌豨訣別，揮淚將他斬殺。這時，曹操正在淳于駐軍，聽說了這件事，嘆息道：「昌豨不向我投降而歸順于禁，于禁不講私情將他斬殺，這不是昌豨命中注定的嗎？」從此，曹操更加器重于禁。

臨難屈節，羞慚而死

建安二十四年，曹操在長安派大將曹仁去討伐在樊地的關羽。接著，他又派于禁領兵去援助曹仁。正值秋雨滂沱，漢水暴漲，平地水深數丈，于禁所率的七軍都被大水淹沒。于禁和手下的將官登高而望，天水相接，無路可走。關羽趁機乘大船來攻打于禁他們，于禁欲戰不能，只好投降了，只有一個叫龐德的將官不肯投降，保節而死。

曹操聽說後，嘆息了半天，說：「我認識于禁已有三十年，臨危赴難，他怎麼連龐德都不如！」

後來孫權將關羽抓獲，收編了關羽的部隊。于禁也跟著一起被留在了吳國。魏文帝即位，孫權稱臣，就將于禁送了回來。于禁面見文帝，只見他鬚髮皓白，形容憔悴，一邊磕頭，一邊大哭。文帝安慰了他一番，拜他為安遠將軍。

文帝要派于禁出使吳國，臨行前，先讓他到鄴城去拜謁曹操的陵墓。在于禁未到前，文帝命人忠在陵墓的牆壁上畫上關羽得勝、龐德憤怒、于禁投降的畫。于禁來了看見牆壁上的畫，頓覺羞愧難當，遂發病而死。

張郃　簡介

張郃，生卒年不詳，字儁義，河間人。漢末應募討黃巾，為軍司馬，屬韓馥部。韓馥兵敗，他帶兵歸附袁紹。袁紹任他為校尉，與公孫瓚作戰立下戰功，遷寧國中郎將。曹操與袁紹在官渡大戰，張郃見袁紹大勢已去遂投降曹操。曹操得到張郃非常高興，拜他為偏將軍，封都亭侯。在以後的作戰中，英勇頑強，屢建奇功，成為曹軍的名將。《三國志》卷十七《張樂于張徐傳》介紹了他的戎馬生涯。

眾望所歸

劉備屯兵陽平，張郃屯兵廣石。劉備選精兵萬餘人，分為十部，星夜急攻張郃。張郃親率手下親兵上陣搏殺，使劉備未能攻克廣石。其後不久，劉備攻打夏侯淵和張郃，夜燒曹軍營外木柵欄，夏侯淵倉皇迎戰，被劉備殺死，張郃等人退守陽平。主帥一死，三軍不安，害怕劉備乘勝追來，不知如何抵禦。夏侯淵手下的司馬郭淮對眾人說：「張郃將軍，國家之名將，劉備很害怕他。如今事情很危急，非張將軍不能領軍禦敵。」

於是，大家推舉張郃為軍中主帥。張郃領兵出陽平，安營佈陣，各佈將官都聽從張郃的調遣，官兵們這才安下心來。曹操在長安，知道夏侯淵已戰死，就派使節來，任命張郃為三軍主帥。接著，曹操起兵到漢中，劉備佔據高山不敢應戰。曹操將漢中的各路軍馬撤了出來，讓張郃去駐守陳倉。

料敵如神

諸葛亮兵出祁山，張郃率軍將諸葛亮手下大將馬謖拒阻街亭。馬謖屯兵南山，將街亭讓出，以為居高臨下即可一舉破之。張郃將通往南山的水道截斷，馬謖軍中無水，頓時軍心大亂，張郃領兵攻打，將馬謖殺得大敗而逃。

諸葛亮領兵攻打陳倉，明帝急派驛使召張郃到京。明帝設宴為張郃餞行，派三萬大軍張郃知道諸葛亮軍中少糧，不能久攻，於是回答道：「我未到陳倉，諸葛亮就會撤兵的，因為我估計他軍中的糧草支撐不了十天。」

張郃拜別明帝，率軍星夜回趕，軍到南鄭，諸葛亮就從陳倉撤退了。明帝又詔令張郃還京都，拜為征西車騎將軍。

徐晃 簡介

徐晃（？—公元二二七年），字公明，河東人。早年跟隨車騎將軍楊奉，作戰有功，拜騎都尉。他勸說楊奉歸順曹操，楊奉先歸順，後反悔，曹操討伐楊奉，徐晃遂歸順曹操。他在曹軍中是一員猛將，參加許多次著名的戰役，為曹操平定北方立下汗馬功勞，歷任裨將軍、右將軍、封都亭侯、逯鄉侯、楊侯、陽平侯。《三國志》卷十七《張樂于張徐傳》介紹了他的軍旅生涯。

百戰百勝

徐晃歸順曹操後，曹操即派他領兵去攻打橫行於卷、原武兩地的賊寇，很快就凱旋而歸，曹操拜為他裨將軍。徐晃跟隨曹操去征討呂布，降呂布大將趙庶、李鄒等，又與史渙斬眭固於河內。接著又破劉備，斬顏良，拔白馬城，進至延津，殺文丑，遂拜偏將軍。徐晃與曹洪攻打隱強一帶的賊寇祝臂，掃蕩一清後，又與史渙攻打袁紹在故市的部隊，立下赫赫戰功，封為都亭侯。

曹操兵圍鄴城，攻破邯鄲，易陽縣令韓范假意投降曹操，卻又據城以守。曹操派徐晃攻打易陽城。徐晃寫了一封書信，射入城中，陳述成敗的後果。韓范看後，對自己的行為很後悔，馬上投降了。徐晃對曹操說：「如今二袁未破，很多郡縣都在關注您的一舉一動。如果我們殺了韓范，那些郡縣都會以死相守，恐怕平定河北就需要用很長的時間了。還是請您接受易陽城的投降吧，如此其他郡縣他都會歸順您的。」

曹操同意了。徐晃又去討伐毛城，設伏兵，用巧計，攻佔三屯。跟隨曹操在南皮打敗袁譚，平定平原一帶叛軍。接著又隨曹操征伐蹋頓單于，被拜為橫野將軍。這之後，他又去征伐荊州，討伐中廬、臨沮，宜城一帶的賊寇。他與滿寵在漢津和關羽交戰，與曹仁在江陵和周瑜打仗。

建安十五年，征討太原反叛者，兵圍大陵，斬叛軍主帥商曜（一六）。韓遂、馬超等人在關右叛亂，曹操派徐晃在汾陰屯兵以按撫河東。曹操兵至潼關，擔心過不了河，將徐晃召來詢問。

徐晃說：「你舉兵來到這裡，而敵人並未增派重兵把守，可料想敵人是缺乏智謀的。您讓我帶著精兵渡過蒲阪津，作為先頭部隊，擋住敵人的包抄，破敵就不難了。」

曹操認為這個主意很好，就派徐晃帶著四千人渡過蒲阪津。過河後，陣地尚未佈好，敵首梁興於當夜帶著五千人馬來攻打徐晃。徐晃奮力反擊，將梁興打跑，使曹操的大軍得以順利渡河，馬超等人的叛亂遂被平定。平定馬超後，曹操又派徐晃與夏侯淵去平定隃麋、夏陽等地的叛亂，皆大獲全勝，被遷為平寇將軍。

衝敵陣，展雄風

曹操派徐晃增援曹仁去征討關羽，屯兵宛城，恰遇漢水暴漲，關羽先降于禁，繼圍曹仁和呂常，氣勢奪人。徐晃所率部隊以新兵居多，難以和關羽爭鬥，只好在陽陵陂屯兵。曹操又派將軍徐商、呂建來與徐晃匯合，並且命令：「待各路兵馬聚齊後再往前進軍。」

關羽的一支兵馬在偃城駐守。徐晃率軍殺到偃城，以挖壕溝來迷惑敵人，讓敵人以為要斷他們的後路。關羽的這支兵馬果然害怕起來，將駐地燒毀後逃走。徐晃得到了偃城。徐晃又往前進軍，逼到離敵營很近的地方。曹操在徐晃未發動進攻前，先後派來殷署、朱蓋等十二營兵馬增援徐晃。

關羽在圍頭、四家兩地沒有營地。徐晃做出要攻打圍頭的樣子，卻秘密派兵去攻打四家，關羽見四家形勢危急，親自率五千步騎兵出戰。徐晃躍馬迎戰，關羽不敵敗退下來。徐晃衝入敵陣，左突右殺，如入無人之境，不少敵兵在潰逃中跳入沔水被淹死。

徐晃大勝，曹操發來嘉獎令，上面寫道：「敵人的營地如此堅固，將軍卻能大獲全勝，衝入敵陣，多殺敵人。我帶兵用兵三十多年，以及我所知道的古代善於用兵的人，沒有像將軍這樣能長驅直入敵人包圍而獲勝的。將軍之功，真比古代軍事家孫武、穰苴（ㄖㄤˊ ㄐㄩ）還要偉大。」

徐晃整軍而還，曹操出城七里迎接徐晃的歸來。曹操置酒犒勞各位將領，他舉著酒杯對徐晃說：「能夠保全樊、襄陽二城，全靠將軍啊！」

其時各路兵馬都聚集在帳外。曹操領著手下的這些大將，在各營之間巡視。除了徐晃的兵馬外，各營的兵馬都往前擠爭著看曹操。只見徐晃的兵馬整整齊齊，將士列陣不動。曹操非常高興，認為徐晃治軍有方。

李典 簡介

李典，生卒年不詳，字曼成，山陽鉅野人。他年輕時喜歡讀書，不樂兵事，義兄去世後，接替義兄的事，出任潁陽令，為中郎將，遷離狐太守。曹操和袁紹在官渡大戰，他負責給曹軍供應糧草。袁紹失敗後，他遷為裨將軍。後在作戰中屢建戰功，歷任捕虜將軍、破虜將軍，封都亭侯。年三十六歲去世。《三國志》卷十八《二李臧文呂許典二龐閻傳》概要介紹了他的情況。

李典運糧

曹操率大軍去黎陽征討袁譚、袁尚，命李典和程昱等人用船押運糧草。袁尚派魏郡太守高蕃屯兵黃河邊，把守水道。曹操建議李典等人，如果水道不通就走陸道。李典等人押運著糧草，遙望高蕃的營地。李典對大家說：

「高蕃的人馬不多，只想依仗黃河來阻擋我們，防備很鬆懈，我們去攻擊肯定能取勝。只要對國家有利的事，我們就可以大膽去幹，最好抓住時機馬上出擊。」

程昱等人認為李典說得有理，就同意了。李典等人率軍北渡黃河，突襲高蕃，高蕃棄營而逃。水道被打通了，大批糧草順利運往黎陽。

公而忘私

劉表派劉備北侵至葉城，曹操派李典跟隨夏候惇去阻擊。兩軍對壘，劉備忽然將軍營燒毀，引兵退去。夏侯惇欲率軍追殺，李典勸道：「劉備無故而退，我懷疑他設下埋伏。劉備撤兵走的是南邊那條路，那條路非常狹窄，路邊草深樹多，我們不能去追擊。」

夏侯惇不聽，讓李典留守，他帶著于禁領兵急追。進入南路，果然中了劉備的埋伏。夏侯惇等人拚命苦戰，突圍不出。李典聞訊，急忙率兵馬來救。劉備見援軍殺來，只好撤退了。

李典被遷為破虜將軍，與張遼、樂進屯兵合肥。孫權率兵圍攻合肥，張遼欲出城迎戰，樂進、李典、張遼三將平日關係不好，張遼擔心他們不配合。

李典說：「這是國家大事，像您擔心的那樣，我豈不是為了私情而忘記朝廷大事了嗎？」於是，他率兵和張遼一起擊潰孫權的進犯。

李通 簡介

李通，生卒年不詳，字文達，江夏平春人。年輕時以俠義在江、汝一帶聞名。建安初年，他帶著不少人歸順曹操，曹操拜他為中郎將。他在作戰中，身先士卒，勇猛無比，成為曹操的一員大將。曹仁被關羽兵圍江陵，他受命救援，於途中病亡，時年四十二歲。《三國志》卷十八《二李臧文呂許典二龐閻傳》介紹了他的情況。

崇俠尚義

李通素以俠義聞名於江、汝之間，與周郡人陳恭在朗陵起兵，有不少人歸附他們。有個叫周直的人，手下有兩千多人，與陳恭、李通表面上很和睦，實際上卻有很深的矛盾。李通想殺掉周直，而陳恭感到很為難。李通知道陳恭謀事沒主意，就獨自定下計策來殺周直。

一天，他將周直請來喝酒，喝到興頭上時，他突然出手將周直殺死在酒席上。頓時眾人大亂，李通和陳恭將周直手下的幾個頭領誅殺，周直的人一看頑抗必死只好投降了。陳恭的內弟陳郃想取代陳恭，就將陳恭殺死了，將陳恭的人馬歸在自己的屬下。李通為朋友報仇，領兵攻打陳郃，陳郃兵敗被李通抓獲，在陳恭的墓前斬首祭墓。

後來，遭逢大飢荒，李通將家中的糧食都拿出來分給大家。很多人都跑來投奔李通，肆虐四方的盜賊也不敢來這一帶搗亂了。

拒袁忠曹

曹操與袁紹在官渡擺開決戰的架勢，袁紹以十萬大軍對曹操的不足一萬人馬，志在必得。袁紹派人來找李通，要拜他為征南將軍，劉表也派人來拉攏李通，但，李通都拒絕了。李通的親戚和他手下的人都哭著求他：「如今我們孤立無援，危在旦夕，靠自已的力量來守城，拒絕人家送上門來的援助，很快就會完了，不如趕快去投奔袁紹。」

李通按劍斥責他們，吼道：「曹操英明蓋世，必定天下。袁紹雖然強盛，但不會用人，最終會被曹操打敗。我要以死來證明我對曹操的忠貞不二。」

李通斬殺了袁紹的來使，將袁紹送給他的印綬送到曹操那裡。他又攻打本郡的瞿恭、江宮、沈成等賊寇，將他們的首級送到曹操處，遂平定淮、汝之地。曹操將他改封都亭侯，拜為汝南太守。

曹植 簡介

曹植（公元一九二—二三二年），字子建，沛國譙（今安徽省亳縣）人。為曹操第三子，魏文帝之弟。他少時聰穎過人，才華出眾，十幾歲時就文氣英發，落筆成章，聞名遐邇，人稱「繡虎」。他早年深得曹操的喜愛，曾欲立他為太子。後因他任性不知節制自己，逐漸失寵。曹丕即位後，屢欲加害，因生母的干預，未能得逞。初封他為東阿王，旋改封陳王。他多次上書，請求任用，終未如願，憂鬱而死。諡思，因封陳王，故世稱陳思王。《三國志》卷十九《任城陳蕭王傳》詳細介紹了他命運多舛的一生。

出口成章

曹植十歲出頭，就能誦讀《詩經》、《論語》以及辭賦，共有幾十萬字，並善於撰寫文章。曹操曾看過曹植的文章，對他說：「你是靠別人的幫助才寫成的吧？」

曹植跪下答道：「我可以出口成文，落筆成章，只要當面考試，就能夠測驗出來是不是依靠別人的幫助才能寫文章的。」

當時曹操在鄴城剛剛建成銅雀台，於是，曹操就帶領所有的兒子去登台，命各人作賦。曹植提起筆立刻寫成，寫得很出色，曹操對此十分驚奇。

曹植放蕩漸失寵

曹植生性隨和，雖然是曹操的兒子，卻不講究儀表，他所乘坐的車馬，也不崇尚華麗的裝飾。曹操經常出些難題問他，他都能應聲而對，所以博得了曹操的寵愛。建安十六年，曹植被封為平原侯。過了三年，他又被封為臨淄（ㄗ）侯。曹操要去征討孫權，讓曹植留守鄴城。

臨走時，曹操告戒曹植說：「我過去當頓邱縣令時，是二十三歲，回想那時的所作所為，沒有什麼可後悔的。你今年也是二十三歲，可要努力啊！」

曹植以才華而出類拔萃，和丁儀、丁廙（ㄧˋ）、楊修等人關係很好。丁儀等人曾多次向曹操建議立曹植為太子，引起曹操的懷疑。曹植還像以往那樣地隨隨便便，尤其是喝起酒來一點也不節制，完全沒有太子的風度。曹丕卻要弄權術，很注意修飾自己，一舉一動都顯露出太子的風度。宮中有很多人建議曹操立曹丕為太子。

建安二十二年，曹操決定立曹丕為太子，給曹植增邑五千戶，和以前的合併起來共食邑萬戶。曹植曾乘車在鄴城內飛馳，並私出城門。曹操知道後非常生氣，將掌管城門的官吏殺死了，又重申了諸侯所應遵守的規章制度。曹操從此對曹植不再寵愛了。他為了警告曹植，就找了一個理由，將曹植的好友楊修殺了。曹植的內心越發不安。

建安二十四年，曹仁被關羽所圍。曹操命曹植為南中郎將，行征虜將軍的職權，出救曹仁。臨行前，曹操召曹植去見他，要給曹植一些忠告。曹植卻因為和曹丕飲酒而醉。無法去見曹操，曹操大怒，遂罷免了曹植征虜將軍的職權。

曹植之死

魏文帝曹丕即位後不久，就借故殺了曹植的好友丁儀和丁廙。第二年，曹植被人告發，說曹植喝醉了酒，借酒威脅朝廷派去的使者。掌管司法的官員請求文帝治曹植的罪。

文帝下詔說：「曹植是我的兄弟。我對天下無所不容，何況曹植呢？我和曹植有骨肉之親，所以不能殺他，將他改封別的地方吧。」根據文帝的旨意，曹植被貶為多鄉侯，改封鄄城侯。又過了一年，立為鄄城王，食邑二千五百戶。

黃初四年，降封雍丘王。黃初六年，文帝率軍東征，路過雍丘，到曹植住的地方去了一趟，又給他增了食邑五百戶。文帝去世後，明帝即位。明帝對曹植依然採取不重用的態度。他把曹植遷來遷去，行動上又受到越來越多的限制，生活標準也不斷降低。曹植屢次上書，頌揚皇恩，抒發自己報國的情懷，希望能和皇帝單獨一談時政，供皇帝參考，但最終也沒實現這個願望。

他在自己的詩作中，述說著鬱結在胸的苦悶，流

露著滿腹的悲傷，表達著他對建功立業的執著追求。他越是這樣明帝越是認為他的野心不小，時時刻刻防備他，不給他施展抱負的機會。

明帝即位的第六年，曹植從京都回到了自己的封地，因未能向皇帝表明自己的心跡，悵然而絕望，回想起自己這十來年的生活，一天不如一天，於是撫琴而歌，述說自己有如粒草籽一樣，隨風飄來飄去，上天入地，去南走北，飄浮不定。歌罷越發痛苦，遂發病而死，終年四十一歲。

建安七子

魏文帝曹丕在其所著的《典論．論文》中，將漢末的七個文學家孔融、阮瑀、應瑒、陳琳、劉楨、徐幹、王粲並稱為「建安七子」。

孔融（一五三－二〇八年），字文舉，魯國（今山東曲阜）人。董卓作亂時，曾任北海相，時稱孔北海。漢室衰微，出任少府、大中大夫等職，他為人恃才負氣，所作散文，筆鋒犀利，文字簡潔，喜用譏諷的筆調論說時事，抒發情懷，後因觸怒曹操被殺。

阮瑀（ㄩˇ）（一六五－二一二年），字元瑜，陳留尉氏（今屬河南）人。他年輕時就學於蔡邕。建安中，曹洪想讓他做書記官，阮瑀看不上曹洪所以沒有去。曹操聽說了阮瑀的名聲也召他入宮，阮瑀還是不去。曹操接連催逼，阮瑀逃入山中。曹操派人燒山，阮瑀才走了出來。曹操任命他為司空軍謀祭酒，管記室，後為倉曹的隨員。他善寫檄文，又能作詩，成為曹操的御用作家。

應瑒（ㄧㄤˊ）（？－二一七年），字德璉，汝南（今屬河南）人。曹丕稱讚他的文章寫得平和，娓娓道來，如春風拂面，無雷霆之壯。他被曹操任命為通行本的隨員。他曾有著書立說的願望，因病而亡，未能如願。

陳琳（？—二一七年），字孔璋，廣陵（今江蘇揚州）人。他曾為大將軍何進的主簿。何進欲誅殺宦官，太后不聽，何進乃召四方猛將，兵壓京城，想以此來逼太后。陳琳勸何進說：「您掌握兵權，誅殺宦官可由您自己來決定。召京外的大軍前來，無異於燒火來燎自己的頭髮。您應當速發雷霆，當機立斷，如果依靠別人，大兵合聚，強者為雄，那麼正如俗話所說的，倒持干戈，授人以柄，功必不成，天下大亂。」何進不聽他的勸告，終於被人殺害。

陳琳跑到冀州避亂被袁紹起用。袁紹被曹操打敗，陳琳歸附曹操。曹操問他：「過去你為袁紹寫征討我的檄文，列出我的罪狀就可以了，為什麼還要罵我的祖先呢？」

陳琳表示歉意。曹操愛惜他的才華沒有過多地責備他。曹操任命他為司空軍謀祭酒，管記室。他非常善寫檄文，寫完後就交給曹操，有時曹操竟不能增刪一字。他在建安二十二年染病去世。

劉楨（？—二一七年），字公幹，東平（今屬山東）人，為曹操的丞相隨員。他的五言詩寫得很出色，在當時很有名氣。皇太子曹丕請一群文人墨客來家裡談論文學，他們邊飲酒邊暢談說到高興處，曹丕命夫人甄氏出來和大家見面。眾人見甄氏都行跪拜大禮，唯獨劉楨平視甄氏，不行大禮。曹操聽說後，就下令將劉楨抓了起來，判了重刑。

徐幹（一七一—二一八年），字偉長，北海（今山東昌樂縣西）人，為曹操的司空軍謀祭酒隨員，管五官將文學。他善辭賦，所作《中論》認為：「凡學者大義為先，物名為後，大義舉而物名從之。」反對當時流行的凡文章都講究典故，追求細枝末節而忽視主旨的風氣。他對名利之事很淡泊，對文學卻有獨特的見解，下筆成章，辭義典雅，有君子之風度，無士人之俗氣。

王粲（ㄘㄢˋ）（一七七—二一七年），字仲宣，山陽高平（今山東鄒縣）人。他長得其貌不揚，年輕時就顯露出傑出的才學。他先依附荊州劉表，劉表見他貌醜體弱沒有重用。劉表死後，劉琮即位，適逢曹操率軍來攻打在荊州的劉備。王粲勸劉琮獻州投降曹操，劉琮接受了他的建議。曹操很賞識王粲的才學，讓他成為丞相的幕僚，官拜侍中。他的詩賦有很大的名氣，語文剛健，詞氣慷慨。他的文章寫得也很出色，舉筆便成，不需要任何修改。當時大家都以為他寫文章是早就擬好，才一氣呵成的；但讓別人去冥思苦想，卻怎麼也寫不出像那樣出色的文章。

建安二十一年，他隨軍征討吳國，半途生病去世。他的兩個兒子因魏諷的案子牽連被誅殺。當時曹操正在征伐漢中，聽說了這件事，嘆息道：「如果我在京城，就不會讓仲宣無後了。」

王粲在「建安七子」中成就最大，與曹植並稱為「曹王」。

王粲貌雖不揚才氣高

漢獻帝西遷，王粲跟著來到長安。左中郎將蔡邕（ㄩㄥ）見到王粲，大為驚奇。其時，蔡邕以才學聞名於世，深受朝廷重用，出則有大批車馬隨從，入則諸多賓客盈門。

一天，他聽說王粲來訪，顧不得穿好鞋子就跑到門外迎接。王粲進屋後，賓客們見他年齡不大，身材短小，貌不驚人，因此對蔡邕的盛情大為吃驚。蔡邕說道：「王粲是王公的子孫，有奇妙優異的才華，我不如他。我家的所有藏書，都可以送給他讀。」

王粲十七歲時，任司徒，皇帝又下詔讓他做黃門侍郎。王粲以長安不太平為由拒不到任，自己到荊州去依附劉表。劉表見他容貌一般，身材弱小，懷疑他沒有傳聞中的真才實學，對他很不看重。劉表去世後，王粲勸劉表的兒子劉琮歸順曹操。

他對劉琮說：「天下大亂，豪傑並起，在倉卒之際強弱未分，人人都有自己的打算。在這動亂之時，家家都想當帝王，人人都想做公侯。縱觀古今之成敗，能見機行事的人，才能享福。將軍您自己想想，能比得過曹操嗎？曹操是人中豪傑，誰也沒有他那樣的雄才大略和智謀。您如果採納我的建議，順應天命，倒戈歸曹，曹操必然會器重您。這是為自己和宗族長享幸福，為子孫謀福的萬全之策。我遭流離託身荊州，承您父子看重，所以才敢說這些心裡話。」

劉琮採納了王粲的建議投奔了曹操。曹操任王粲為函相的隨員，賜關內侯。曹操在漢水大宴賓客，王粲舉起酒杯，恭賀曹操道：

「方今袁紹在河北起兵，倚仗人多勢眾想吞併天下，可是他不會用人，所以有才華的人紛紛離他而去。劉表在荊州坐觀天下的風雲變幻，自以為荊州無憂。到荊州避亂的人士，有好多是出類拔萃的，但劉表不知道如何使用他們，所以當荊州處於危難時就沒人來輔佐。您是明主，在平定冀州之日，就下車慰勞將士，將冀州的豪傑都收歸自己的帳下，去為自己打天下。您在平定江、漢之後，將兩地賢士置之要職顯位，使海內人士望風而歸。您善用文官武將，帳下英雄都盡心竭力，這真是古代三王所為啊！」

王粲後遷為軍謀祭酒，魏國建立後，官拜侍中，他知識淵博，見多識廣，回答別人的詢問，從來沒有錯過。當時因戰亂而廢禮儀，王粲竭力恢復，為魏國的禮儀制度的建立作出了很大貢獻。

博聞強記

建安時期著名的文學家王粲，是個博聞強記的人。

有一次，王粲與友人同行，讀路過的碑文，友人當即問道：「你能背出來嗎？」

王粲說：「能」，友人立即讓他轉身去背誦碑文，居然一字不錯，令友人大為吃驚。

一天，王粲看人下圍棋，下棋的人下著下著爭執起來，一生氣，把棋局攪亂了，王粲卻看在眼裡，記在心上，替他們按原樣逐一將棋子擺好。下棋的人都不相信他有這等本事，用手巾把棋盤蓋好，讓王粲再用另外的棋盤重新擺好棋子。拿兩盤棋來相互對照，結果一子不差。王粲的記憶力就是這樣的驚人。

陳琳好文章

陳琳的文章寫得非常出色，他原來在袁紹那裡任職，後來歸附曹操。曹操問他，當初為什麼替袁紹寫檄（ㄒㄧˊ）文聲討自己。陳琳回答道：「箭在弦上，不得不發。」

曹操覺得有理，就重用他為自己寫各種文書，寫好後由他親自審閱。

一天，曹操頭痛的毛病又犯了，他強忍劇痛躺著閱讀了陳琳寫的文章，不禁拍案叫絕，頓時輕鬆自如地起身下床，讚嘆道：「這文章把我的頭痛病醫治好了。」

泰玄伯 簡介

泰玄伯（？—公元二六〇年），青龍年間出任散騎侍郎。正始年間，遷游擊將軍，為并州刺史，加振威將軍，護匈奴中郎將。以後又歷任雍州刺史、加奮威將軍、代武西將軍、尚書右僕射、加侍中光祿大夫、鎮軍將軍、轉左僕射。他是魏國一名重要的戰將。《三國志》卷二十二《桓二陳徐衛盧傳》介紹了他的主要生平。

不戰而勝

蜀國大將軍姜維率眾依麴（ㄑㄩ）山構築二城，派牙門將句安、李歆（ㄒㄧㄣ）等人守衛，又讓羌胡人騷擾鄰近的魏國諸郡。雍州刺史泰玄伯和征西將軍郭淮商議抵禦之策。

泰玄伯說：「麴城雖然很堅固，但離蜀國較遠，必須派人運糧。羌胡人怕姜維讓他們去幹運糧的苦差事，未必就肯依附姜維。如果我們現在兵圍麴城，可兵不血刃而拔其城。姜維即使來救，也會因山道險阻而難以很快到達。」

郭淮採用了泰玄伯的計謀，讓泰玄伯率討蜀護軍徐質、南安太守鄧艾等進兵包圍麴城，截斷麴城的糧食和水源。麴城內的句安出城挑戰，泰玄伯不予理睬。句安手下的將士們陷入困境，靠著越來越少的糧食和雪水一天天苦撐。姜維聽說後，果然領兵前來救援，姜維屯兵牛頭山，與泰玄伯的營寨相對。

泰玄伯對手下的將領說：「兵法貴在不戰而勝。如果我們截斷牛頭山的通道，將姜維困在牛頭山上，姜維就會被我們捉住。」

他命令各路兵馬堅守營壘，不要與敵人交戰，並派人去告訴郭淮，說他準備南渡白水，循水向東，從東面截斷姜維的退路，請郭淮兵進牛頭山，從正面堵住姜維，這樣就不僅僅抓獲句安等人了，連姜維也跑不掉了。郭淮認為他的主意很好，就率領各路兵馬進軍洮水，直逼牛頭山。姜維怕陷入包圍，連忙領著援軍撤走了。句安等人在麴城中陷入絕境，見求救無望只好舉城投降。

用兵神妙

郭淮去世後，泰玄伯代為征西將軍，統領雍州和涼州的各路兵馬。過了兩年，雍州刺史王經派人來報告泰玄伯，說蜀國大將姜維、夏侯霸想兵分三路進攻祁山、石營、金城，請求讓他兵進為翅，使涼州軍至枹罕，以堵住進攻祁山的蜀軍，從而拖住姜維等人。

泰玄伯認為，姜維等人的兵馬不足以分三路進攻，而且用兵最忌分散兵力。涼州的兵馬現在不宜越過州界。他讓來人回去告訴王經，說他知道了這件事，讓王經注意姜維的兵馬動向，等我們的各路兵馬匯集後再發兵抗擊姜維。姜維等人率數萬大軍殺到枹罕，欲取狄道城。泰玄伯命令王經兵屯狄道城，等候其他的幾路人馬。泰玄伯率軍來到陳倉時，王經未按他的指示辦，和蜀軍在故關交戰，初戰失利，退兵渡洮水。泰玄伯見王經沒堅守狄道城，料想必有他變，忙命令五營兵馬在前開路，自己率大軍在後，星夜趕往狄道城。

這時，王經又與蜀軍再戰，又失利，他只好領著所剩下的萬餘兵馬退守狄道城。姜維乘勝追來，用重兵圍住狄道城。泰玄伯領軍來到上邽，派兵守住關口要道後，繼續火速前進。這時，鄧艾、胡奮、王秘等各路兵馬都來了，於是大家兵分三路，進軍到隴西。鄧艾等人認為，王經兵敗隴西，蜀軍氣勢大盛，我們以士氣低落的部眾，繼敗軍之後去抵擋乘勝之兵，肯定會失利的。

他們對泰玄伯說：「古人說，蝮蛇咬手，壯士斷其腕以救。孫子兵法說：『兵有所不擊，地有所不守』。這些都是說，失小以保大。如今蜀軍在隴西之地的危害，比蝮蛇厲害，狄道城不是不可以暫時放棄。要避開姜維的鋒芒，不如割險自保，靜觀形勢的變化，抓住機會，然後反擊，這才是好計策。」

泰玄伯回答道：「姜維孤軍深入，想與我們爭鋒原野，以求一戰之利。王經應當高壁深壘，挫其銳氣。他卻不這樣做，與姜維交戰使敵人得計，打敗王經包圍了狄道城。假若姜維以戰克之威，進兵東向，佔據櫟（ㄌㄧˋ）陽，屯積糧草，招兵買馬，東爭關、隴之地，誘逼周圍的各郡投降，這樣就會成為我們的心腹大患。現在姜維雖然兵圍狄道城，但不能速破，銳氣已受挫。他孤軍深入，糧草供給跟不上，若我們能以迅雷不及掩耳之勢，火速進軍，佔據有利地形，懸兵於姜維的頭上，姜維必然會不戰而走。俗語說：『寇不可縱，圍不可久』。你們的計策不可取。」

於是，泰玄伯率各路兵馬悄悄進發，在一天深夜到達狄道城東南的高山上。他命令士兵燃起火把，敲

鼓鳴角。火把映紅夜空，鼓角聲傳四方。狄道城中的將士們見救兵來了，士氣大振，人人奮勇，個個爭先。姜維原以為泰玄伯在聚齊各路兵馬之後，會從南邊的深谷險路上來，就在那裡設下伏兵，想伏擊泰玄伯。不料，泰玄伯的兵馬從另外一條路突然殺來，並佔據了有利地形，讓姜維的將士們上下都感到震驚。姜維領兵與泰玄伯的兵馬交戰，結果是兵敗而還。

這時，泰玄伯的涼州軍隊從金城南來到達沃干阪。泰玄伯又設法與狄道城中的王經通上消息，要他在約定的時間內和城外的兩路兵馬共同行動，圍殲姜維。姜維聽說後，感到大勢不妙，趕緊撤兵逃走。被包圍多日的狄道城中的將士們終於被解救出來了。王經感嘆道：「糧食只夠吃幾天了，如果不是大軍及時來救，全城就會遭受滅頂之災，接著雍州也要丟掉了。」

泰玄伯慰勞了將士們，先後讓他們返回了原駐地。他又將狄道城的守軍換了，修復城壘之後，率軍返回上邽。

杜襲 簡介

杜襲，生卒年不詳，字子緒，潁川定陵人。他出身於顯著世家，祖父和父親都是當時有名的大官。曹操任命他為西鄂長，恰逢劉表派兵攻擊，他率吏民死戰得救。他曾冒死諫曹操，使曹操改變了主意。官至大將軍軍帥，封平陽鄉侯。《三國志》卷二十三《和常楊杜趙裴傳》介紹了他的主要活動情況。

得民心，以死拒敵

建安初年，曹操迎天子定都許昌。杜襲從長沙逃回家鄉，被曹操任命為西鄂長。當時西鄂附近的地區，賊寇縱橫，這些地區的官員，把百姓們組織在一起來守衛城廓，荒廢了農業，致使田野荒蕪，官倉空虛，百姓生活困苦不堪。

杜襲上任後，先將老弱人等遣送回家，讓他們安心持家種地，只留下強壯的人來守衛城廓。官吏和百姓們都非常高興，認為是各得其所。

荊州劉表派一萬多步騎兵來攻打西鄂城。杜襲召來五十多個守城的人，讓那些有親戚在城外的人出城去救親戚，可是大家都不願走，叩頭表示願誓死保衛西鄂城。

戰爭開始後，杜襲手持弓箭，衝在前面，他手下的五十餘人，皆奮勇爭先衝入敵陣，殺敵數百人，有三十多人戰死，剩下的十八人也都渾身是傷。劉表的步騎兵掩殺入城，杜襲率領剩下的這些傷兵，向外突圍，邊衝邊有人倒下，卻沒有一個人投降。突破重圍時，杜襲身邊的人差不多都戰死了。杜襲將逃出城的百姓聚在一起，領著大家來到摩陂（ㄆㄧˊ）的地方，四方的百姓紛紛投奔他而來，像是回家一樣。

巧除兵災

將軍許攸（ㄧㄡ）擁兵自重，不願依附曹操，而且說了一些不好聽的話。曹操大怒，想率大軍討伐他。曹操左右的人都建議要善待許攸，使他能與我們共討強敵。曹操把刀橫放在膝上沈著臉不聽這些話。杜襲進來想勸曹操，曹操先說道：「我已打定主意，你不要再說什麼樣的了。」

杜襲說：「如果您的主意是對的，我就協助您成功；如果您的主意是錯的，即使決定了也應該改正。您不該不讓我闡述其中的道理。」

曹操問：「許攸對我有所怠慢，您說應該如何處置他？」

杜襲反問道：「您認為許攸是個什麼人？」

曹操答道：「凡人一個。」

杜襲說：「只有賢人才能了解賢人，怪人才能知道怪人。凡人怎麼能洞察非凡人所想的事呢？許攸是不能能夠和您相比的。當今豺狼當道，狐狸橫行，您要是去征討許攸，人家就會說您是避強攻弱，進不為勇，退不為仁。我聽說，千鈞之弩不射鼷鼠，萬石之鐘不會因為草桿的敲打而發出奏鳴之聲。對付不足掛齒的許攸，實在沒必要您親自大動干戈。」曹操聽了他這一番話，立刻高興起來，說道：「你說的主意太好了。」於是，曹操以禮安撫許攸，許攸隨即歸順了曹操，從而避免了一場兵災。

高柔 簡介

高柔（？—公元二六三年），字文惠，陳留人。魏國初建，任尚書郎，後官至太尉，封安國侯。他是魏國重要的文臣，在職期間，以剛直不阿著名，力倡桑田，勸帝戒獵。年九十去世。《三國志》卷二十四《韓崔高孫王傳》詳細介紹了他一生從政的情況。

圖享樂，不顧民死活

魏明帝非常喜歡打獵，對到皇家獵場偷獵的人，處置極嚴。有一次，佃農劉龜偷跑進皇家獵場射野兔，被功曹張京告發，明帝下令將劉龜送進監獄，但將告發者的名字隱瞞起來。廷尉高柔上書詢問告發劉龜人的姓名，明帝大怒，說：「劉龜膽敢到我的獵場去偷獵，就應當處死。將劉龜交給廷尉，廷尉就應當拷問清楚。你問告發者的姓名，是想說我是誣陷劉龜嗎？」

高柔說：「廷尉是執法的人，講求公平，怎麼能以您的喜怒而不讓我們掌握人證呢？那樣的話，我們就破壞國家的法律了。」高柔多次奏請，明帝才明白過來，將張京的名字告訴了他，高柔傳訊張京，掌握了確鑿的證據後，依法處置了劉龜和有關人員。

當時的法律規定，射殺皇家獵場裡的鹿，要判死刑，財產也要沒收，但對告發的人卻要厚加賞賜。高柔對此很有看法，他上書給明帝說：

「聖明的君王統治天下，都很注意鼓勵百姓擴大農事生產，同時自己也很節儉。農田多了，糧食自然就能積存下來；皇帝的生活節儉了，國家的財富就可以積累起來。糧多財多，即使遇到什麼憂患，也沒有什麼可擔心的。

「在古代，一家一戶生活，男人不耕田一家人就要挨餓，女人不織布一家人就要受凍。現在我們國家長時間以來，百姓中有很多人被派去做勞役，種田的人越來越少，現在又加上設置皇家獵場，圍起了不少的田地。獵場中所養的鹿群，又經常出來糟蹋莊稼，造成了很嚴重的損失。百姓雖然設障防範，但因為有殺鹿者死的禁令，誰也不敢對鹿群怎麼樣。像滎（ㄧㄥˊ）陽附近的地方，方圓百里就因為鹿群的肆虐，連年減收，百姓們的困難生活，實在令人可憐和傷心。

「當今天下能生財的事太少，而像麋（ㄇㄧˊ）鹿這樣造成財產損失的事卻太多。如果突然打起仗來，或者遇到天災，國家將沒有能力來照顧安撫百姓。我深切地期望陛下能像古代聖明的君主那樣，體恤種田人的艱難，解除不許捕殺皇家獵場裡獵物的禁令，鼓勵百姓捕鹿種田，這樣的話，百姓就可以豐衣足食，國家也可以長治久安，國家上下都會高興的。」

明帝對此不以為然，依然我行我素，不顧百姓死活，恣意享樂。

辛毗 簡介

辛毗（？—公元二三四年），字佐治，潁川陽翟（今河南禹縣）人。他先從袁紹，後隨曹操，成為魏國的一名重要的文官。官至大將軍軍帥、衛尉。他以直諫著稱，屢上治國安邦之策，多為魏帝不用。《三國志》卷二十五《辛毗楊阜高堂隆傳》，介紹了他的從政生涯。

忠臣直諫

魏文帝即位後，想從冀州遷走十萬戶百姓到河南去。這時期，正在鬧蝗災和飢荒，臣群認為大規模遷徙人口，現在不是時候，但魏文帝打定主意，非遷不可。侍中辛毗與朝中大臣求見文帝，文帝知道他們想勸說他改變主意。於是，他滿臉怒氣，會見辛毗他們。

群臣見文帝的臉色不對，都嚇得不敢說話了。辛毗卻不以文帝的臉色來行事，他問文帝道：「陛下你想大規模遷徙人口，有什麼妥善的計劃嗎？」

文帝說道：「我不想和你談這件事。」

辛毗說道：「陛下您讓我跟隨您的左右，給了我一個謀議的官，但為什麼又不讓我謀議事情呢？而我所說的又不是個人的事情，是考慮國家的安危，您為什麼要生我的氣呢？」

文帝無話可說，起身向屋裡走去。辛毗上前拉住文帝的衣角，想讓他回心轉意。文帝使勁掙脫辛毗的拉拽，進了屋裡。過了半天文帝才出來，對辛毗說道：「你把我逼急，非要我改變主意不可。」

辛毗說道：「遷徙這件事，現在不是時候，天下正鬧飢荒，民無可食，您卻要百姓大規模遷移，這樣做會失去民心的。」

文帝想了想，最後決定將遷徙的人口減去一半，從冀州遷走了五萬人口。

辛毗一直是個敢於直言之人。他曾經跟隨文帝到皇家獵場射雉（ㄓˋ，野雞）。文帝玩得很高興，說：「射雉真是件令人快樂無比的事。」辛毗在一旁說道：「對陛下你來說是很快樂的，但對我們來說卻是很痛苦的。」文帝聽後默默不語，以後就很少出來打獵了。

田豫 簡介

田豫，生卒年不詳，字國讓，漁陽雍奴人，劉備曾對他說：「我恨不能與您共成大事。」他先跟隨公孫瓚，後投奔曹操。他在曹軍中如魚得水，無論是作戰，還是治理政事，都作出顯赫的成績。《三國志》卷二十六《滿田牽郭傳》介紹了田豫一生的主要活動的情況。

釋死囚，平盜患

田豫出任南陽太守時，從前任太守手中接過五百多名囚犯。原因有個叫侯音的人，聚眾造反，糾集了數千人在山中為盜，成為南陽郡的一大憂患。前任太守派兵圍剿，抓獲了五百餘人，表奏朝廷要處刑這些人。

田豫到監獄探望這些人，勸導他們悔過自新，重新做人然後就將他們遣送回鄉了，這些囚犯撿回了一條命，都叩頭表示願意為朝廷效力。他們回去後相互轉告，還在山中為盜的那些人，聽說了這件事，立刻就散了伙，回家種地去了。從此南陽郡內盜賊斂跡，太平無事了，田豫將這些情況報告給曹操，曹操認為他做得很好，誇讚了他。

威震北疆

魏文帝即位時，北方的少數民族很強悍，經常侵擾內地，搞得邊塞人心惶惶。

文帝派田豫為持節護烏丸校尉。在田豫所轄的地域內，有幾十個部落，其中比能、彌加、素利三個部落最為強悍，他們割地為主，各有邊界，又聯盟訂約，都不許將戰馬賣給內地。田豫認為，這些部落聯合在一起，對朝廷非常不利，應該離間他們使他們之間結仇互相攻伐。田豫誘使素利違背盟約，將上千匹戰馬賣給了內地的官府。

比能知道後，派兵來攻打素利，素利不敵向田豫求救。田豫擔心比能打敗素利後，會兼併素利的領地擴展他的勢力，會造成更大的危害，所以應該去救素利，以示信於各部落，表明朝廷是救善討惡的。田豫率精兵強將去征討比能，深入比能的領地。比能的人馬眾多，截斷了田豫的退路，形成包圍圈，欲置田豫於死地。

田豫領兵向前突進，在離比能兵馬十餘里的地方紮營，他讓士兵們找來許多乾的牛馬糞，點燃起來，然後就從別的道上走了。比能的兵馬在十餘里外的地方遙望，只見煙霧彌漫，像是在升火做飯。等他們追趕到那裡，才發現空無一人，只有一堆堆牛馬糞在燃燒。

田豫佔領了馬城，比能的兵馬追來，將馬城重重包圍起來。田豫部署好守軍，命司馬領人打著旗敲鼓吹號從城南門衝出。比能的兵馬都圍向南門。田豫見敵人從北門撤走了，就親率精兵，從北門突然殺出，和南門的司馬配合，南北夾擊敵人，使敵人亂作一團，紛紛拋棄弓馬而奔逃。田豫乘勝追擊二十多里，一路斬殺不少敵人。比能大敗而逃，素利的危難遂解。

烏丸王骨進桀驁不馴，對田豫很不恭敬。田豫率百餘騎兵去找骨進。骨進見了田豫不施禮，根本就不把田豫放在眼裡，田豫讓左右衛士上前殺死了骨進。田豫對骨進的手下宣布骨進的罪狀，告訴他們骨進該殺。骨進手下的人非常害怕，都不敢反抗。田豫命骨進的弟弟代替骨進當烏丸王。從此以後，胡人一聽田豫的名字就像嚇破了膽一樣，田豫從此威震北疆。

山賊高艾，聚眾數千人，經常下山為寇，成為幽州和冀州的一大禍害。田豫誘使素利與高艾交戰，斬了高艾的首級，被田豫送到京都，田豫遂被封為長樂亭侯。

諸葛誕　簡介

諸葛誕（？—公元二五八年），字公休，瑯邪陽都（今山東沂南）人。出任滎陽令，入為吏部郎，遷御史中承尚書，被人所責，說他愛好浮華虛榮，被魏明帝免去官位。齊王即位後，他被復職，出任揚州刺史，加昭武將軍，後任征東大將軍。朝中不斷有大臣被誅殺，他用錢買下數千肯為他死的人，在甘露二年謀反，與吳國勾結，佔據壽春城。司馬文王率二十六萬大軍，征討他，經過壽春之戰，將他斬殺。《三國志》卷二十八《王毌丘諸葛鄧鐘傳》介紹了他的榮衰過程。

壽春之戰

甘露二年六月，大將軍司馬文王率二十六萬大軍征討叛將諸葛誕和文欽等人。司馬文王的軍隊將諸葛誕和文欽的數萬人馬圍困在壽春城。第二年下月，諸葛誕和文欽讓手下的人馬準備好進攻的武器裝備，接著就在城南兵進攻，想打開包圍圈衝出去。

司馬文王的軍隊居高臨下，想怎麼打就怎麼打，用火燒，用石砸，用箭射，直殺得叛軍屍横遍野，血流成河。一連五、六天的晝夜進攻，未能打開包圍圈，諸葛誕和文欽只好下令退回城中堅守。城中的糧食越來越少，已有數百人出城投降了，文欽想將城中的北方人都放出去，以便省下糧食和已在城中的吳國軍隊一起堅守壽春城。可是諸葛誕不同意，倆人間的矛盾衝突因此而加深了。他倆原來就不和，隨著形勢的發展，兩人的摩擦也越來越深，互相猜疑。最後，諸葛誕將文欽殺了。

文欽的兩個兒子文鴦（一九）和文虎，正領兵守小城，聽說父親被諸葛誕殺死了，急忙帶人找諸葛誕算帳。但是他倆所帶的手下人馬都不聽他們的，他倆只好越城而逃，投奔了司馬文王。司馬文王手下的軍吏，請求殺掉文鴦和文虎，司馬文王說道：「文欽罪該萬死，他的兒子應當斬首。但是文鴦和文虎是在走投無路時來投奔我的，殺掉他們，壽春城裡的叛軍知道後，就會堅定守城的決心，增加了攻佔壽春城的難度。」

於是他赦免了文鴦和文虎的死罪，讓他們帶著數百人在壽春城下去作心戰喊話。他們對城上的人說：「我是文欽的兒子，他們都不殺我了，你們還有什麼害怕的呢？」

司馬文王又奏請朝廷，任命文鴦和文虎為將軍，賜爵關內侯。壽春城裡糧草已盡，諸葛誕智窮力竭。司馬文王親自督戰，發動總攻擊，鼓聲震地殺聲震天，各路兵馬同時登城。城裡的叛軍失去了反抗能力。諸葛誕見大勢已去，跳上戰馬率手下數百親兵從小城門衝出。

司馬文王手下大將胡奮領兵追殺，將諸葛誕斬於馬下。他手下的數百親兵都被抓獲，司馬文王想讓他他們投降，他們都說：「為諸葛公而死，沒有什麼遺憾的。」

司馬文王命他們排成隊，每斬一人，就問下一個

願不願意，一直到殺完也沒有一個人屈服的。吳國的將領于詮是奉命來救諸葛誕的，他在激戰中聽說諸葛誕已死，大叫道：「大丈夫受命其主，領兵救人，我既然打不過司馬文王，就該為主而死，豈能束手就擒？」

於是，他脫掉身上的盔甲，衝入敵陣，血戰而死。其他的吳國將領和數萬士兵都投降了。司馬文王的軍隊大獲全勝，繳獲的軍需物資堆積如山。司馬文王的謀士建議將投降的吳國將士們坑殺，司馬文王沒有同意。他按照吳國將領們的官位大小，重新安排了他們的職位，讓他們領兵在附近的幾個州郡駐紮。投降的吳國將士們心悅誠服，也感動了吳國的朝廷，破例沒有誅殺他們的家屬。

鄧艾 簡介

鄧艾（公元一九七－二六四年），字士載，義陽棘陽（今河南新野東北）人。他很小時就失去父親，給人家放牛。他身在貧困之家，卻心抱救民之志。他興修水利，為民造福，為國添利。從軍後，每戰必勝，官至太尉。他率軍攻入蜀都，滅掉蜀國。但在他功成名就之時，卻遭人陷害，被殺身亡。《三國志》卷二十八《王毋丘諸葛鄧鍾傳》記述了他由一個放牛牧童成長為魏國名將的歷程。

功高蓋世，蒙冤受誅

甘露四年的秋季，魏帝高貴鄉公下詔，令大將軍司馬文王率諸軍征討蜀國。其時，蜀國大將姜維已在魏、蜀交界的地域征戰多年，給魏國造成了巨大損失。魏國的鎮西將軍鄧艾與姜維多次交戰，斬殺了姜維手下十幾員大將和數千名士兵，使他威震巴蜀。

司馬文王命令鄧艾進逼姜維，命令雍州刺史諸葛緒從後面堵住姜維，使姜維前進無道，後無退路。鄧艾派天水太守王頎等人率軍直接攻打姜維的軍營，命隴西太守牽弘和金城太守楊欣等前後夾擊。姜維沒等鄧艾的包圍形成，就聽說魏將鐘會等已率軍進入漢中，於是，他趕緊撤軍。王頎等人領軍追趕，在強川口與姜維交戰，姜維大敗而逃。經過幾次交戰，姜維退守劍閣，得以喘息。鐘會領軍殺來，連攻不克。

鄧艾上書給司馬文王，說：「現在敵人連吃敗仗，我軍宜乘勝追擊。出陽平，走小路到涪，用奇兵來攻擊蜀國的內地。姜維見蜀國內危急，必從劍閣出來去救涪。這時，鍾會從半路截殺姜維，使他不能去救涪，涪地就沒有了救兵，這正如兵書上所說，攻其無備，出其不意。我們如果以奇兵攻擊蜀國的空虛之地，肯定會取勝的。」

司馬文王同意了鄧艾的作戰方案。這年的十月，鄧艾率軍進入七百里無人之地，鑿山通道，遇水搭橋。山高谷深，異常艱險。部隊所帶的糧草又將吃盡，情況十分不利。在翻山越嶺中，鄧艾常常用毯子裹身，順坡滾下。將士們穿密林，走懸崖，魚貫而進。鄧艾的部隊終於穿越了七百里無人之地，來到江由。蜀國守將馬邈毫無防備，只好獻城投降。蜀國衛將軍諸葛瞻聽說鄧艾來了，忙從涪城趕到綿竹，擺開陣勢等待鄧艾。

鄧艾派兒子鄧忠從右面進攻，派司馬師纂從左面進攻。鄧忠和師纂與諸葛瞻交戰失利，被迫退了回來，報告鄧艾說：「敵人不可擊退。」

鄧艾大怒道：「存亡之際，在此一舉，怎麼說不能退敵呢？」他大罵二人，欲斬他們。

鄧忠、師纂躍上戰馬奔回陣地，重新開戰，大破蜀軍斬殺諸葛瞻和尚書張遵等人。鄧艾率軍到達洛城，直逼成都。

成都城內，後主劉禪召集群臣商議對策，光祿大夫譙周建議投降，劉禪準備採納他的建議。北地王劉諶竭力反對，他說：「假如禍敗已定，君臣父子就應當背水一戰，同死社稷，以見先帝。」

劉禪不同意這樣做。劉諶跑到昭烈廟大哭，回家後先殺了妻子和孩子，接著自己就自殺了。劉禪命侍中張紹、光祿大夫譙周、駙馬都尉鄧良帶著投降書和蜀國皇帝的大印等，來見鄧艾。鄧艾大喜，遂接受了投降書等。鄧艾等人來到成都城北，接受劉禪的投降。劉禪率太子、諸王及君臣共六十人，用繩子綁著自己，用車拉著棺材來到鄧艾的軍營。

鄧艾上前解開劉禪身上的繩子，焚燒了他拉來的棺材，並拜他為驃騎將軍。鄧艾又妥善安排了蜀國的文官武將，讓百姓們的生活照常進行，他的軍隊秋毫無犯，受到蜀國人上下的稱讚。鄧艾任命師纂為益州刺史，隴太守牽弘等領蜀中諸郡。他派人在綿竹建築紀念碑，以表彰將士們的戰功，並將死亡的士兵和蜀軍戰死的士兵埋在一起。

他對自己的所為非常得意，曾對蜀國的士大夫說：「你們幸好遇到了我才有今天，如果遇到別人早就沒命了。」魏帝下詔，遷鄧艾為太尉，增食邑兩萬戶。鄧艾給司馬文王寫信，提出滅吳的計劃。

他寫道：「用兵講求先造聲勢，而後再行動。現在我們乘著平定蜀國的威勢，去攻打吳國，吳國上下震恐，定能席捲吳國。然而，平定蜀國之後，將士們都很疲勞，不能馬上大舉進兵了，應該緩一步再說。我想留下蜀地和隴右各兩萬兵馬，煮鹽、冶煉、建造舟船，做好戰鬥準備，然後派人去吳國告訴他們利害關係，吳國必然歸附，可不征而平定。

「對待劉禪，宜厚撫，使吳國的皇帝知道投降是有出路的。如果馬上就送劉禪去京都，吳國人以為劉禪被流放了，就更不願歸順我們了，最好是等到來年的秋冬，那時候送劉禪去京都，即使吳國人有其他想法不願投降，我們也已做好了戰鬥準備，足以平定吳國。

「我建議可以封劉禪為扶風王，賜給他資財，配給他傭人，並將蜀地的董卓塢送他作為宮舍。對劉禪的兒子，可以賜給他公侯的爵位，食邑於郡內，以顯示歸順後受到的恩寵，使吳國人畏威懷德，望風而從。」

司馬文王對鄧艾平蜀後的所作所為早就不滿，認為他做了很多越權的事。司馬文王派監軍衛瓘告訴鄧艾說：「有事必須報告，不能擅自行動。」鍾會等人對鄧艾所立戰功非常妒嫉，乘機誣陷鄧艾，說他想謀反。魏帝聽信了他們，派來押送囚犯的檻車來抓鄧艾。鄧艾仰天長嘆：「我是個忠臣，竟落得如此下場！」

鄧艾和兒子鄧忠被關進囚車。鍾會統領大軍。鄧艾父子被押送出成都，鍾會隨即謀反。在戰亂中鍾會被殺，鄧艾本營的將士們追上囚車，將鄧艾接了回來。監軍衛瓘（ㄍㄨㄢˋ）派田續率兵討伐鄧艾，在綿竹的西邊將鄧艾父子斬殺。鄧艾留在洛陽的孩子也被殺死了，他的妻子和孫子被流放到西域。

鄧艾在出征蜀國前，曾做了一個夢，夢見自己坐在山上，山上有水在流。他讓殄虜護軍爰邵釋夢。爰邵說：「按照易卦，山上有水曰蹇（ㄐㄧㄢˇ）。蹇辭曰：『蹇利西南，不利東北。』孔子曰：『蹇利西南，去西南而有功，不利東北，去東北而道窮。』您去蜀地，必能克蜀，但您恐怕不會再回來了。」鄧艾聽後心中不快。不料，鄧艾果然如爰邵所說，在攻克蜀國後，被人誣陷，慘死在外面。

神醫華佗

華佗在徐州一帶遊歷求學，他通曉文章典籍，又精於醫術和養生之道。他給病人下藥，不過幾味，就能藥到病除。他給病人針灸，每次只選擇一兩處穴位，不過數次，病人就能痊癒。如果病人需要動手術，他就讓病人服下自製的麻沸散，讓病人昏迷，然後切開病人有病的部位進行治療，往往不出一個月，病人就會完全恢復健康。

原甘陵相的夫人懷孕六個月，腹痛如絞，華佗為她把脈，說：「胎兒已死腹中。」華佗為她配藥打胎，果然打下一個死嬰，病人立刻痊癒。

縣吏尹世四肢發熱，口乾舌燥，不願聽到人說話的聲音，小便也不順利。華佗看過他後說：「做一些熱飯試試看，如果他吃後出汗，病就可以好，如果不出汗，三天後就會死去。」

於是，病人的家屬立即做了熱飯給病人吃，尹世吃後沒有出汗。華佗斷言說：「病人的五臟生機已在體內斷絕，他會哭著斷氣的。」結果三日之後，病人果然痛哭而亡。

郡府中的官吏兒尋、李延一起來找華佗看病，倆人的症狀完全一樣，都是頭痛發熱。華佗看過後說：「兒尋應當下瀉，李延應當發汗。」有人問華佗，為什麼一樣的病要用不同的方法來治。

華佗答道：「兒尋的身體外實而內虛，李延的身體卻內實而外虛，所以要採用不同的方法，才能對症下藥。」說完，他給倆人開了不同的藥物，第二天早上，倆人的病都好了。

督郵徐毅得了病，叫人請來華佗。徐毅對華佗說：「昨天醫曹吏劉租在我胃管上扎過針之後，我就不時咳嗽，感到很難受，想睡也睡不好。」華佗檢查了一下，說：「劉租的針沒有扎在胃管上，錯扎在了肝上，你的飲食會一天天減少，五天後就會離開人世了。」結果和華佗所說的一樣。

一天華佗在路上行走，遇到一個患咽喉阻塞症的人，這人很想吃東西，卻又咽不下去，病人的家裡想用車拉他前去求醫。華佗聽到那人的呻吟，就停下車前去診視。華佗對病人的家裡人說：「我剛才經過的地方有個賣餅店，那裡有蒜泥和酸醋賣，買三升給病人喝，病人的病自然就會消除。」他們按照華佗的話去做了，病人立刻吐出了一條蛇，後來病人恢復了健康，到華佗家去拜訪華佗，看到華佗家的北牆上懸掛了幾十條蛇，都是這類病人被華佗治好後送來的。

有一位郡太守患病，華佗認為這個人只要大怒一場病就會好了，於是收下了他的許多錢財卻不給他治病，丟下病人就走了，還留下一封信罵這位太守。果然，太守大怒，命令手下人把華佗捉來殺掉。華佗臨走前已將治病的方法告訴了太守的兒子，所以，太守的兒子不讓人去追趕華佗。華佗沒被抓來，太守憤怒到極點，吐了幾升黑血，病就痊癒了。

廣陵太守陳登得了病，胸中煩悶，面色發紅，不想吃飯。華佗為他診脈後說：「您胃中有幾升蟲子，這是您常吃生腥的東西所造成的。」華佗特地配製了二升瀉藥，讓陳登先服了一升過後，一會兒，又讓他再服了一升。大約過了一頓飯的工夫，陳登瀉出了大約三升的蟲子，這些蟲子蠕動著紅色的頭，半截身子像是生魚片。陳登的病隨即痊癒了。

華佗咀囑道：「此病三年後還會再發作，遇到良醫才能治好。」果然不出華佗所料，三年後，陳登舊病復發，當時華佗不在，陳登不治而死。

軍吏李成咳嗽得很厲害，夜裡不能入睡，經常口吐膿血。華佗給他診治後說：「我給您兩錢散劑，您用過後應當吐兩升多膿血，然後就不會再吐了。如果您心情愉快，善於保養，一個月即可稍癒，好好調養，一年後就健康如初了。不過十八年後還會有一次小小的發作，再服一次散劑，病就會徹底治好了。但是如果不服藥，仍然會死的。」華佗又給了李成兩錢散劑。

過了五、六年，李成的親戚中有人患了同樣的病，找到李成說：「你現在已經康復了，而我眼看要病死了。你為將來的病而藏藥，不如先借給我用，等我病好了再為你向華佗去索要。」李成把藥送給了親戚。後來李成有事到譙縣，正趕上華佗被拘押，他不忍心在這時候去向華佗求藥。到了第十八年，李成的舊病終於復發，因無藥可服遂病死。

曹操聽說華佗有高明的醫術，就把他找來為自己醫治頭痛病。華佗診脈說：「您的病短期治療很難見效，只有長期治療，才能延長壽命。」華佗長期離開家鄉很想回去，就對曹操說：「我剛接到家信，想回去看看。」曹操同意了他請假回家。華佗回家後，不想返回朝廷了，就藉口妻子有病，幾次請求延長假期，曹操多次寫信催促，又命令郡縣的官員催華佗動身。華佗實在不願去朝廷伺候達官貴人，無論曹操怎麼催促，他就是不動身。

曹操大怒，派人前去查看，如果華佗的妻子真是有病，就賜他四十斛小豆，延長假期；如果華佗說謊欺騙朝廷，就把他押送回來。

結果華佗的妻子並沒有生病，於是華佗被押送回許都，關進了監獄。謀臣荀彧向曹操請求說：「華佗對醫術確實很精通，可以救很多人的性命，應當寬恕他。」

曹操說：「沒有什麼可擔心的，這種無名鼠輩天

下有的是。」於是，判決華佗死刑。

華佗臨死前，拿出一卷醫書給獄吏，說：「這本書可以救活人。」獄吏害怕犯法而不敢接，華佗沒有勉強他，把醫書燒了。華佗死後不久，曹操頭痛的病又犯了，他對身邊的人說：「只有華佗能治好我這個病，然而他想以治病來抬高自己的身價，我不殺他，他也不會把我的病徹底治好。」又過了一段時間，曹操的愛子倉舒病危，曹操又想起了華佗，他嘆息道：「我真後悔當初殺掉華佗，今天致使這個孩子活活病死。」

華佗生前曾傳授給弟子吳普一套五禽戲，是模仿幾種動物的動作，進行導引活動。五禽戲一是虎戲，二是鹿戲，三是熊戲，四是猿戲，五是鳥戲。吳普常練習五禽戲，一直到九十多歲，照樣耳聰目明，牙齒完好堅固。五禽戲後來在民間廣為流傳，成為一種很好的健身方法。人們在做五禽戲時，自然就會想到神醫華佗。

朱建平 簡介

朱建平沛國人，善於相術，他所說的，十有八九會應驗。曹操聽說後，將他召為郎。他曾給魏文帝和眾大臣相面，當初所預言的事，到後來都被驗證。《三國志》卷二十九《方技傳》介紹了他的神機妙算。

神機妙算

沛國有個叫朱建平的人，很會相術。一天，魏文帝召來三十多人閒聊，文帝問朱建平，自己能活多久，在座的幾位愛卿的壽命和前途如何。

朱建平對文帝說：「你應當活八十歲，但在四十歲的時候有小災，希望您到時能小心一些。」

他對夏侯威說：「您四十九歲那年官至州牧，但會遇到災難，躲過這場災難，您能活到七十歲，依列公輔。」

他又給應璩（ㄑㄩ）相面說：「您六十歲那年官拜常伯，但會遇到災難。在這前一年，您會見到一條白狗，而別人卻看不見。」

他最後給曹彪相面說：「您到藩國去做官，五十七歲那年有兵災，您應當小心防備。」

黃初七年，文帝正好四十歲，病危在床時，他對左右的人說：「建平所說的八十歲，是將白天和晚上加在一起，一天當作兩天算，我要離開你們了。」說完後沒過多久，就駕崩了。

夏侯威四十九歲那年當年了上兗（ㄧㄢˇ）州刺史，十二月上旬忽然得了急病。他想起朱建平的告誡，心想這次必死無疑了，就忙著寫遺書，為後事準備。到了十二月下旬，病情減輕，漸漸好了起來，到了三十日這天傍晚，他請紀綱大吏設酒，他對大家說：「我的病漸漸好了，明早雞叫，我就五十歲了，建平所說的災難，我真的熬過了。」晚宴結束後，他臥床休息，病情突然惡化，半夜就去世了。

應璩在六十一歲那年官至侍中，一天他忽然看見一條白狗從眼前跑過，問旁人是否見到，都說沒有見到什麼白狗。於是，他知道自己活不了多久了，就經常大擺宴席，盡情地吃喝玩樂，又過了一年多，在他六十三歲那年，突然生場小病就去世了。

曹彪被封為楚王，五十七歲那年與王凌密謀造反，事情敗露後，被皇帝賜死。朱建平所說的話，都一一得到了驗證。

妙在難言

馬鈞是三國時的一位傑出的機械製造家。他年輕時喜歡遊歷，並沒想到自己後來能成為一個技術高超的人。在那時，他從沒向別人誇耀自己的才能，所以沒什麼名氣。他擔任博士時生活窮困，於是就考慮對織綾機的構造和功能進行改革。他改革成功後，不誇耀自己，人家也都知道他的聰明才智了。

原來的織綾機，織五十條經線的綾，就要有五十個踏具，織六十條經線的綾，就要有六十個踏具。馬鈞感到這樣費力費時，就將織綾機的踏具都改成了十二個。雖然踏具少了，卻可以隨心所欲地織出變化無窮的花紋，這樣的花紋猶如天然生成的一樣。

春秋時有個叫輪扁的造車工人，曾對齊桓公說，真正巧妙的地方是語言所不能表達的。用馬鈞改革的織綾機織出的花紋，就如同輪扁所說的那樣，是難以用語言來表達和評論的。

馬鈞重造指南車

馬鈞在魏明帝身邊擔任給事中職位時，在朝廷上與散騎常侍高堂隆、驍騎軍秦朗爭論起來，談到指南車，高堂隆和秦朗都說古代根本就沒有指南車，書上的記載不可靠。

馬鈞說：「古代有指南車，只是我們沒有去研究它罷了，我覺得它沒有什麼深奧的。」

高尚隆和秦朗取笑馬鈞道：「先生你名叫馬鈞，字德衡。鈞就是陶器的模型，而衡是用來稱量物品輕重的。你不知輕重，還能當模子嗎？」

馬鈞說：「用空話作無益爭辯，不如試一試，用實驗結果來證明。」於是，高堂隆和秦朗就把爭論的情況告訴了明帝，想故意難為馬鈞，明帝下詔命令馬鈞製造指南車。馬鈞接旨後沒多久，就將已失傳的指南車造了出來，證明了自己是正確的。

劉玄德三顧艸廬

劉備 簡介

劉備（公元一六二－二三三年），字玄德，涿郡（今河北省涿州）人。漢景帝子中山靖王劉勝的後代。他小時候家裡很窮，父親去世早，和母親相依為命。東漢末年，他參與鎮壓黃巾賊，因功受安喜尉，後因怒鞭督郵棄官而逃。後投奔公孫瓚、陶謙、曹操、袁紹、劉表等人，苟且偷安伺機而起。建安十二年（公元二〇七年），他「三顧茅廬」請出諸葛亮作為他的謀士，從此如虎添翼，第二年就聯合東吳於赤壁大敗曹操，佔領荊州。建安十九年（公元二一四年），領益州牧。建安二十三年（公元二一八年），進軍漢中，次年奪取漢中，於公元二二一年稱帝，定都成都，國號漢，年號章武。章武二年（公元二二二年），在彝陵和吳國交戰，損失慘重，劉備逃奔白帝城（今四川奉節縣東長江北岸）。公元二二三年他因病而亡，謚昭烈皇帝，世稱「劉先主」。《三國志》卷三十二《先主傳》記述了他一生的主要活動情況。

英雄少年

劉備很小的時候，父親就去世了。他和母親靠販賣草鞋和織席為生。他家院子東南角的籬笆邊長著一棵桑樹，高五、六丈，遠遠望去枝葉繁茂，形狀如同皇帝出行時坐的車的車蓋。來往的人都覺得此樹長得不同一般，有人說這家一定會出貴人。

有一天，劉備和同族的孩子們在樹下玩耍，說：「將來我一定會乘坐有羽葆的車的。」

叔父劉子敬聽到後，忙過來警告他說：「你千萬不要胡說，這可是要滅我們劉家九族的啊。」

劉備十五歲那年，母親讓他出去遊學。他和同族的劉德然、遼西郡的公孫瓚一起奉事前九江太守同郡人盧植。劉德然的父親劉元起經常資助劉備，並把他當作自己的孩子一樣看待。

劉元起的妻子看不慣，責怪道：「我們已經各立門戶，你怎麼經常資助他呢？」

劉元起說：「我們族中的這個孩子，不是一般的人。」

劉備不喜歡讀書，卻愛玩狗馬，好聽音樂，喜歡漂亮華麗的服裝。他長大成人後，身高有七尺五寸，手臂垂下來能超過膝蓋，眼睛能看到自己的耳朵。他平時少言寡語，不願和人爭個高低，喜怒不露於聲色。他喜歡結交行俠仗義的人，不少年輕人都爭者依附於他。大商人張世平、蘇雙都是家有千金的大財主，他們到涿郡一帶販馬結織了劉備，見他相貌非凡覺得他是個奇才，就贈給他很多錢。劉備用這筆錢拉起了一支隊伍，從此開始了他的戎馬生涯。

怒鞭督郵

平定黃巾賊後，朝廷降詔，凡有軍功的長吏都要遣退。劉備當時任安喜縣尉，擔心自己被遣返鄉里。恰逢督郵到安喜縣來考察縣吏們的政績，住在官舍。劉備求見，督郵讓人告訴劉備，說他有病不能接見劉備。劉備本來就對朝廷不滿，論戰功，他的官職何止當個縣尉，現在聽說自己要被遣送回鄉，想把胸中的苦悶和上面來的人說一說都不行，頓時怒從心起，回去後就帶著幾個吏卒來找督郵算帳。他衝進官舍，對督郵說：「州府命我來抓你。」

督郵正在床上躺著養神，劉備就在床上將他綁了起來，拉出官舍，邊走邊用綬帶打他的頭。劉備把督郵綁在官舍外的樹上，用鞭子狠抽了一百多下，還不解氣，想抽刀殺了他。督郵苦苦哀求，劉備才饒他一命。接著，劉備就棄官逃走了。

力勸斬殺呂布

建安元年，劉備與袁術兵交淮陽石亭，打了幾個月，各有勝負。

出征前，劉備留下張飛和曹豹守衛下邳。張飛和曹豹間的衝突很深，想藉機殺掉曹豹。適逢呂布率軍來襲下邳（ㄆㄟ），曹豹叛迎呂布，打敗張飛。張飛逃走，劉備的妻子被呂布扣住了。劉備聽說下邳失守領兵回來，快到下邳時，與呂布交戰，結果大敗，將士們四散奔逃。劉備召集散兵遊勇，攻下廣陵。

廣陵無糧可食，劉備手下的士兵飢餓難熬，就互相殘殺而食。劉備被飢餓所逼，只好派人去求呂布，準備投降。呂布手下諸將說：「劉備反覆無常，宜早殺掉。」

呂布不聽，同意了劉備投降的請求，讓他屯兵小沛，並把他的妻子還給了他。

建安三年的春天，呂布派人拿著錢到河內去賣

馬，買馬的人遭到劉備手下士兵的洗劫。呂布大怒，立即派中郎將高順、北地太守張遼來攻打劉備。到了九月份，小沛城被攻破劉備隻身逃脫，他的妻子又被呂布抓到。

劉備在路上遇到曹操，曹操正率兵東征呂布，劉備又和曹操殺了回來。在下邳包圍了呂布，呂布走投無路。獻城投降。曹操想饒呂布一命，劉備卻勸曹操殺掉呂布，呂布在受刑前痛罵劉備，劉備卻不以為然。劉備和曹操一起回到京都許昌。過了不久，他因涉嫌殺曹操，又逃回下邳。

煮酒論英雄

漢獻帝的丈人，車騎將軍董承帶著獻帝寫在衣帶上的密詔，來見在曹操那裡的劉備，要劉備找機會殺掉曹操。劉備還沒來得及動手，曹操找他來飲酒。曹操在閒談中說道：「如今天下的英雄，只有您和我了。像袁紹那些人，都不能算數。」

劉備正在舉筷子夾東西吃，聽曹操這麼一說，嚇得把筷子掉在了地上。正巧，天響炸雷。劉備忙掩飾道：「聖人說，迅雷風烈必變。沒想到這雷聲竟這樣響，我失態了！」

曹操沒再說什麼，但是劉備心裡卻慌了神。他怕曹操已經知道了衣帶詔書的事，忙與董承等人商議殺曹操的事。不料，曹操在這時派他出去幹別的事，殺曹操的事就暫時放下了。劉備還沒有回來時，這件事就暴露了，董承等人被曹操抓起來殺了。劉備回來後，受到曹操的監視，他怕曹操加害於他，就離開了曹操，佔據了下邳。

夜半出逃

曹操帶劉備回到京都，奏請皇帝封劉備為左將軍。表面上，他對劉備很好，出則坐同一輛車，坐則用同一張桌，暗地裡他卻派人監視劉備的一舉一動。後來，殺曹操的衣帶詔書的事暴露了，劉備怕招引曹操懷疑，經常閉門不出，和張飛、關羽在後花園裡種菜。

曹操派人上門窺探。等窺探的人走後，劉備對張飛、關羽說：「我難道是種菜的人嗎？久留這裡，難成大事，曹操對我也產生了懷疑，我們不能再留這裡了。」

當天晚上，劉備與張飛、關羽等人一起輕裝離去。曹操送給他的東西，他一樣也沒要，全部封存留下。他們直奔小沛，重新聚集原來的人馬，拉開與曹操對抗的架勢。

驚慌出走

曹操打敗袁紹後率軍攻打劉備。劉備派人去找劉表想投靠他。劉表非常高興，親自到郊外迎接劉備，並以上賓之禮來待他，給他增加了一部分軍隊，讓他斷續領兵屯駐新野。荊州的豪傑聽說劉備在新野，紛紛來投，使劉表起了疑心，暗中防備起劉備。

曹軍將領夏侯惇、于禁來找劉表的麻煩，劉表派

劉備去對付他們。劉備領兵出征，他設下伏兵，然後燒毀自己的營房，假裝逃跑。夏侯惇等人以為機會來了，就去追殺，不料半路伏兵殺出，夏侯惇等大敗而逃。劉備在新野住了幾年，一天，他在劉表那裡上廁所，見大腿上長了不少肉，一時悲從心起慨然流悌。從廁所回來後，劉表問他哭什麼，劉備答道：「過去我身不離馬鞍，大腿上沒有什麼肉，現在已經有好長時間不騎馬了，大腿上長了不少肉。日月若馳，老將至矣但是我還沒建什麼功業，所以才傷心的。」

劉表知道劉備雄心勃勃，害怕他起來後對自己是個威脅，就不敢重用他。一次，劉表請劉備來赴宴，劉表手下的將領蒯（ㄎㄨㄞˇ）越、蔡瑁想趁機殺了劉備。劉備在酒席間發覺不對勁兒，就藉口上廁所逃了出來。

他乘的馬名叫「的盧」。的盧馱著他飛奔，在襄陽城西被檀溪河擋住，劉備提韁越河，的盧躍入水中。後面追趕的人越來越近，劉備急得大叫：「的盧，現在太危險了，你要努力！」的盧奮力一躍有三丈遠，劉備過了河。後面的人乘著小筏子趕上來，勸劉備不要跑，說劉表沒有殺他的意思，劉備這才驚魂方定，重新回到劉表那裡。

仁主厚義

建安二十年，曹操北伐烏丸，京都許昌空虛，劉備勸劉表襲擊許昌，劉表膽小怕事，沒敢接受這個建議。曹操從烏丸返回，南征劉表，劉表感到後悔了。

他對劉備說：「我沒聽您的建議，失去了一次絕好的機會。」

劉備安慰道：「現在天下四分五裂，經常要打仗，戰機還會來的。如果能抓住以後的戰機，失去這次戰機也沒有什麼可惜的。」

劉表身染重病，臨終前將荊州託付給劉備。劉表去世後，他的小兒子劉琮接替了職位。有人勸劉備廢劉琮，劉備不同意。他說：「劉表對我很好，我如果廢劉琮取而代之，人家會指責我是個無情無義的人。」

劉琮背著劉備派使者向曹操求降。劉備知道了這件事，派人去問劉琮。劉琮讓宋忠來告訴劉備，他準備獻城投降。當時曹操的大軍已進逼到宛城。劉備聽宋忠一說，嚇了一跳，他對宋忠說：「你們竟然這樣作事，不早點來告訴我，現在大禍臨頭才通知我，這不是太突然了嗎？」說著，劉備拔出刀指向宋忠道：「就是砍了你的頭，也不足以解我心頭之恨。」

他讓宋忠回去了，急忙帶著軍隊迅速從樊城撤離。劉備路過襄陽時，諸葛亮勸他攻打劉琮，佔領荊州。劉備說：「我不忍心這樣做。」

他在襄陽城下招呼劉琮和他一起走。劉琮聞聲跌坐在地，嚇得爬不起來了。劉琮左右的人和荊州的很多人都歸附了劉備。跟隨劉備的人越來越多，到達當陽城時，已有十餘萬人，軍需物資裝了幾千輛車。十幾萬人中多數是老百姓，他們扶老攜幼，一天只能走十幾里路。

劉備讓關羽帶幾百艘船走水路，在江陵會合。有人勸劉備說：「應該快速前進，保住江陵。現在雖然人很多，但能打仗的人卻很少，萬一曹軍追上來，怎麼抵擋呢？」

劉備不忍心丟下百姓，他說：「成就大事必須以得人心為根本，現在百姓來歸附我，我怎麼能忍心拋棄他們呢？」

曹操合計江陵儲備的軍用物資很多，擔心被劉備搶先佔有，就丟下車輛輕裝前進。趕到襄陽時，聽說劉備已經過去了，他便率五千精銳騎兵，一日一夜行軍三百餘里，在當陽的長坂追上了劉備。曹操揮軍衝殺，劉備丟下了妻兒，與諸葛亮、張飛、趙雲等數十人騎逃跑了。曹操俘獲了大量的人馬和輜重。

劉備等人抄近路跑往漢津，正好與關羽的船隊相遇，得以渡過沔水。又遇到劉表的長子江夏太守劉琦，劉琦率一萬多人和劉備會合，一起來到夏口。劉備稍得喘息之後，派諸葛亮到吳國和孫權結盟。孫權命令周瑜、程普等率水軍數萬人和劉備合力，與曹操赤壁交戰，大敗了曹軍，燒毀了他們的戰船。

劉備和東吳的軍隊從水上、陸上同時開進，一直追到南郡。曹操在赤壁慘敗本想報仇，沒想這時卻又發生了瘟疫，許多士兵染病身亡，曹操只好率軍撤回了北方。

進佔漢中

建安二十三年，劉備率領眾部將進攻漢中。

漢中是益州的咽喉，進可以攻關中，退可以守益州。益州已被劉備所得，漢中卻在曹操手中。不奪取漢中劉備的益州就不得安寧。劉備派將軍吳蘭、雷銅等領兵進入武都，結果都被曹操的軍隊消滅了。

劉備進軍陽平關與夏侯淵、張郃等對陣。

建安二十四年春天，劉備率軍從陽平渡過沔水向南，順著山勢漸漸推進，在漢中西面的門戶定軍山上建營。定軍山地勢險要，為兵家必爭之地。曹將夏侯淵帶領人馬前來爭奪陣地。劉備命令黃忠居高臨下，擂鼓吶喊進行攻擊，大破夏侯淵的軍隊，斬了夏侯淵和益州刺史趙顒等人。

曹操聽說漢中失守，夏侯淵魂喪定軍山，急忙從長安親率大軍南征。劉備接到曹操發兵的消息，說道：「曹操雖然親自前來，但也無能為力了，漢中最終會屬於我的。」

曹軍殺來欲奪定軍山。劉備命令各路部隊據險堅守，始終不與曹軍交戰。一個多月過去了，曹軍沒有取得任何進展，開小差逃跑的士兵卻越來越多。到了夏天，曹操見大局已定，只好領軍撤退了。於是，劉備就佔有了漢中。

劉禪 簡介

劉禪（公元二〇七—二七一年），字公嗣，小名阿斗，劉備之子。建安二十四年（公元二一九年），立為太子。劉備死後，襲位成為蜀國的皇帝。在位期間，以無能著稱，諸葛亮受劉備遺詔全力輔佐，維持蜀國的政權。諸葛亮去世後，朝政日趨腐敗。炎興元年（公元二六三年），魏將鄧艾兵至成都，他舉國而降，被魏朝廷封為安樂公。

失散的太子

當初劉備在小沛時，曹操突然領兵來了，劉備隻身逃脫，曹操抓走劉備的妻子。劉禪當時還只有幾歲，藏了起來。後來，他隨人進入漢中，被人賣掉。建安十六年，關中大亂，扶風人劉括為逃避戰亂來到漢中，從別人手裡買來劉禪。他問劉禪的家世，知道了劉禪是個良家子弟，就把他當作自己親生的兒子來養，並給他娶了媳婦，還生了一個兒子。

劉禪當年和父親失散時，知道父親叫玄德。他娶妻生子後，和一個姓簡的人成了鄰居。這位姓簡的人在劉備取得益州後，當上了劉備手下的將軍。劉備派簡將軍回到漢中，住在劉禪家的旁邊。劉禪登門拜訪，說自己是劉備的兒子。簡將軍詳細詢問，結果劉禪都答對了。簡將軍大喜，連忙讓人給劉禪沐浴更衣。然後將他送到益州。劉備找回失散的兒子，遂立他為太子。

樂不思蜀

劉禪獻國投降後，舉家遷往洛陽。魏元帝封他為安樂公，食邑萬戶，賜絹萬匹，賞奴婢百人。他感到很滿足，整日沉溺在聲色犬馬之中。一天，司馬文王與劉禪宴飲作樂，文王讓人演蜀地的舞蹈，原來的蜀國將領見舞思鄉，非常感慨，只有劉禪談笑自若，沒有什麼感觸。

文王對賈充說：「人對故國的無情竟然到了這種地步！當初諸葛亮在世的時候，都不能好好他輔佐劉禪，更何況姜維呢？」

賈充說道：「劉禪如果不是這個樣子，您又怎麼能夠兼併他呢？」

第二天，文王問劉禪：「你想念不想念蜀地？」

劉禪答道：「我在這裡過得很快活，不想念蜀地。」劉禪原來的秘書令郤（ㄒㄧˋ）正聽說後，求見劉禪說：「如果文王再問，您最好哭著回答說『先人的墳墓遠在隴、蜀，我的心向西而悲，無日不思』，然後就閉上眼睛表示您的悲痛。」

後來文王又來問，劉禪照著郤正的話說了。文王說：「這多麼像郤正說的話！」

劉禪大吃一驚，看著文王諾諾地說：「您怎麼知道？這些正是郤正教我這麼說的。」

諸葛亮 簡介

諸葛亮（公元一八一—二三四年），字孔明，琅邪陽都（今山東沂南）人。他是蜀國著名的政治家、軍事家。東漢末年，他隨叔父諸葛玄到荊州隆中（今湖北襄陽西）避難，人稱「臥龍」。建安十二年（公元二〇七年），劉備三顧茅廬，他與劉備縱論天下大事，為劉備定下三分天下而取其一的大計。此後，他成為劉備的得力助力和主要謀士。他協助劉備佔據荊州和益州等地之後，於公元二二一年，力勸劉備稱帝。蜀漢政權建立後，他任丞相。章武三年（公元二二三年），劉備臨終前將劉禪託付給他。建興元年（公元二二三年），劉禪即位，他被封為武鄉侯，領益州牧。之後他曾五次出兵攻魏，爭奪中原，建興十二年（公元二三四年），他與魏將司馬懿在渭南相拒，病死軍中，葬於定軍山（今陝西勉縣東南）。《三國志》卷三十五《諸葛亮傳》描述了他叱詫風雲的一生。

臥龍吟

諸葛亮很小的時候父親就去世了，和弟弟諸葛均一起在叔父諸葛玄家中生活。豫章太守周術病死，袁術任命諸葛玄接任。諸葛玄帶著諸葛亮兄弟去赴任，還沒到任，漢帝又派朱皓來接替周術。諸葛玄只好帶著諸葛亮兄弟到了老朋友荊州牧劉表那裡。諸葛玄死後，諸葛亮親自耕田種地，閒時常常喜歡吟誦《梁父吟》。

他身長八尺，豪情萬丈，把自己比作春秋戰國時的著名人物管仲和樂（ㄩㄝˋ）毅。沒有人相信他能成就大事，因為他當時只是一個自食其力的農夫。

建安初年，諸葛亮在荊州和好友石廣元、徐庶、孟公威等人一起遊學。石廣元三人追求的是細枝末節，讀書務求精熟，而諸葛亮卻不這樣，他總是從大處著眼，喜歡掌握大局。他的才華沒有被人賞識，使他鬱鬱不得志。他經常在清晨和夜晚，抱膝長嘯，好似龍吟。一天，諸葛亮和石廣元等三人閒聊，說：「你們三人做官可以做到刺史郡守。」

三人問他能做到哪一個地步，他只是笑了笑沒有回答。後來孟公威想家，想告別朋友歸鄉。諸葛亮說：「有雄心大志的人就要遨遊四方，還想什麼家。」他嘴裡表面上雖然說的是孟公威，但表露的卻是個人的心跡志向，他渴望遊步中華，馳其龍光，建功立業，彪炳千秋。但是，正逢天下大亂，漢室將傾，群雄並起，諸葛亮難以施展才華，只好回到襄陽城西二十里的隆中，靜觀天下以待明主。

隆中對

劉備屯兵駐在新野縣時，徐庶（ㄕㄨˋ）去拜見劉備。劉備很器重徐庶，徐庶於是向劉備推薦諸葛亮。他問劉備：「我有個朋友叫諸葛孔明，您願見見他嗎？」

劉備當時正是時運不濟之際，求賢若渴，他知道徐庶推薦的人一定錯不了，就說：「您和他一起來吧。」

徐庶說：「您應該屈尊就駕去拜訪他，而不能屈其志節把他招來。」

劉備聽從了徐庶的建議，就去拜訪諸葛亮。不料去了兩次，諸葛亮都讓劉備吃了閉門羹。關羽和張飛很生氣，覺得諸葛亮的架子未免也太大了。劉備卻覺得諸葛亮是個奇才，堅持去第三次，這才與諸葛亮見面。

劉備摒退旁邊的人，對諸葛亮說：「漢室危亡，奸臣左右皇帝，使皇帝蒙受風塵之苦。我不自量力，想要伸張大義於天下，但因我智謀短淺能力有限屢遭挫敗，才淪落到今天這個地步。儘管這樣，我的志向並沒有消沉，您說應該如何才好？」

諸葛亮微微一笑，縱談三分天下鼎足而立。他說：

「從董卓亂國以來，各地豪傑紛紛起來，割據一方的勢力更是數不勝數。曹操和袁紹相比，名望低，兵力弱，但曹操打敗了袁紹，其中的原因不僅僅是機遇，更重要的是曹操比袁紹有更多智謀。現在曹操已擁兵百萬，挾天子以令諸侯，現在您確實不能和他較量。

「孫權佔據江東地區，從他祖上算起已經經歷了三代。那裡地勢險要，百姓歸附，有才幹的人在那裡有用武之地，您不能去謀取，只能把他看作是您的盟軍，需要的時候可以從他那裡得到援助，剩下的就是劉表所佔據的荊州了。

「荊州的北面有漢水、沔水，向南可以得到湖廣的物資，東面與吳郡和會稽郡相連接，西面通向巴郡和蜀郡，它是兵家必爭的戰略要地。荊州劉表是個無能的人，守不住這塊戰略要地，這也是天助將軍，將軍您可有奪取荊州的打算嗎？

「還有益州這塊地方，關塞險要又有上千里的肥沃土地，是個物產豐饒的天然寶庫。漢高祖憑藉它完成了帝業。益州牧劉璋昏庸懦弱，張魯又在北面威脅著他，他雖然有眾多的人口州內也很富裕，但他卻不懂得關懷照顧百姓失去了民心，那裡的人都希望得到一個賢明的君主。

「將軍您是皇室的後代，信義聞名於天下，廣招英雄豪傑，思慕賢才如飢似渴，如果您能夠佔據荊、益二州，守住它們險要的地方，西面與各少數民族和好，南面安撫好夷越各族，對外與孫權結盟，對內改革政治，如果天下形勢有什麼重大變化，您就派一員上將率領荊州的軍隊向宛城和洛陽一帶進軍，而您親率益州的大軍出師秦川。您若照我說的去做，百姓就會拿著食物和美酒來迎接您。這樣一來，您稱霸的大業就可以成功，漢王室也就能夠復興了。」

劉備大喜，連聲說：「先生講得太好了！」

從此，劉備和諸葛亮的情誼越來越深，好像魚兒得了水一樣，開始大展鴻圖。

指點迷津——上樓抽梯

劉表聽信後妻的話，寵愛小兒子劉琮，不喜歡長子劉琦。劉琦很器重諸葛亮的才智，常想和諸葛亮商量使自己獲得安全的辦法。但是諸葛亮總是拒絕他，

不給他出主意。

一天，劉琦請諸葛亮到他的後花園來遊覽，他們一起登上高樓。在飲酒時，劉琦叫人搬去梯子，乘機對諸葛亮說：「現在咱們上不著天，下不著地，話從您嘴裡說出來，進到我的耳朵裡，外人不會知道的，您可以給我出主意了吧？」

諸葛亮見他心誠意真，就對他說：「您不記得當年申生和重耳的事嗎？申生在宮中遇害，重耳在外流亡就安全。」劉琦心領神會，就暗地裡策劃離開襄陽的辦法。正巧此時適逢江夏太守黃祖死了，他請求去江夏，劉表同意了。於是劉琦就做了江夏的太守。後來劉琮投降了曹操，而劉琦則靠在了劉備這一邊。

東吳借兵齊抗曹

劉備在長坂被曹操打敗退到夏口。

諸葛亮對劉備說：「事情緊急，請派我去向孫權求援吧。」

劉備同意了他的請求，諸葛亮領命去了東吳。當時孫權駐軍在柴桑，正在觀望劉備和曹操的龍爭虎鬥。諸葛亮來到這裡，對孫權說：「天下大亂以來，您起兵佔據了江東，劉備也在漢水以南招募軍隊。準備和曹操一爭天下。現在曹操已削平群雄，基本上平定了北方，最近又攻破了荊州威名震動四海。劉備沒有安身之所，好似英雄無用武之地，所以才跑到夏口。將軍您應估量自己的力量來應付眼前的局面：如果您能依靠吳、越的兵力與中原的曹操對抗，不如趁早與曹操斷絕關係；如果不能夠和曹操抗衡，不如早點兒放下武器，捆起盔甲，向曹操稱臣。現在您表面上裝出服從曹操的樣子，內心裡卻遲疑不決另有打算，在事情已危急到如此時刻若還不能決斷，大禍很快就要臨頭了。」

孫權問道：「如果像您說的，沒力量抗衡就投降，劉備為什麼不向曹操稱臣投降呢？」

諸葛亮答道：「當年的田橫不過是齊國的一個壯士，尚能守節而不屈辱投降。更何況劉備是為皇族的後代，有蓋世無雙的才能，許多賢士他都仰慕他，進而投奔到他的門下，就好像萬水流向大海一樣，如果他的事業不能成功，那是天意，怎麼能因為暫時的挫折就投降向曹操稱臣呢？」

孫權有些不高興了，吼道：「你也太小看我了！我是不會投降曹操的！我怎麼能將整個東吳的土地和十萬的將士去受別人控制呢？當今天下各路英雄除了劉備之外，沒人能夠抵擋曹操。但劉備才剛剛打了敗仗，又怎麼能再和曹操相抗衡呢？」

諸葛亮說：「劉備雖然在長坂打了敗仗，但現在歸隊的戰士加上關羽的水軍，還有精兵上萬人，劉琦手下的將士也不少於一萬人。曹操的軍隊遠道而來，疲憊不堪，聽說為追趕劉備的騎兵，一天一夜竟強行軍走了三百多里路，他們現在的情況，如同『強弓發出的箭，到射程末了時，它的力量連魯地出產的薄絹也不能穿透』一樣已經不堪一擊了。這種做法為兵法所忌，說這樣做『一定會損傷先頭部隊的主帥』。而且，北方人不習慣於水戰，再加上荊州百姓是被逼著

歸附曹操的，這些都是打敗曹操的有利條件。現在將軍您如果能夠派出猛將統率幾萬大軍，和劉備同心協力，一定能打敗曹操。曹操兵敗必然會退回北方，這樣，劉備的荊州和您的東吳，勢力就會增強，三分天下，各據一方的局面就形成了。成功與失敗，就在當下了。」

孫權聽諸葛亮如此一說，茅塞頓開，非常高興，便派周瑜、程普、魯肅等帶三萬大軍，跟隨諸葛亮趕到劉備那裡，合力抵抗曹操。曹操在赤壁吃了敗仗，帶領部隊退回鄴城。於是，劉備收復了江南各郡，遂任命諸葛亮為軍師中郎將。

劉備稱帝

建安二十六年，劉備的部將們勸劉備稱帝，劉備不答應。諸葛亮勸道：「從前吳漢、耿純等人勸說劉秀做皇帝，劉秀推讓，前後達四次之多。耿純進言說：『天下的英雄十分景仰您，希望跟著您能實現自己的抱負。如果您不答應稱帝，這些英雄就要離開您另找主人去了，沒有必要再跟隨您。』劉秀覺得耿純的話極其深刻，就答應了他們的請求。如今曹操篡奪了漢朝的江山，全國沒有君主，您是劉氏的後裔，繼承帝統而起，現在即皇帝之位乃是非常恰當的。士大夫們長期以來辛辛苦苦追隨您，也希望像耿純所說的那樣，能夠得到哪怕一點點的功勞。」

劉備聽從了諸葛亮的意見，成為蜀國的皇帝。即位後，劉備任命諸葛亮為丞相，他在任命書上寫道：「我劉氏家族屢遭不幸，現在我奉大統而即皇位。我一定兢兢業業履行我的職責，不敢有一絲滯怠。我想讓百姓安居樂業，就怕他們的生活動蕩不安。丞相諸葛亮您要了解我的這番苦心及時幫助我，糾正我的疏忽，使皇帝的恩澤如陽光普照天下。您要努力為之啊！」

諸葛亮以丞相的身分總管尚書的事務，張飛被人暗害後，他又兼任了司隸校尉。章武三年的春天，劉備在永安病危，召諸葛亮回到成都，把後事託付給他。

劉備對諸葛亮說：「您的才能比魏文帝曹丕強十倍，一定能夠完成統一全國的大業。我兒子劉禪即位後，如果您認為可以輔佐就輔佐；如果他沒有什麼才能，您可以取而代之。」

諸葛亮流著淚說：「我願意竭盡全力來輔佐劉禪，獻出我忠貞的節操，一直到死。」

劉備寫下詔書告誡劉禪說：「你與丞相一起治理國家，對他要像對待自己的父親一樣。」

劉備死後，劉禪即位。劉禪是個無能的君主，大小事情都交給了諸葛亮來處理。諸葛亮身處丞相之位，實為帝王之事。

慧眼識刺客

曹操派刺客來見劉備，劉備未能識破。刺客與劉備談論討伐魏國的計劃，非常符合劉備的心思。刺客漸漸走近劉備，還沒來得及下手，諸葛亮突然進來了。刺客知道諸葛亮是非常之人，神色頓時大變。

諸葛亮察言觀色，認為這個從魏國來的人一定另有圖謀。過了一會兒，刺客去了廁所。劉備說：「我得到

了一個奇士，對我會有很大幫助的。」

諸葛亮問：「奇士在哪兒？」

劉備說：「去廁所的那個人就是。」

諸葛亮說：「我觀察這個人，神色不安，眼神不定，外露奸形，內藏邪心，一定是曹操派來的刺客。」劉備嚇了一跳，連忙命人去廁所抓刺客，刺客已越牆逃走了。

七擒七縱孟獲

諸葛亮在南中一帶征伐，所到之處每戰必勝。他聽說有個叫孟獲的彝（ㄧˊ）族首領，受到當地少數民族和漢族人的敬服，就想把他捉來，讓他歸順蜀國。諸葛亮俘獲孟獲後，特意讓他在軍營中瀏覽觀看一番，問他：「您認為像我們這樣的軍隊怎麼樣？」

孟獲回答道：「過去因為是我不了解你軍的虛實，所以才不小心吃了敗仗。今天承蒙您讓我看了這陣勢，如果僅僅是如此，下次我一定能夠輕而易舉地戰勝你們。」

諸葛亮聽完了大笑，就把孟獲放了，讓他繼續準備，再戰。如此一連打了七戰，七戰七擒，第七次諸葛亮還要放他回去。孟獲這次徹底服輸了，不肯離去，他說：「您是有神威的人，我們南邊的人再也不反蜀了。」遂邀請諸葛亮一起來到了南中的滇池。

險唱空城計

諸葛亮派魏延揮兵東下，自己則留下萬餘人屯守陽平城。魏國平西都督司馬懿率二十萬大軍來征討諸葛亮。魏延與司馬懿未能相遇，司馬懿的大軍直逼陽平城。司馬懿派出的探子回來報告，說諸葛亮在陽平城中，城內兵少力弱。

諸葛亮聽說司馬懿率大軍殺來，原想放棄陽平城去追趕魏延，但魏延已經走得很遠了，而司馬懿卻離此不到六十里路。如果和司馬懿交戰，力量又相差太懸殊，將士們為此大驚失色不知如何是好。諸葛亮面對強敵卻胸有成竹，他命令城中的軍隊偃旗息鼓，不得擅自走出軍帳。他又命人打開陽平城的四座城門，命人在城門附近掃地灑水。

司馬懿知道諸葛亮一向持重謹慎，絕不做沒有把握的事。他來到陽平城下，見城陽平城內靜悄悄的，懷疑城內有伏兵，不敢貿然進城。他琢磨半天，決定繞城而走北山。

第二天早晨吃飯的時候，諸葛亮笑著對左右的人說：「司馬懿一定會認為我是表面裝出怯懦的樣子，而有強大的伏兵在等待著他。他現在正沿著北山跑呢。」

過了一會兒，派出去的探馬回來報告，果然如諸

葛亮所說的那樣。司馬懿後來知道諸葛亮唱了一台空城戲，非常悔恨自己沒殺進城去。

數戰祁山

建興六年的春天，諸葛亮放出風聲，要兵過斜谷道去奪郿城，並派趙雲、鄧芝作為疑兵，佔據箕谷，用以迷惑敵人。

魏國派大將軍曹真率大軍前來抵禦。諸葛亮見魏軍的注意力被吸引到郿城，就親率各路兵馬進攻魏國的祁山地區，蜀軍隊伍整齊，賞罰分明，南安、天水、永定三郡反叛魏國，響應諸葛亮，震動了整個關中地區。魏明帝親自督軍鎮守長安，命令張郃抗擊諸葛亮。諸葛亮派馬謖（ㄙㄨˋ）統帥各軍作為先鋒，在街亭與魏將張郃交戰。馬謖違背了諸葛亮的作戰部署，自作主張鑄成大錯，被張郃殺敗。諸葛亮的進攻祁山計劃受挫，退回漢中。為嚴明軍紀，他揮淚斬馬謖，並向後主劉禪奏章，自我降職三級，以懲罰自己所犯的用人不當的錯誤。

建興六年的冬天，諸葛亮出兵散關，圍攻陳倉，魏將曹真迎擊，雙方未決出勝負，諸葛亮因部隊糧草用盡退兵而還。魏將王雙率軍騎兵追擊，諸葛亮回軍與他交戰，王雙被殺，魏軍潰逃。

建興七年，諸葛亮派陳式攻打武都、陰平二郡。魏國的雍州刺史郭淮率軍抗擊陳式。諸葛亮又乘勢起兵殺來，郭淮只好退回雍州。於是，武都、陽平二郡為蜀國所有。後主劉禪給諸葛亮下來詔書，恢復了他丞相的職位。

建興九年，諸葛亮再次出兵祁山。他發明了木牛，並用木牛來押運糧草。魏明帝命司馬宣王督張部、費曜、戴陵、郭淮等部將抗擊諸葛亮。司馬宣王留下費曜、戴陵領四千人馬守上邽，他帶著其餘的人馬西救祁山。張郃欲分兵駐守雍州和郿城，司馬宣王叮囑道：「前軍中能夠抵擋諸葛亮的，只有將軍您了。」

諸葛亮留下守軍，帶兵前來迎擊，與司馬宣王在上邽的東面遭遇。司馬宣王依山據險，不與諸葛亮交戰，諸葛亮因軍糧少打不了持久戰，只好退軍。司馬宣王追擊諸葛亮到鹵城，在鹵城附近的山上掘地建營。張郃等人請戰，司馬宣王不同意。有的將領說：「司馬宣王像害怕老虎一樣害怕蜀國，要被天下人笑話的。」

司馬宣王本打算拖垮諸葛亮，因為諸葛亮軍中糧草缺乏，圍而不戰，時間一長自然會退兵的。但是魏將求戰心切，非要和諸葛亮打，司馬宣王只好派張郃領兵去攻打諸葛亮。諸葛亮派大將魏延、高翔、吳班迎擊張郃。張郃輕敵交戰後大敗被斬於馬下。魏延等人乘勝追擊，斬魏軍三千人，繳獲了大批物資。司馬宣王喪一大將，不敢再交戰。而諸葛亮因軍中糧草告急，遂引軍退還蜀國。

建興十二年春天，諸葛亮再率大軍出征。他用流馬運輸軍用物資，從斜谷道出兵，佔據了武功城的五丈原，與魏將司馬宣王在渭水之南對壘。諸葛亮擔心軍糧供應不上，使自己統一全國的抱負不能實現，就派出一部分士兵在駐地附近墾荒種地，打算建立一個

長期駐軍的基地。

開荒種地的士兵混住在渭水邊的百姓中間，和百姓和睦相處，百姓們安居樂業沒有受到任何騷擾。這年八月，諸葛亮身染重病，在軍中去世。蜀軍失去主帥，只好撤軍。

司馬宣王等蜀軍撤走後，來到蜀軍的駐地，他一一巡視了蜀軍的營壘和住所，不禁感慨道：「諸葛亮真是天下的奇才啊！」

關羽 簡介

關羽（？—公元二一九年），字雲長，本字長生，河東解縣（今山西省臨猗西南）人。他是蜀國大將。東漢末，逃到涿郡，與張飛一起投奔劉備，三人一見而情深，誓同生死。建安五年（公元二〇〇年），劉備為曹操所敗，他也被曹軍俘獲，極受曹操垂青，拜偏將軍，封漢壽亭侯。但他始終不忘與劉備的生死之交，在以功報曹之後，離開了曹操，尋歸劉備。建安十九年（公元二一四年），他被派鎮守荊州。建安二十四年（公元二一九年），他率軍圍攻曹操部將曹仁於樊城，又大破魏將于禁所率領的援軍，生擒于禁，威震北方，曹操擬遷都以避其鋒。不久，孫權乘虛而入，關羽因恃強輕敵兵敗被殺。他以勇武忠義著稱，被後人神化，尊為「武聖」、「關公」、「關帝」。《三國志》卷三十六《關張馬黃趙傳》簡要介紹了他的一生。

以功報恩，以義報主

劉備在家鄉起兵，關羽和張飛來投靠他，擔任他的護衛。劉備作了平原相後，任命關羽和張飛擔任別部司馬，分別統領軍隊。劉備和他倆人情同手足，連睡覺都在一起。在公開場合下，他倆和劉備總是形影不離，入則侍立於劉備之後，出則馳騁於劉備之前。劉備襲擊徐州，殺死了徐州刺史車胄，讓關羽駐守下邳城，代行太守的職務，劉備自己則回到小沛。

建安五年曹操東征，兵圍下邳城，關羽投降。曹操任命關羽為偏將軍，對他的禮遇很是優厚。關羽是個講義氣的人，雖然不願跟隨曹操左右，但為感謝曹操的禮遇之恩，還是暫時留了下來，想為曹操立了戰功後再離開。曹操很欽佩關羽的勇武氣概，但發現他沒有長期留下的意思，就派大將張遼去問關羽。關羽慨嘆地說：「我深知曹操待我很好，但是我受劉備將軍的恩惠更深，曾發誓同生死，我不能背叛他。等我立了功，報答了曹操後就會離去的。」

張遼想把關羽的意思告訴曹操，又擔心曹操會因此殺了關羽；不報告曹操，又違背了事君之道。他嘆息道：「曹公，是我的君父；關羽，是我的兄弟。君父應為先，兄弟應為後。」於是就將關羽的意思告訴了曹操。

曹操說：「關羽這時還想著他的主公，真是天下義士啊！你想他什麼時候會走？」

張遼答道：「關羽承受您的恩澤，必然會用戰功報效於您之後再走。」

不久，袁紹派大將顏良在白馬攻打東郡太守劉延，曹操派張遼和關羽為先鋒去迎擊顏良。關羽遠遠望見顏良乘坐的車子來了，便飛馬上前直衝敵陣，在萬軍當中刺殺了顏良，並砍下他的首級而還。曹軍乘勢掩殺，袁紹的軍隊立刻崩潰了，白馬之圍遂解。

曹操為留住關羽，立刻奏請朝廷，封關羽為漢壽亭侯，並給了關羽很多賞賜。關羽把曹操給他的賞賜全部封存起來，留下一封告別信，就離開了曹操尋找劉備去了。曹操身邊的人要去追殺關羽，曹操卻對關羽的行為深表讚賞，為嘉其志，成其義，他命令手下人不要去追，使關羽得以回到劉備的身邊。

諸葛亮誇讚美髯公

關羽聽說曹將馬超前來投降，就寫信給諸葛亮，詢問馬超的人品、才能可以和誰相比。諸葛亮知道關羽不願居於人下，就回信說：「馬超文武兼備，勇猛剛烈超過一般的人，是當代的傑出人物，能夠和張飛並駕齊驅，爭個高低。但是還趕不上美髯公您的超群絕倫啊！」

關羽的鬍鬚很漂亮，飄逸胸前，煞是威風，因此諸葛亮稱他為美髯公。關羽看了信後非常高興，就把信拿給賓客們傳看，在賓客的頌揚聲中得到莫大的滿足。

刮骨療毒不動聲色

關羽在一次戰役中被亂箭射中，箭頭穿透了他的左臂。後來傷口雖然癒合了，可每到陰雨天氣，他的左臂骨就非常疼痛。神醫華佗對關羽說：

「射中你的那支箭，箭頭有毒，現在箭頭上的毒已滲透到您的骨頭裡內了，必須重新割開您左臂上的傷口，用刀刮除骨頭上的餘毒，這樣才能根本消除疼痛，一勞永逸。」

當時，關羽正巧請來許多將領和他一起飲酒。聽

醫生一說，就把左臂伸了出來讓醫生立即開刀。華陀也沒有使用麻藥就割開了關羽的左臂，他的鮮血流滿了接血的盤子。關羽若無其事地照樣割烤肉來吃，取美酒來飲，在刀刮骨頭的刺耳聲中談笑風生，令在場的將領們大為震驚，一時傳為美談。

兵敗江陵，殞命臨沮

建安二十四年，關羽率軍在樊城攻打魏將曹仁。

曹操派于禁援救曹仁，恰逢遇到大雨，漢水泛濫，淹沒于禁所督的七軍，于禁投降關羽，關羽斬殺了不肯投降的龐德。為此梁縣、郟縣、陸渾縣等地，反抗曹操的地方勢力紛紛依附了關羽，作為他的分支部隊，一起來對抗曹操。關羽的威名震動了中原，嚇壞了曹操。曹操想遷離許都，以躲避關羽的鋒芒。

司馬宣王和蔣濟認為，關羽在中原得勢，東吳的孫權一定不高興，如果派人去勸說孫權偷襲關羽的後方，並許諾事成之後把江南地區封給孫權，那麼樊城之圍自然就解了。曹操採納了他們的意見，派人去了東吳。

孫權曾派使者為自己的兒子向關羽的女兒求婚，關羽不但不同意這門親事還當面辱罵了使者，此事令孫權非常生氣。

孫權為配合曹操的行動，先去引誘蜀國的南郡太守麋芳和將軍士仁。麋芳駐守江陵，士仁駐守公安，他倆一向對關羽看不起他們而怨恨關羽。從關羽出兵以來，他倆就負責向關羽提供軍需物資，但因為對關羽心懷不滿，所以在後勤供應上配合的很不積極。關羽放出風聲來，說打完仗後一定要懲處他們。糜芳和士仁知道後，心裡非常害怕。

正在這時，孫權派人來策反，他們就投靠了孫權。曹操派兵去救曹仁，關羽見不能取勝，就撤軍返回江陵。糜芳等人投靠孫權，使孫權輕易佔據了江陵。孫權用計抓獲了關羽和他的兒子關平，擊潰關羽的軍隊。孫權本不想殺死關羽，想讓關羽替他抗擊劉備和曹操。

他手下的將軍們說道：「狼子不可養，以後必為後患。當初曹操抓獲關羽沒有殺死他，造成日後大患還差點遷都。現在他被抓了，怎麼能再讓他活著呢？」

孫權聽從了大家的意見，在臨沮將關羽和關平殺了。殺了關羽後，他把關羽的首級送給了曹操，並以諸侯之禮隆重地埋葬了關羽。

張飛 簡介

張飛（？—公元二二一年），字翼德，涿郡（今河北省涿州市）人。他是蜀國大將。他為人猛悍驍勇，兼有謀略。東漢末年，他與關羽一起投到劉備門下，三人情投意合，誓同生死。曹操兵入荊州，劉備敗於長坂（今河北省當陽），張飛率領二十個騎兵奮勇相拒，逼退數千追兵。劉備佔據益州後，拜他為右將軍，遷車騎將軍，領司隸校尉，進封西鄉侯。他慣於征戰，雄風千里，時人將其稱為「萬人敵」。他的脾氣很暴躁，對手下士兵動輒打罵，雖經劉備勸誡，仍不改掉惡習。他於章武元年（二二一年）被部將刺死。《三國志》卷三十六《關張馬黃趙傳》概要的介紹了他的情況。

一夫當關萬夫莫敵

荊州牧劉表去世後，劉備扶助劉琮治理荊州。曹操大舉進攻荊州，劉備逃往江南。因跟隨劉備的百姓有十幾萬人之多，所以走起來很慢。曹操追了一天一夜，在當陽的長坂橋追上了劉備。劉備聽說曹操的追兵來了，就扔下妻子、兒女跑了。臨走前，他命令張飛率領二十個騎兵在後面抵擋追兵。

張飛佔據河岸，拆斷橋樑，圓睜雙目，把手中的長矛一橫，大吼道：「我是張翼德，你們可以上來和我一決生死！」

張飛吼聲如雷，喝住曹軍，使劉備得以逃脫。後人有詩讚張飛的這聲吼：長坂橋頭殺氣生，橫槍立馬眼圓睜。一聲好似轟雷震，獨退曹家百萬兵。

不殺斷頭將軍

劉備進入益州，攻打益州牧劉璋。張飛和諸葛亮等人率軍逆流而上，分別平定了沿江的各郡縣。張飛到了江州，打敗了劉璋的部將巴郡太守嚴顏，並活捉了他。

張飛呵斥嚴顏：「我們大軍到此，你為什麼不投降而竟敢抵抗我們？」

嚴顏回答說：「你們是無義之師，侵奪我們的州郡。我們益州只有斷頭的將軍，沒有投降的將軍。」

張飛聽了非常生氣，命令身邊的人把嚴顏拉下去砍頭。嚴顏面不改色，大聲叫道：「砍頭就砍頭，你發什麼怒，擺什麼臉色？你以為我怕你啊？」

張飛很欽佩他的勇敢，便給他鬆了綁，將他引為賓客。

莽將軍張飛之死

張飛雄壯威猛，僅次於關羽，連魏國的謀臣程

昱等都稱讚關羽、張飛的勇力可以抵擋萬人。關羽對士兵卻很好，對士大夫們卻很傲慢；張飛卻正好相反，對士大夫們很尊敬，對士兵很不好。

劉備曾經告誡張飛說：「你行刑殺人已經過度，又經常鞭打士卒，還把被你鞭打的士兵留在身邊，這樣是招致禍患的做法。」

張飛不聽，依然我行我素。劉備去討伐東吳，張飛應當率一萬士兵從閬中出發，在江州與劉備會合。張飛在臨出發前，被手下將領張達、范強刺死。張達、范強砍下張飛的頭連夜順江而下，投奔了孫權。張飛的營都督上表報告劉備，劉備聽說張飛的營都督有表送來，還沒打開奏表，就長嘆一聲說：「唉，張飛死了。」果不其然。劉備大哭，為痛失愛將而悲痛欲絕。

虎將馬超

建安十六年，曹操西征與馬超等人在河、渭相交之地大戰，馬超敗走逃奔涼州。曹操下令誅殺馬超的家族，大小上百口人，在一夜之間全部被抓，只有內弟逃了出來。

馬超在涼州率領胡人，襲擊隴上郡縣，殺了涼州刺史韋康，佔據冀城，自稱征西將軍，領并州牧，督涼州軍事。韋康舊部楊阜、姜敘、梁寬、趙衢（ㄑㄩˊ）等人，合謀對付馬超。楊阜、姜敘在鹵城起兵，馬超從冀城帶兵去攻，未能攻下，想回到冀城，梁寬、趙衢緊閉冀城城門，馬超進不了冀城。進退都不行，這時馬超無可依託，遂奔漢中依附張魯。

張魯得馬超這員戰將，非常高興，想把女兒嫁給他，以攏住馬超的心。張魯手下的人勸住張魯，只給了馬超一個都講祭酒的職位。張魯手下的人嫉妒馬超的本領，多次想害馬超，馬超察覺，於建安十九年，投奔劉備去了。劉備聽說馬超來了，非常高興地說：「我將得益州了。」

他馬上派人去迎接馬超，並分給了馬超一部分人馬。馬超被劉備器重，如虎添翼，屯兵成都城下。成都城內上下不安，沒出十天，益州牧劉璋就獻城投降了。劉備佔據益州後，任命馬超為平西將軍。劉備當漢中王後，拜馬超為左將軍。劉備稱帝後，馬超被遷為驃馬將軍，領涼州牧，成為劉備的得力猛將。

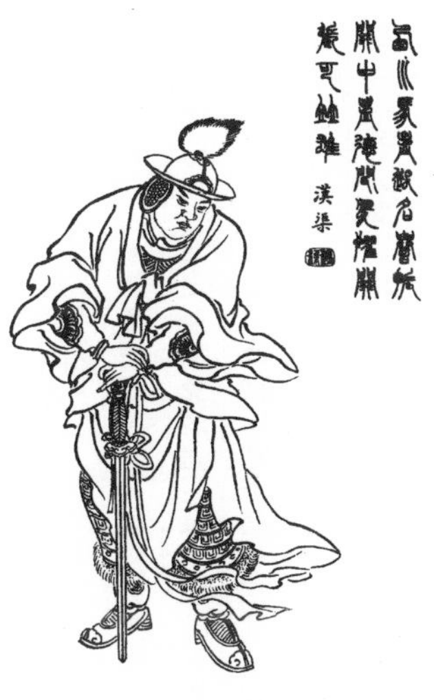

趙雲　簡介

趙雲（？—公元二二九年），字子龍，常山真定（今河北省正定）人。他是蜀國名將。初投公孫瓚，後歸劉備。劉備敗逃當陽長坂，趙雲力戰，護劉備夫人和兒子劉禪而走，使之能倖免於難，以功遷牙門將軍。劉備佔據益州後，任命他為翊軍將軍，並跟隨劉備去奪取漢中，屢立戰功。他曾以數十騎勇拒曹操大軍，被譽為一身是膽的將軍。建興六年（公元二二八年），他跟隨諸葛亮去攻打關中，分兵抵禦曹真的主力部隊，在箕谷失利，退兵回漢中，次年去世。《三國志》卷三十六《關張馬黃趙傳》概要介紹了他的情況。

渾身熱血，一身是膽

趙雲身長八尺，姿顏雄偉，受本郡人的推舉，帶領本郡義兵投奔公孫瓚。當時袁紹任冀州牧，公孫瓚恐怕冀州人都跟隨袁紹。他見趙雲帶人來依附他，就問趙雲說：「我聽說你們冀州人都願意跟隨袁紹，為什麼您對袁紹有貳心，能迷途知返呢？」

趙雲答道：「當今天下大亂，民有倒懸之苦，我和我的義兵商議，大家認為應該跟隨施仁政的主公，袁紹在這方面不如您，所以我們才不跟袁紹而跟您。」

於是，他就跟隨公孫瓚南征北戰，成為一員大將。當時劉備也在公孫瓚那裡。他經常和趙雲長談，倆人遂成知己。趙雲的哥哥去世了，趙雲請假回去奔喪。臨走時，劉備握著趙雲的手說：「你一定要回來，不要背叛我們。」

後來劉備暫時依附袁紹，趙雲就到鄴城找他，兩人同床而眠，劉備密令趙雲招兵買馬，暗中做好準備。劉備離開袁紹，跑到荊州劉表那裡。趙雲帶著私募的人馬，跟隨劉備一起到了荊州。

一次，劉備打了敗仗，有些人離開了劉備。當時，趙雲還沒有回來。有人說趙雲已經投奔曹操去了。劉備一聽大怒，抽出手戟（ㄐㄧˇ）就刺向說這話的人，大叫：「趙雲是不會拋棄我而走的，休要多嘴。」過了不久，趙雲果然回來了。

趙雲跟隨劉備平定江南後，以偏將軍的職位領桂陽太守，代替降將趙範。趙範的哥哥去逝早，留下了夫人樊氏。樊氏美若天仙，趙範想將樊氏許配給趙雲。趙雲推辭道：「我和你同姓，你的哥哥就是我的哥哥。我怎麼能娶自己的嫂子呢？」

有人來勸趙雲，說樊氏有傾國之色，還是娶了為好。趙雲答道：「趙範是被逼迫而投降的，不知他的心思到底怎麼樣。天下女子不少，我為什麼一定要娶他的嫂子呢？」此後不久，趙範果然逃走了。趙雲深明大義，高風亮節，成為劉備的忠臣良將。

義救後主

劉備在當陽長坂橋棄妻丟子而走，趙雲奉命護衛劉禪和甘夫人。在萬軍之中，他懷抱劉禪，馳騁沙場，保護著甘夫人的車馬安然脫險，使後主劉禪和甘夫人倖免於難。

劉備入主益州，趙雲領留營司馬。此時劉備的孫夫人，以自己是孫權的親妹妹而恣意妄為，放縱手下的吳兵橫行不法。劉備對孫夫人無奈，就命趙雲掌管他家裡的內事。趙雲對孫夫人不卑不亢，對孫夫人手下的吳兵卻很嚴厲，使他們多少有些收斂。

劉備西征，孫權聽說後，派來不少舟船要接走孫夫人。孫夫人想帶著劉禪一起走，就抱著後主上了船。趙雲和張飛聽說後，立即封鎖了江面截住船隊，將劉禪搶了回來，使孫權欲扣後主為人質的企圖沒能得逞。

鐵膽神算

曹操率領大軍來爭奪漢中，在北山下運送軍糧。蜀將黃忠認為可以劫奪曹操的軍糧，就帶著人去了。到了約定的時間，黃忠沒有回來，趙雲就帶著幾十名騎兵前去迎接黃忠。趙雲正走著，突然和曹軍的先頭部隊遭遇上了。剛交戰，曹操又親率大隊人馬來了。形勢十分危急，趙雲猛衝曹軍的隊伍，邊戰邊退。曹軍被衝亂後，很快地又聚集了起來，將趙雲等人團團包圍起來。趙雲突出重圍奔往自己的營寨。他發現部將張著受了傷沒衝出來，又飛馬衝進敵陣，救出張著。曹軍一路追殺，一直追到趙雲的營寨門前。

這時，沔陽長張冀正在趙雲的營中，他想緊閉大門來抵抗敵人。趙雲見敵我勢力懸殊，死守必破，於是心生一計，他命令將營門大開，放倒軍旗，停敲戰鼓，以此來迷惑敵人。曹軍疑心趙雲有埋伏，不敢貿然攻營，就引軍撤退了。

敵軍一撤，趙雲就命令敲響戰鼓，弓箭手射擊。曹軍以為趙雲的伏兵殺來了，驚慌失措，自相踐踏，許多人掉進漢水而喪了性命。

第二天一早，劉備親自來到趙雲的營寨，視察了昨天進行戰鬥的地方，不禁讚嘆道：「子龍，真是一身是膽啊！」於是大擺宴席，暢飲作樂直到黃昏。趙雲的威名由此傳開，軍中都稱他是「虎威將軍」。

孫權兵襲荊州，劉備大怒，想出兵討伐孫權。

趙雲勸道：「國賊是曹操不是孫權。如果先滅了魏國，吳國自然就臣服了。現在曹操雖然死了，但他的兒子曹丕當了皇帝。應當按照大家的意願，早些圖謀關中，佔據渭河上游以討伐凶逆，屆時，關東的義士們一定會裹糧策馬來迎接我們。我們不應該放下魏國先和吳國交戰。和吳國交戰不能馬上取勝，我們反會陷進去的。」

劉備不聽趙雲的勸告，遂帶兵東征，留趙雲督江

州。劉備在秭（ㄗˇ）歸和吳軍交戰，作戰失利。趙雲聽說後，立即帶兵趕赴，到達永安時，吳軍害怕趙雲就撤走了。

龐統 簡介

龐統（公元一七九—二一四年），字士元，襄陽（今湖北省襄樊市）人，是劉備的謀士。他博見多聞，甚有韜略，與諸葛亮齊名，劉備佔領荊州後，任他為萊陽令，他認為劉備是小看他就不理政事，被免官。後經諸葛亮等人的一再推薦，才得到劉備的器重，與諸葛亮並為軍師中郎將。他向劉備進言，兵進成都，為漢蜀的建立奠定了基礎。建安十九年（二一四年），進兵圍攻雒縣（今四川廣漢北），他身先士卒，被亂箭射死。《三國志》卷三十七《龐統法正傳》記述了他的謀士生涯。

揚人所長，不揭所短

龐統年輕時不露鋒芒，沒人知道他有傑出的才華。

潁川人司馬徽清正高雅，素有鑑人之名。龐統二十歲時前往拜訪司馬徽（ㄏㄨㄟ），司馬徽正在樹上採桑葉，就讓龐統坐在樹下，倆人從白天一直交談到夜晚。司馬徽對龐統的才華十分驚異，稱讚龐統是南郡讀書人中最傑出的人物，龐統的名聲由此逐漸傳揚開

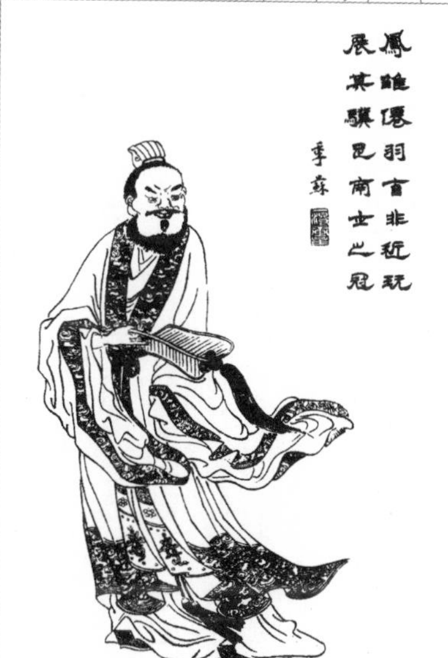

去。

後來，郡守任命龐統為功曹。龐統生性愛好倫理學問，對撫養老人和兒童十分盡心。他每次對人的讚揚都超過被讚揚的人的實際才能。人們感到奇怪，就問他這樣做的緣故。龐統說道：

「現在天下大亂，正道衰頹，好人少而惡人多。要想興起好的風俗，增強人們的道德觀念，不把那些應該讚揚的人說得好一點，他們的名聲就不足以受到人們的仰慕；這些人不受到充分的仰慕，做好事的人就會越來越少了。現在提拔十個人才，即使五個失當，還可以得到一半，通過這些人促使社會風氣向好的一面轉化，使有志於做好事的人努力自勉，這不是很好的嗎？」

後來，周瑜去世，龐統到吳國送葬。吳國有很多人都知道龐統的大名，在他要走的時候，紛紛來給他送行。送行的人中間有吳國名士陸績、顧劭、全琮等人，有人問龐統怎麼看陸績和顧劭。龐統答道：「陸績猶如一匹駿馬，但駿馬只能馱一人；顧劭猶如一頭老牛，老牛雖然走得慢，但能拉一車人。」

全琮過來問：「我和您比，您看怎麼樣？」

龐統說道：「您好施慕名，在陶冶世俗民風上，我不如您。在研究帝王的統治術上，我好似比您有一日之長。」龐統說得各位心服口服，遂與他結為好友。

奇謀定蜀

劉備佔據荊州後，讓龐統出任萊陽令。在萊陽，龐統無心思去管縣裡的事，因為沒有什麼政績故被免官。魯肅給劉備上書，說：「龐士元非百里之才，當個萊陽縣令太屈辱他了，應讓他處在治中、別駕的職位上，使他能像駿馬一樣奔馳。」

諸葛亮也向劉備推薦龐統，劉備和龐統交談後，認為他確實是有非凡的才華，就任命他為治中從事。一天，劉備與龐統談起是否兵進蜀地益州的事。

龐統說道：「您現在佔據的荊州，荒蕪殘破，人少物缺，東面有東吳的孫權，北面有魏國的曹操，難成鼎足之勢。如今益州國富民強，戶口百萬，各部兵馬所需要的人和物，都能夠自給自足，不用求助於外面，我們現在可以權借益州以定天下大事。」

劉備說道：「現在和我水火不相容的人是曹操。曹操待人急躁，我待人寬厚；曹操對百姓殘暴，我對百姓仁慈；曹操對別國詭詐，我對別國忠信。只要凡事與曹操相反，大事就可成功。如果我因為圖謀益州而失信於天下，這是非常不合算的。」

龐統又說道：「權變的辦法和時機，不是一種道理所能定下的。兼弱攻昧，五伯之事。逆取順守，報之以義，大事定下以後，再將益州奉還，這哪裡有失信之說？現在我們如果不能控制益州，最後就會對別人有利。」

劉備採納了龐統的意見，留下諸葛亮鎮守荊州，帶著龐統進入益州。益州牧劉璋和劉備在涪城相會，龐統獻計說：「和劉璋相會時可將他抓獲，這樣您不動用大軍就可以得到益州了。」

劉備不同意，說：「我們剛來到這裡，還沒有建立起恩澤和信義，不能這樣幹。」

劉璋返回成都，劉備要替劉璋北征漢中。龐統對劉備說：「我們暗地裡選出精兵，晝夜兼行直襲成都，劉璋不會打仗又沒有準備，大軍突然殺到，可一舉奪下成都，這是上策；劉璋有楊懷、高沛兩員大將，各握強兵，據守關頭，他們多次勸說劉璋，讓您回到荊州去，我們將計就計，就說荊州危急要回兵去救，並做出撤退的樣子，楊懷、高沛兩位將軍一向佩服您的英名，對您的撤軍又很高興，一定會來給您送行的，可趁此機會將他們抓獲，收編他們的隊伍，然後揮軍殺向成都，這是中策；我們退還白帝城，和荊州連在一起，慢慢地再想辦法拿下成都，這是下策。如果猶豫不定，將要陷入困境，我們就難以在這裡長久待下去。」

劉備取其中策，斬了楊懷和高沛，殺向成都，一路上所過的郡縣都被攻克。劉備在涪城大擺宴席慶祝勝利。他對龐統說：「今日之會，太讓人高興了。」

龐統認為自己出的計策是違背道義的，雖然取勝，內心也很愧疚。聽到劉備的話，不由說道：「伐人之國而以為歡，非仁者之兵。」

劉備已醉，大怒道：「武王伐紂，前歌後舞，是不仁嗎？你的話說得欠妥，請快點出去。」於是龐統起身而出。劉備見龐統真的退席了，就有些後悔，又將他請了回來。龐統回到自己的座位，對劉備也不稱謝，自顧自地吃了起來。

劉備問道：「剛才的話，誰說的欠妥呢？」

龐統答道：「咱們倆都有欠妥的地方。」

劉備聽了大笑，宴會上的氣氛又活躍起來，像是什麼事情也沒發生一樣。劉備兵圍雒（ㄌㄨㄛˋ）縣，龐統率眾攻城，被亂箭射中而死，時年三十六歲。劉備非常痛惜，一說起來就痛哭流涕。

厚待虛名，以待賢德

建國十九年，劉備進軍包圍了成都。劉璋的蜀郡太守許靖準備越城投降，事情被發覺，沒有成功。劉璋因為益州危亡就在眼前，所以沒有處罰許靖。劉璋投降以後，劉備為此而看不起許靖，不任用他。

法正勸諫劉備說：「天下有空獲虛名而沒有實際本領的人，許靖就是一個。然而現在您剛開始創建大業，不可能去對天下人一一說明不用許靖的原因。許靖的虛名倒已流播天下，如果不以禮待他，天下人會因此說您輕視賢才。您應該對許靖多加敬重，藉此向遠近的人們顯示，您是在追慕從前燕昭王厚待郭隗（ㄨㄟˇ）的事，這樣，比許靖高明的人就會來投奔您了。」劉備於是就厚待了許靖。

秦宓逞天辯

建興二年，丞相諸葛亮兼任益州牧時，根據秦宓（ㄇㄧˋ）的才能，請他擔任益州別駕，隨即又任命他為左中郎將、長水校尉。東吳派使者張溫來蜀訪問，訪問結束時百官前去餞行。眾人都已齊集而秦宓還未動

身，諸葛亮幾次派人去催促他。

張溫問：「他是什麼人啊？」

諸葛亮答道：「是益州的學士。」等秦宓到了，張溫問他說：「你也讀書學習嗎？」

秦宓說：「小孩子都學習，何況是我呢！」

張溫又問：「天有頭嗎？」秦宓說：「有頭。」

張溫問：「在哪兒？」

秦宓說：「在西方。《詩經》裡說：『乃眷西顧。』以此推測，可見天的頭在西方。」

張溫又問：「天有耳朵嗎？」

秦宓說：「有耳朵，天處在高處而能聽到低處的聲音，《詩經》上說：『鶴鳴於九皋，聲聞於天』（鶴在深澤中鳴叫，而聲音直達天庭）。如果天沒有耳朵，那它用什麼來聽呢？」

張溫又問：「天有腳嗎？」

秦宓說：「有。《詩經》上說：『天步艱難，之子不猶』（天走起路來很艱難，還不如這個人）。如果天沒有腳，用什麼走路呢？」

張溫又問：「天有姓嗎？」

秦宓說：「有。」

張溫問：「姓什麼？」

秦宓說：「姓劉。」

張溫又問：「你怎麼知道天姓劉？」

秦宓說：「天子姓劉，所以從這知道天也姓劉。」

秦宓回答問題就像回聲一樣快，隨著問話的聲音出來，令張溫非常敬服。

馬氏兄弟

馬良、馬謖兄弟五人，都很有才氣。鄉里間流傳有首歌謠說：「馬氏五常，白眉最良。」馬氏五兄弟的字中都有「常」字，所以稱為「馬氏五常」。五兄弟當中，馬良的眉毛中有白毛，又最有才氣，所以歌謠說：「白眉最良」。

劉備進入蜀地後，任命馬良為左將軍掾。劉備派馬良出使吳國，使吳國上下都很敬服。劉備稱帝，遷馬良為侍中。劉備東征吳國，派馬良到武陵招納五溪胡人，胡人的主帥都接受了劉備封的印號，聽從馬良的指揮。馬良跟隨劉備去打夷陵之戰，劉備出師不利兵敗夷陵，馬良為主捐軀，時年三十六歲。

馬謖是馬良的弟弟。他以荊州從事隨劉備進入蜀地。先出任綿竹令、成都令、後出任越巂太守。馬謖才氣過人，喜歡論說軍計，深得丞相諸葛亮的器重。劉備對馬謖卻另有看法，在臨終前對諸葛亮說：「馬謖言過其實，不可大用，您要用心體察。」諸葛亮不

以為然，任命馬謖為參軍，經常和他徹夜長談。

建興三年，諸葛亮率軍征南中孟獲，馬謖送了幾十里。他對諸葛亮說道：「南中仗著地勢險要，離我們又遠，長久以來就不服從我們。即使您今日破了他們，明天他們還會再反叛的。現在您幾乎是帶領全國的軍隊去討伐強賊。他們知道我們國內空虛，平定後的反叛也迅速。如果將他們全部殺掉以除後患，這既不是仁者所為，也不是在倉卒之間能做的。用兵之道，攻心為上，攻城為下，心戰為上，兵戰為下，希望您能讓他們心服。」諸葛亮在平定南中的戰役中，採納了馬謖的意見，七擒孟獲，使孟獲徹底地心服了。

建興六年，諸葛亮出兵祁山，任命馬謖為先鋒與魏將張郃戰於街亭，被張郃打敗，諸葛亮退回漢中，馬謖獲罪入獄。馬謖在臨終前於獄中給諸葛亮上書說：「明公您視我如子，我視明公您如父，希望您像古人那樣以大義為重，不要顧忌私情，使我們平生之交不要毀在這上面，這樣我即使死了也沒有什麼遺憾了。」殺馬謖的時候，十萬將士為之流淚。諸葛亮親自祭奠，對待馬謖的遺孤像馬謖活著的時候一樣。

蔣琬後來到漢中，對諸葛亮說：「天下未定而殺良將，豈不太可惜了嗎？」

諸葛亮流著眼淚說：「孫武所以能制勝於天下的原因，在於他用法嚴明。現在四海分裂，戰亂頻繁，如果廢法還怎麼去討賊？」諸葛亮向後主劉禪上表，自貶三級，以懲罰自己的用人不當。

狂徒彭羕

彭羕（羕）原是益州牧劉璋手下的一個小文官，有人告他詆毀劉璋，被劉璋施以髡鉗（髡音ㄎㄨㄣ，剃去頭髮和鬍鬚，並戴上刑具），判為徒隸。恰逢劉備進入益州，彭羕也因此得救。他想投靠劉備，就去見龐統。龐統和彭羕素不相識，家中又有客人。彭羕進來後，就躺在龐統的床上說：「請讓客人走，我要和您談話。」

龐統覺得這個人很奇怪，就讓客人走了，坐在彭羕的旁邊。彭羕又讓龐統給他拿東西吃，吃過飯後他才和龐統說話。倆人徹夜長談，龐統又留他住了幾天。龐統認為彭羕不是一般人，就和法正說了起來。法正本來就知道彭羕這個人，遂與龐統一起把彭羕推薦給了劉備。

劉備也認為彭羕是個難得的人才，就讓他在自己的帳下策劃了幾件事。結果彭羕處理得不錯，劉備對他的厚愛與日俱增。成都平定後，劉備做了益州牧，彭羕被提拔為治中從事。彭羕從徒隸起家，很快就官居高位，不免春風得意，驕傲自大起來，不把別人放在眼裡。

諸葛亮在外表上對彭羕還說得過去，內心卻很討厭他，多次對劉備說，彭羕心大志廣，難保不出事。劉備對諸葛亮既尊敬又信任，對諸葛亮不喜歡的人，他就要小心考察了。果然他覺出彭羕的行為不太正常，就對彭有些疏遠了，並將他降職使用，遷為江陽太守。彭羕聽說自己被調到江陽去，心裡很不高興，就去找馬超。

馬超問他：「您才華出眾，主公很看重您，說您應當與諸葛亮、法正等人並駕齊驅，現在為什麼又會被被調到外面一個小郡去當太守，有失您本來的宏願呢？」

彭羕正憋著一肚子氣，見馬超問他，就說道：「劉備本不過是個老兵，那懂得什麼治國之道。」他又說：「如果有您在外面起兵，而我作為內應，很容易就可以平定天下。」

馬超剛從外面回國，心裡常有一種恐懼感，不知道自己什麼時候遇到災難，聽彭羕這樣一說，心中大驚，沒有說什麼。等彭羕走了以後，馬上將彭羕說的話上報給劉備。於是，彭羕被關進了監獄。彭羕在獄中給諸葛亮上書，陳述他立過的功勞，表白自己的過失，訴說痛悔的心情，又勉勵諸葛亮努力而自愛。最後，彭羕被誅死，時年三十七歲。

霍峻 簡介

霍峻，生卒年不詳，字仲邈，南郡枝江人。他哥哥霍篤在鄉裡招了幾百人投奔劉表。霍篤去世後，劉表命令霍峻接替哥哥的位子，統領那幾百人。劉表去世後，霍峻率眾投靠劉備，被劉備任命為中郎將。他善於用兵，曾以幾百人擊敗上萬人，深得劉備的喜愛，被任命為梓潼太守、裨將軍，在官三年，年四十而卒。《三國志》卷四十一《霍王向張楊費傳》介紹了他的情況。

小城良將

劉備自葭萌（ㄐㄧㄚ ㄇㄥˊ）南還襲擊劉璋，留下霍峻守衛葭萌城。張魯派部將楊帛來引誘霍峻，想和他一起守城。

霍峻說：「我的頭你可以得到，但城你是得不到的。」楊帛只好退去。劉璋的部將扶禁、向存等，率萬餘人由閬水而上，圍攻葭萌城。霍峻手下雖然才有幾百人，但堅守了一年，向存等部也未能攻破。霍峻還趁向存的部隊懈怠之時，突然出擊，大破敵軍，斬了向存。

劉備得到益州後，為表彰霍峻的功勞，任命霍峻為梓潼太守和裨將軍，在官三年後去世，還葬成都。劉備對他的去世非常惋惜，親率百官去他的墓地祭奠，並且在墓地留宿了一夜，使霍峻身後很榮耀。

鎮靜自若——蔣琬

諸葛亮幾次出征，蔣琬經常以充足的糧草兵器供給前方。

諸葛亮常說：「蔣琬為人忠厚正直，應當是和我們共同輔佐帝王大業的人。」於是秘密地給後主劉禪上了一道奏章，說：「如果我去世了，以後的軍國大事可以託付給蔣琬。」諸葛亮死後，蔣琬被任命為尚書令，不久又讓他兼任都護，給予符節，出任益州刺史，後又升為大將軍，總領尚書的各種事務，並加封安陽亭侯的爵位。

當時，諸葛亮剛剛逝世，朝廷內外人心不安。蔣琬的表現出類拔萃，他雖處在比同僚更重要的職位上，但既沒有憂傷的神色，也沒有喜悅的表情，神情舉止鎮靜自若，像平時一樣。由於這個原因，蔣琬漸漸成了眾望所歸的人物。

不計個人恩怨

東曹掾楊戲一向性格傲慢，蔣琬和他講話經常不應不答。有人想要在蔣琬面前陷害楊戲，就對蔣琬說：「你與楊戲說話，他卻不作回答，楊戲侮慢上司，太過分了。」

蔣琬說：「人心之不同，正如各人的面孔不同一樣。表面服從，背後又說反話，這是古人所警惕的。楊戲要是贊同我的意見，那就違反了他的本意；要是反對我的意見，那麼就會顯揚了我的缺點，所以只好默然不語，這正是楊戲耿直的地方啊！」

有個督農楊敏曾經詆毀蔣琬，說：「作事糊塗，實在不及前人。」

有人把楊敏的話報告給蔣琬，主管的官吏請求追究處理楊敏，蔣琬說：「我實在不如前人，沒什麼可追究的。」主管的官吏很難根據蔣琬的話不去追究，就請求允許他去責問楊敏所指的是哪些糊塗表現。

蔣琬說：「如果去追問哪些地方不如前人之類的問題，那就是做了不合情理的事；作事不合情理，也就是糊塗了，又何必再去問呢？」後來楊敏因犯了罪被拘囚在獄中，眾人擔心他一定會被處死。蔣琬心中卻毫無個人的親疏恩怨，楊敏才得免於重罪。

孫仲謀大戰張文遠
竹笑軒主

孫堅 簡介

孫堅（公元一五五—一九五年），字文臺，吳郡富春（今浙江省富陽）人。他是江東豪富。曾參與鎮壓黃巾起義，任別部司馬、議郎。中平四年（公元一八七年），他出任長沙太守。董卓在京城作亂，他與袁術聯右抗擊董卓。在軍閥混戰中，他逐步擴大了自己的勢力，成為一方之雄。初平三年（公元一九二年），袁術派他去攻打劉表，劉表令黃祖迎戰，在峴山（今湖北省襄樊南）被黃祖射殺。《三國志》卷四十六《孫破虜討逆傳》介紹了他的主要生平情況。

岸邊殺盜

孫堅年輕時做過縣吏。十七歲那年，他與父親一起乘船至錢塘去，正巧遇上海盜胡玉等人，從匏里劫取了商人的一批財物後，正在岸上分贓。那些過往的行人都嚇得足步不前，船隻也不敢再向前行駛。孫堅對他父親說：「這些海盜應該打擊，請讓我去懲罰他們。」他的父親說：「這不是你所能取勝的。」孫堅拿刀上岸，用手東指四揮，好像分派部署士兵來捉拿海盜的樣子。海盜見此情形，以為官兵來搜捕他們了，立即丟棄財物，四散逃跑。孫堅緊追，殺了一個海盜才回到船上，父親十分驚奇。由於這件事，孫堅名揚四方，郡府召他擔任錢塘縣尉。

良馬救主

中平元年，黃巾首領張角在魏郡造反，漢朝廷派車騎將軍皇甫嵩（ㄙㄨㄥ），中郎將朱儁帶兵去征討。朱儁上表請孫堅為佐軍司馬，鄉里少年都願跟隨孫堅一起去打仗。孫堅又招募了一部分商人子弟及淮、泗等地的精兵，共約千人，與朱儁一起合力抗擊黃巾軍，所向無敵。

在西華的一次戰鬥中，孫堅被刺傷墜下馬來，昏死在草叢中。他的部隊士兵分散尋找，未能找到。孫堅的坐騎跑回軍營，踏地嘶鳴。將士們跟隨著孫堅的坐騎在草叢中找到孫堅。孫堅在營中養了十幾天的傷，傷口稍好一些後又出戰了。汝、潁兩地的黃巾賊退保宛城，孫堅身先士卒，衝進宛城，黃巾賊紛紛投降，遂破宛城。朱儁上表朝廷，拜孫堅為別部司馬。

聲討董卓

靈帝駕崩後，董卓在京城橫行霸道，激怒天下英雄要共討董卓。

荊州刺史王睿一向和武陵太守曹寅不和，揚言要討董卓，就要先殺曹寅（ㄧㄣˊ）。曹寅非常害怕，就羅列了一些王睿的罪狀，向光祿大夫溫毅告發。溫毅將此案交給孫堅處理，要求殺掉王睿。孫堅帶兵去襲擊王睿。兵臨城下，王睿登樓瞭望，派人去問來幹什麼。孫堅的部將回答說：「我們打了很長時間的仗，非常勞苦，但是所得到的賞錢卻非常少，連買衣服都不夠，到這裡來是想要些東西。」

王睿說：「我不會吝嗇的。」於是就打開城門和倉庫，讓孫堅的兵馬進城了。王睿在人群中突然撞見孫堅，吃驚地問：「當兵的來求賞錢，您怎麼也來了？」

孫堅答道：「我是奉命來殺你的。」王睿問道：「我有什麼罪？」孫堅說：「我不知道。」王睿知道他逃不掉了，就從金器上刮下金粉，放入杯中，一飲而死。

袁術上表請孫堅去出任中郎將。孫堅領兵來到來陽。南陽太守張咨聽說孫堅率大軍來了，泰然自若，並沒有意識到危險已降臨到頭上。孫堅和張咨互相宴請。在一次宴席上，正在喝酒，長沙主簿進來對孫堅說：「我軍前移南陽，太守張咨不給軍糧，請問他為何原因？」

張咨一聽，嚇得立刻起身要走，但四周已被孫堅的兵包圍，他只得坐下聽候處理。

主簿又說：「張咨想困住我們義兵，使我們不能討伐董賊，請將他按軍法從事。」說罷，命令士兵將張咨牽出門外，斬首示眾。張咨被斬後，各郡都很害怕，孫堅兵到之處，所求無不滿足。孫堅到達魯陽城，與袁術相見。袁術讓他擔任破虜將軍，領豫州刺史。

孫堅屯兵魯陽城，為討伐董卓，派長史公仇稱去督促軍糧。公仇稱臨行那天，孫堅在城東門外設營帳，為公仇稱餞行。大家正在飲酒談笑之時，董卓的數萬兵馬突然出現，幾十個輕騎兵眨眼就衝了過來。孫堅命令手下的將士不要亂動，他自己依舊照談笑風生。董卓的輕騎兵停在不遠處不敢上來，等待著後面的大部隊。孫堅慢慢起身，讓大家有秩序地入城。他

邊走邊對身邊的人說：「我剛才不馬上起來的原因，是怕士兵們驚慌失措，使各位進不了城。」

董卓的兵馬越聚越多，但看見孫堅的士兵們陣容整齊，毫無懼色，不敢貿然攻城，於是就暫時撤退了。孫堅見敵軍撤走，馬上移軍到梁東。董卓的大隊人馬這次沒有猶豫，立刻大舉進攻，將孫堅的人馬重重包圍起來。孫堅帶著幾十名親兵，突破重圍，奪路而逃。

孫堅常戴著一頂紅頭巾，敵人們都以為戴紅頭巾的人就是孫堅。孫堅將紅頭巾摘下，令親近的部將祖茂戴上。董卓的騎兵都爭著去追祖茂，孫堅得以從小路上逃脫。祖茂被敵兵緊緊追趕，他衝進墳地中，跳下馬來，將紅頭巾戴在了一根柱子上，自己在草叢中躲藏起來。董卓的騎兵望見紅頭巾，慢慢圍了上來。走近一看，才發現紅頭巾下是一根柱子，於是就離開了。祖茂因此得以倖免。

孫堅將逃出來的散兵招集起來，與董卓的軍隊在陽人大戰，董卓的軍隊大敗，都督華雄被斬。孫堅想要乘勝追擊，向在魯陽的袁術催要軍糧，不料，有人想離間孫堅和袁術，在袁術面前說了不少孫堅的壞話，使袁術對孫堅產生了懷疑，不發軍糧。

孫堅聽說後，夜馳百餘里去見袁術。他對袁術說：「我奮不顧身地討伐董卓，上為國家討賊，下為您報家仇，我與董卓沒有個人之間的怨恨。您聽信小人之言，對我竟產生了懷疑，難道想功敗垂成嗎？」

袁術對孫堅的疑慮立刻打消了，馬上給他調撥了軍糧。孫堅回到陽人。董卓對孫堅的勇猛有些懼怕，就派將軍李傕來求和，並封官許願。孫堅大怒，說道：「董卓逆天無道，蕩覆王室，我不夷滅他的三族，懸示四海，就死不瞑目，怎麼能與他和親呢？」於是，進軍大谷。董卓遷都，孫堅進入洛陽城。

孫堅之死

初平三年，袁術派孫堅征討荊州劉表。劉表令部將黃祖在樊、鄧之間抗擊孫堅。雙方交戰，黃祖不敵，孫堅追渡漢水，將黃祖圍在襄陽城。深夜，黃祖帶兵衝出襄陽城，竄進峴山。孫堅乘夜色追擊，山路崎嶇，兩邊都是竹林。黃祖令士兵們在路旁的竹林中埋伏，孫堅領兵追來，被伏兵亂箭射中而死，時年三十七歲。

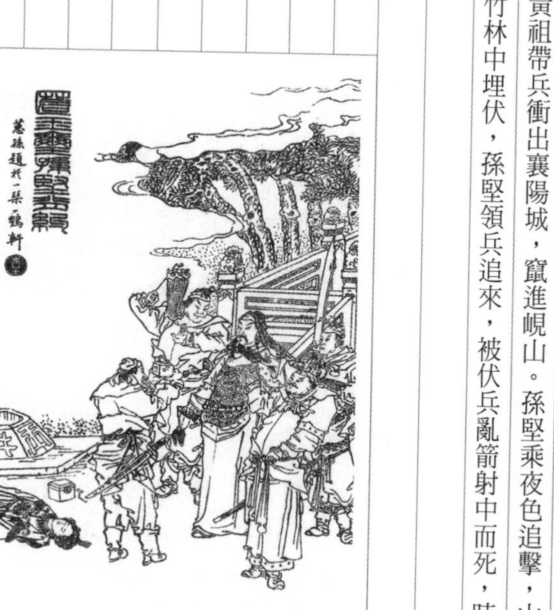

孫策 簡介

孫策（公元一七五—二〇〇年），字伯符，孫堅之子，孫權之兄。父親孫堅去世後，他移居江都（今安徽廬江縣西），募兵數百，跟隨左右。興平元年（公元一九四年），他依附袁術，頗受重視。興平二年（公元一九五年），他率軍渡江，佔據會稽、吳郡、丹陽、豫章、廬陵等五郡，隨之又奪廬郡。他依靠南北士族，於江東地區建立起孫氏政權，曹操任他為討逆將軍，封吳侯。建安五年，他想乘曹袁官渡之戰時，襲擊許都，將漢獻帝遷到江東，未及發兵，被原吳郡太守許貢的門客刺殺。後其弟孫權稱帝，追尊他為長沙桓王。《三國志》卷四十六《孫破虜討逆傳》介紹了他短暫的一生。

智勇兼備

孫策渡江進攻揚州刺史劉繇的牛渚營，盡得其糧草和戰具。當時，彭城相薛禮、下邳相笮融都依附劉繇，薛禮佔據秣陵城，笮融屯兵縣南。孫策先打笮融，雙方交戰，孫策即斬笮融的將士五百多人，嚇得笮融緊閉營門不敢出來了。孫策渡江去打薛禮，薛禮棄城逃跑。劉繇的部將樊能、于麋等人糾集起被打散的兵馬，想奪回牛渚（ㄓㄨˇ）營。

孫策聽說後，立刻回兵迎擊，一戰就俘獲了上萬人。接著，孫策又去攻打笮（ㄗㄜˊ）融。笮融不出營，令士兵的亂箭射孫策，孫策果然被亂箭射中大腿摔下馬來。孫策返回牛渚營養傷，有的人跑去告訴笮融，說孫策已死。笮融大喜，立即派部將于茲率軍來攻打牛渚營。

孫策見敵人殺來，就派出數百步騎兵迎擊，又在後面埋伏下重兵。派出的步騎兵與于茲的軍隊尚未交戰，就往回撤退。于茲命令大軍追殺，一直追入孫策設下的埋伏圈中。一聲號炮，伏兵殺出，斬敵首千餘級。于茲敗走，孫策率軍追打到笮融的營前。他令左右的人大呼：「來看孫郎怎麼樣？」笮融手下的不少士兵見孫策沒死，在當夜就棄營逃走了。

笮融知道孫策還活著，更加小心守備了。孫策見笮融的營地地勢險固，一時難以攻克，就引軍撤退了，轉攻劉繇別將於海陵、湖孰、江乘等地，一路皆克。

秋毫無犯

孫策大軍殺向曲阿，揚州刺史劉繇棄軍逃走，揚州各郡縣的大小官吏也都棄城竄逃。百姓們起初不了解孫策，聽說他來了都嚇得失魂落魄，不知如何是好。

孫策下令，不許劫掠百姓。孫策的軍隊所到之處，秋毫無犯，百姓們轉憂為喜，紛紛抬著酒肉來慰勞部隊。孫策進入曲阿，發佈通告說：「劉繇（ㄧㄠˊ）和笮融手下的人來投降，什麼也不要問，願參軍的就

參軍，不願參軍的不要勉強。」

怎料通告一出，不到一個月，就來了兩萬多人參加了孫策的軍隊，還得到了一千多匹戰馬。孫策一時威震江東，形勢轉盛。

臨終託江山

建安五年，曹操和袁紹在官渡對峙，孫策私下打算襲擊許都，迎還漢獻帝。他暗中訓練軍隊，對將領都做了部署。可是尚未發兵，卻被原吳郡太守許貢的門客所刺殺。在這以前孫策殺掉了許貢，許貢的小兒子和門客逃到江邊躲了起來。孫策獨自騎馬出營，突然與許貢的門客遭遇，門客刺傷了孫策。孫策的傷很重，他把張昭等請來，對他們說：

「中原正處在亂戰之中，我們憑藉吳越地區的人馬，三江形勢的險固，足可坐觀成敗，請諸位好好輔佐我的弟弟！」

孫策把孫權叫來給他配上印綬，對他說：「率領江東人馬，在敵我雙方相持中決策取勝，與天下群雄分庭抗禮，你不如我；推舉和任用有道德有才能的人，使他們盡心竭力，來保我江東，我不如你。」

到晚上，孫策就死了，年僅二十六歲。

孫權

簡介

孫權（公元一八二—二五二），字仲謀，三國時吳國的建立者。公元二二九—二五二年在位。他能文善武，曹操曾誇讚「生子當如孫仲謀」。建安五年（公元二〇〇年），其兄孫策臨終前將身後大事託付給他。建安十三年（公元二〇八年），聯合劉備大敗曹操於赤壁。建安二十四年（公元二一九年），攻殺蜀將關羽及其子關平於臨沮，奪取荊州。吳黃武元年（公元二二二年），吳蜀「彝陵之戰」，大敗劉備。吳黃龍元年（公元二二九年），於武昌（今湖北鄂城）稱帝，國號吳。旋遷都建業（今南京）。他在位期間，設置農官，實行屯田，和少數民族的關係比較密切，對江南地區的經濟文化發展做出一定貢獻。由於連年戰爭人民生活十分困苦，為保證戰爭的需要，對百姓的賦役很重，激起人民的不斷反抗。他去世後，追尊為大皇帝。《三國志》卷四十七《吳主傳》詳細介紹了孫權一生的主要活動情況，將孫權這個三國時代叱詫風雲的一代君王刻畫得十分生動。

節哀赴命

孫策平定江東各郡時，孫權年僅十五歲，就被任命為陽羨長。漢朝因為孫策雖處偏遠，仍盡臣子的職責交納貢賦，就派遣使者劉琬來江東賜給他爵位和官服。劉琬回去後對別人說：「我看孫家兄弟各個才華出眾，相貌奇特，骨架有大貴之相，壽命又最長。」

建安五年，孫策被人刺殺，臨終前將軍國大事託付給孫權。孫權對哥哥的突然去世感到非常悲痛，哭泣不止。長史張昭對他說：「現在不是哭的時候，外面歹人競逐，豺狼當道，您顧念禮法，為兄長抒發悲哀，這如同打開大門招引強盜，不能把這種行為稱為仁。」

孫權於是換掉喪服，被人扶上馬，外出巡視部隊，穩住了軍心。

生子當如孫仲謀

建安十八年正月，曹操領兵攻打濡須，孫權與他相持了一個多月。曹操夜渡洲上，孫權派水軍圍攻，俘虜曹軍三千人，投江而死的也有數千人。曹操退守營地，孫權屢次派兵挑戰，曹軍堅守不出。孫權親自乘著快船，從濡須口進入曹軍的陣地。曹操手下的將領想出兵攻擊孫權。

曹操說：「這一定是孫權想親自來觀察我軍的部署。」他命令軍中做好戰鬥準備，沒有他的命令弓箭不能隨便射。孫權在曹軍的陣前航行了五、六里，又調過船來，邊走邊敲鼓奏樂。曹操見孫權的船隊整齊而有章法，不由讚嘆道：「生子當如孫仲謀，劉表的兒子像豬狗！」

孫權派人給曹操送信，說：「春水要漲了，您最好趕緊離去。」

曹操接信後說：「孫權沒有欺騙我。」於是就撤軍了。

居安思危

黃初二年四月，孫權從公安遷都鄂城，改名武昌，八月開始修築武昌城。由於魏國的曹操已去世，曹丕稱帝，蜀國的劉備也在黃初二年四月稱帝，三國之戰暫時得以平息。孫權手下的將領們有些鬆懈，對此，孫權深為憂慮，他下令說：

「生存不忘滅亡，安逸時要考慮危險，這是古代留下的教訓。過去，雋不疑是漢代的名臣，他在太平盛世卻刀劍不離身，所以君子對武器，隨時都不能放鬆。何況現在我們處在魏、蜀交界地區，跟豺狼一般的惡人打交道，卻怎麼可以放鬆警惕而不考慮突然的事變呢？最近我聽說諸將在出入時，各自崇尚謙和儉約，不帶侍從和武器，這遠非全面考慮和愛護自身的行為。保全自己，留名後世，讓君主和父母安心，這比崇尚節儉更能使自己擺脫陷入危辱的境地。大家應該提高警惕和戒備，崇尚大節，這才符合我的心意。」

孫權之死

太元元年夏五月，孫權立潘氏為皇后大赦天下，改年號為太元。臨海郡的羅陽縣有個神人，自稱王表，在民間活動，他的語言、吃喝跟一般人一樣，但看不見他的形體。他有一個婢女，名叫紡績。這月，孫權派中書郎李崇捧著輔國將軍羅陽王的印綬，去迎接王表。王表與李崇一起走，與經過郡縣守令交談，誰

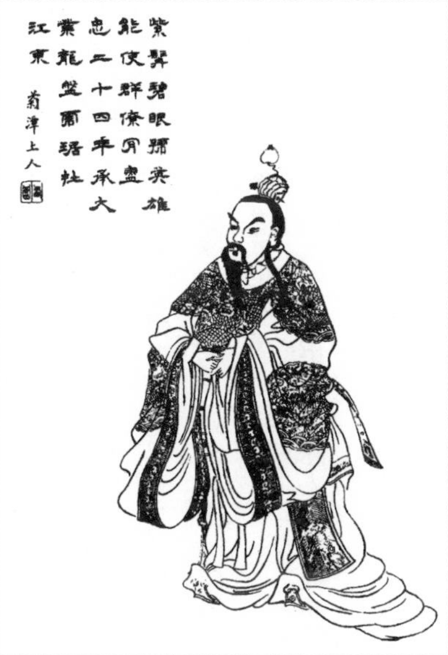

也不能駁倒他的意見。七月，李崇和王表來到國都。孫權為王表在蒼龍門外設置官舍，經常派親近的大臣送去酒和食物。王表預言水旱之類的事，往往應驗。

有人評論說：「國將興，聽於民；國將亡，聽於神。孫權年老志衰，奸臣在側，廢嫡親立庶子，以妾為妻，可以說失德太多了。他又設符命，求福於妖邪，將亡之兆，不是很明顯了嗎？」

這年的秋八月初一，颳起大風，江海倒流，平地水深八尺，吳郡高陵的松柏全被連根拔出，越南大門被颳到天上又掉了下來。這年的冬十一月，孫權從南郊祭祀回來後，感染風寒，一病不起。十二月，孫權急調大將軍諸葛恪回來，任命他為太子的老師。他還下詔減少徭役，減收賦稅，廢除人民認為痛苦的事情。

太元二年春正月，孫權立原來的太子孫和為南陽王，讓他居長沙；兒子孫奮為齊王，居武昌；兒子孫體為琅邪王，居虎林。二月，孫權大赦天下，改年號為神鳳。太子孫亮的母親潘氏去世。孫權病情加重，文官武將們多次拜訪神人王表求福，王表表示無奈，逃走了。夏四月，孫權去世，時年七十一歲，諡號為大皇帝。秋七月，安葬在蔣陵。

能言善辯

孫權做吳王時，提拔趙咨為中大夫，讓他出使魏國。

魏文帝曹丕很喜歡趙咨，一次跟他開玩笑道：「吳王還有點學識才能嗎？」

趙咨說：「吳王擁有戰艦萬艘，帶領雄師百萬，重用有德有才的人物，立志於治好國家，即使有空餘時間，也要博覽典籍史書，借以探尋精微深奧的道理，不像那些書生只知道咬文嚼字。」

曹丕問：「吳國可以征服嗎？」

趙咨說：「大國擁有征服小國的軍隊，小國也具有防備大國的牢固陣地。」

曹丕又問：「吳王害怕魏國嗎？」

趙咨說：「吳王帶兵百萬，又有長江做為天然屏障，有什麼可以擔驚受怕的呢？」

曹丕又問：「吳國像大夫您這樣的人有幾個呢？」

趙咨說：「才智出眾的有八九十人，像我這樣的人更是車載斗量，多得無法計算。」

趙咨多次出使北方，魏國的人特別敬重他。孫權知道後很讚賞他，拜他為騎都尉。

張昭 簡介

張昭（公元一五六—二三六年），字子布，彭城（今江蘇徐州）人。年輕時非常好學，東漢末年，渡江南下，任孫策長史、撫軍中郎將，參與謀劃，深得孫策信任。孫策臨終前，將後事託付給他，囑他輔助孫權。孫權行車騎將軍，以他為軍師。「赤壁之戰」前，他主張投降曹操，為孫權所不滿。魏黃初二年（公元二二一年），孫權為吳主，任張昭為綏遠將軍，封由拳侯。黃龍元年（二二九年），孫權於武昌稱帝建吳，任張昭為輔吳將軍，改封婁侯。他一度不參政事，閉門治學。張昭容貌矜嚴，有威嚴的風度，孫權常說：「我與張公談話，不敢妄說。」年八十而卒，留下遺言，對他的後事要幅巾素棺，只穿平常的衣服即可。孫權素服吊唁，封他為文侯。《三國志》卷五十二《張顧諸葛步傳》詳細介紹了張昭的主要生平事跡。

勸君棄獵

孫權喜歡打獵，一次他騎著駿馬去射猛虎。虎大怒，躥起撲孫權，孫權急忙躲閃，猛虎的前爪抓到了馬鞍上。張昭嚇出一身冷汗，臉都變了顏色，衝到孫權旁邊說：「將軍您沒事吧？您作為主君，應當去駕馭英雄，驅使群賢，怎麼能夠在原野上奔逐，和猛獸比勇呢？如果一旦不幸發生了危險，不就被天下人笑話了嗎？」

孫權急忙對張昭說：「我年少考慮事情不夠長遠，請您原諒。」

然而孫權太喜歡打獵了，無法放棄這種娛樂活動。他讓人做了一輛沒有車蓋的射虎車，讓一個人駕車，他在車裡射虎取樂。一次，有一隻離群的野獸跑到他的車邊不停地撲車，孫權坐在車裡待野獸撲上來時，就用手拍擊牠的腦袋，以此為樂。張昭多次規勸孫權放棄這種危險的娛樂活動，孫權常常笑著聽他說完，卻不給他任何回答。

諍言拒酒

孫權在武昌，有一次登臨釣台，飲酒大醉。孫權命隨從拿酒給群臣，說：「今日暢飲，只有到了醉倒在台上時，才可以不喝！」

張昭神情嚴肅，一聲不吭，到外面坐在車中。孫權派人把張昭叫回來，對他說：「我不過是讓大家高興高興罷了，您為什麼要發怒呢？」

張昭回答說：「從前商紂王令人把肉堆成山，在池裡灌滿了酒，通宵達旦地宴飲，當時也是認為很快樂，而不認為是壞事啊！」孫權默默無言，露出了慚愧的神色，隨即撤去酒宴。

君臣之爭

公孫淵願向孫權稱臣，孫權想派張彌、許晏到遼東拜公孫淵為燕王，張昭提出相反的意見，說：「公孫淵背叛魏國，害怕魏國派軍隊討伐他，所以才遠來求援，他不是從內心裡願意服從您。如果公孫淵的主意變了，想向魏國表白自己，我們派去的兩位使者就回不來了，這不就成了被天下取笑的事情了嗎？」

孫權一意孤行，張昭堅持己見，兩人越說越僵，孫權的自尊心受到傷害，他抽刀拍在桌子上，大怒道：「吳國的士大夫入宮拜我，出宮拜您，我對您的尊敬可以說是非常深的，而您卻多次在眾人面前羞辱我，使我心生顧忌，失去良計。」

張昭望著孫權說：「我雖然知道我說的話沒用，但每次都竭盡愚忠向您進言，這是因為在太后臨崩時，把我叫到床前，將您託付給我的緣故……。」說著，他的眼淚就流了下來。孫權見老臣張昭痛哭流涕，也悲從心起，把刀扔在地上和張昭對著哭起來。

然而孫權的主意並沒有變，他仍派張彌和許晏去了遼東。張昭對孫權不聽他的規勸很生氣，就稱疾不上朝了。孫權更生氣，就命人用土堵住張昭的院門。張昭也在裡面用土封上了院門。

張彌和許晏到了遼東，果然被公孫淵殺害了。孫權知道自己錯怪了張昭，就派人多次去慰問張昭。張昭躺在床上稱病不起。孫權外出路過張昭的院門，叫張昭出來。張昭讓人告訴孫權，說他病得很重不能出來。孫權將他的院門燒了，想嚇唬張昭。張昭更是閉門不出。孫權連忙叫人將火撲滅，在門口站了很久，張昭的兒子們才一起扶著父親走了出來。孫權用車載著張昭回到宮中，深深自責。張昭不得已，只好重新上朝了。

用人不疑

諸葛瑾在南郡時，有人暗地裡散布誣蔑諸葛瑾的言論。這些讒言在外面頗有流傳，陸遜上表保奏，說明諸葛瑾決沒有這種事，應該消除這些謠言。

孫權答覆說：「子瑜與我共事多年，恩情如同骨肉，彼此了解很透徹。他為人不合道義的事不做，不合道義的話不說。劉備從前派遣諸葛亮到東吳，我曾經對子瑜說：『你跟孔明是親兄弟，而且弟弟應隨從兄長，在道理上是正當的，你為什麼不留下孔明呢？孔明如果留下來跟著你，你就寫信給劉備進行勸說，料想劉備會隨人自變。』

子瑜回答我說：『我弟弟諸葛亮已屬劉備，這種歸屬決定了君臣之分，從道義上說忠心事君，不能有貳心。我兄弟不會留在東吳，就如同我不會到蜀國去一樣。』這話足可以顯示他的精神。現在哪裡會有像流言所傳的那種事呢？我前不久看到一份文辭虛妄的奏章，當場就封起來交給子瑜看並寫了一封親筆信給子瑜，很快就得到了他的答覆，論述天下君臣的大節，自有一定的名分。我與子瑜，可以說是心投意合

而相知有素的朋友，不是外面的流言蜚語所能挑撥的。我知道你情意深摯，就把你的奏表封好，交給子瑜看，讓他知道你的厚意。」

勸主拒降

孫權得曹操將東進的消息，就和諸將商議對策，諸將都勸孫權歸降曹操，唯獨魯肅一言不發。

孫權起身上廁所，魯肅追到屋簷下。孫權知道他的意思，握著魯肅的手說：「你想說什麼？」

魯肅回答說：「剛才我仔細審度了眾人的意見，覺得他們是要貽（ㄧˊ）誤將軍的大事，不足以和他們謀劃大事。我魯肅可以投降曹操，但像將軍您這樣的身分，是不行的。為什麼這樣說呢？我若投降曹操，曹操會把我送回鄉裡，評定我的名位，還少不了做個下曹從事之類的小官，坐著牛車，帶著隨從，和士大夫們交往，積功升遷仍不失州郡一級地方長官的職務。將軍若您投降了曹操，會得到什麼結果呢？希望您盡快決定大計，不要採納那些人的意見啊！」

孫權嘆息道：「這些人的主張，很使我失望。現在你發表的宏論，正和我的意見相同。這是上天把你送給了我啊！」

周瑜 簡介

周瑜（公元一七五—二一〇年），字公瑾，盧江舒縣（今安徽省舒城）人。他是孫權的部將，出身士族，少時與孫策為友，後隨孫策征戰，任建威中郎將，人稱周郎。他幫助孫策在江東建立了孫氏政權。孫策去世後，他與張昭同輔孫權，任前部大都督。建安十三年（公元二〇八年），曹軍南下，他親率吳軍會同劉備在赤壁大敗曹軍。後來他又提議進取四川、漢中地區，進而統一北方，孫權深表贊同。可惜事未成，他就因病而去世了。《三國志》卷五十四《周瑜魯肅呂蒙傳》詳細記述了他的戎馬生涯。

赤壁之戰大噪聲名

建安十三年九月，曹操進入荊州，劉琮率領部下投降。曹操收編了荊州水軍，計水兵、步兵幾十萬人。東吳將士聽到這一消息無不驚懼恐慌。孫權召見群臣，向他們徵詢對策。

參加商議的人都說：「曹操如同豺虎，然而他名義上是漢朝的丞相，挾持漢獻帝來征服四方，動不動就說是朝廷的旨意，現在我們抵抗他，就有反抗朝廷

之嫌，於事理不順。況且將軍您據以抵禦曹操的最有利的地理形勢是長江天塹。現在曹操取得了荊州，全部佔有了荊州的土地，劉表以前訓練的水軍，蒙衝鬥艦數以千計，現在曹操把這些戰船全部沿江擺開，同時還有步兵，水陸並進。這樣一來，長江天險，曹操已和我們共同佔有了。再說雙方兵力眾寡懸殊，又不可相比，我們認為上策不如迎降。」

周瑜說：「不對！曹操雖然名義上是漢朝的丞相，實際上是漢朝的奸賊。將軍您憑著雄才大略，繼承了父兄的功業，據有江東，土地方圓數千里，軍隊精銳，物資充裕，英雄豪傑都樂意為您效力。您應該縱橫天下，為漢朝鏟盡奸邪，消除禍害才是。

「眼下曹操自己來送死，怎麼能向他投降呢？請允許我替將軍謀劃：若現在北方局勢已穩定，曹操沒有了後顧之憂，或能曠日持久地來和我們爭奪疆土。可是他又豈能夠和我們在水戰中爭奪勝負呢？何況現在北方局勢並未穩定，加上馬超、韓遂還在關西，這是曹操的後患。再說丟棄戰馬，依靠舟船，來與吳、越對抗，本來就不是他的中原士兵所長。如今又正值隆冬，馬缺草料，中原士兵長途跋涉到南方來，不服水土，一定會生疾病。這些都是用兵大忌，而曹操卻不顧地冒失這樣做了。將軍要捉拿曹操，現在正是時候。請撥給我三萬精兵，讓我進駐夏口，保證替您打敗曹操。」

孫權說：「曹賊陰謀廢掉漢帝自己當皇帝已經很久了，只是顧忌袁紹、袁術、呂布、劉表和我罷了。現在幾路英雄已相繼滅亡，只有我還活著，我與老賊勢不兩立。你說應當抗戰，很合我的心意，這是老天爺派你來幫助我的！」

在這以前，劉備被曹操打敗，想引兵南渡長江，後來和魯肅在當陽相遇，就一起商量大計，於是進駐夏口，派諸葛亮去見孫權。孫權就派遣周瑜以及程普等將領同劉備聯合起來迎擊曹操，孫劉聯軍與曹軍在赤壁相遇。

這時曹操軍中疾病流行，剛一交戰，曹軍就被打敗，退兵駐紮在長江北岸。周瑜等駐紮在長江南岸。

周瑜的部將黃蓋說：「目前敵眾我寡，很難跟曹軍長期相持。然而我們可以看到曹軍的船艦都前後緊緊相連，正可以用火攻擊退它。」

於是調來數十艘蒙衝鬥艦，戰艦中裝滿了柴草，把油灌注在裡面。用帳篷圍起來，船上豎起了軍旗。黃蓋事先寫了封信給曹操，騙他說要向他投降。黃蓋又準備了一些快艇，分別繫在大船的後面，於是按照次序一起進發。曹操軍隊中的官兵都伸長脖子在觀望，指著來船說黃蓋來投降了。黃蓋接觸曹軍後就把船散開，同時點上火。這時風勢很猛，大火蔓延燒盡曹軍的船隻，延燒到岸上的營寨。

不一會，煙火瀰漫天空，曹操的人馬被燒死很多。曹軍於是敗退，回軍退守南郡。劉備與周瑜等又一起率軍追趕。曹操只好留下曹仁等將領守住江陵城，他自己直接回北方去了。

笑退說客

當初，曹操聽說周瑜年輕而才華出眾，以為可以透過遊說使他歸附，就悄悄到揚州，派九江人蔣幹前

去拜會周瑜。蔣幹儀表不凡，以能言善辯著稱，他的口才在江淮一帶首屈一指，沒有可與他匹敵的人。

蔣幹穿了布衣，戴了葛巾，推說是私下會友來拜見周瑜。周瑜親自出落迎接蔣幹，一見面就對蔣幹說：「子翼太辛苦了，遠涉江湖而來是來替曹操做說客的嗎？」

蔣幹回答說：「我與您是同鄉，中間分別了多年，長時間不斷聽到您的美名和功業，所以特來敘敘闊別之情，並來看看你風雅的志趣，你卻說我是說客，恐怕是過敏了些吧！」

周瑜說：「我雖然比不上春秋時的夔和師曠，但聽到琴上的聲音，也足以知道樂曲的名稱和內在的涵義了。」於是請蔣幹進營帳，為他安排了酒宴。宴畢，打發蔣幹說：「正巧我有點機密事情要辦，請暫且出營到館舍中住幾天，事完之後，我再來請您一敘。」

過了三天，周瑜邀請蔣幹一起遍觀營寨，邊走邊看，看了倉庫中的軍用物資和器仗以後，回到營中宴飲。席上，周瑜又吩咐侍者將他的各種服飾和珍奇的玩物都拿出來給蔣幹看，笑著對蔣幹說：「大丈夫活在世上，遇到知己明主，名義上固然有君臣的分別，實際上跟骨肉一樣親密，言聽計從，有福共享，有難同當，假使戰國時著名的辯士蘇秦、張儀重生，漢初的著名辯士酈食其再世，我尚且要拍拍他們的脊背而讓他們無話可說，又豈會被您這樣的年輕書生說動呢？」蔣幹只是笑，無話可說。

蔣幹回去後，稱讚周瑜度量寬宏，情趣高尚，不是言辭所能挑撥的

呂蒙 簡介

呂蒙（公元一七八—二一九年），字子明，汝南富陂（今安徽省阜陽）人。他年紀不大就從軍了，在孫策的部將鄧（ㄧㄢˊ）當手下當兵。鄧當死後，張昭推薦他代替鄧當，任別部司馬，跟隨孫權作戰，屢建戰功，官至橫野中郎將。他年輕時重武輕文，只注意攻戰，無意治學，後接受孫權勸告，苦讀史書、兵書，成為飽學之士。他率軍襲取荊州，擒關羽，出任南郡太守，封孱陵侯，不久病死。《三國志》卷五十四《周瑜魯肅呂蒙傳》記述了他從軍後的生涯。

英雄出少年

呂蒙年少時南渡長江，投靠姐夫鄧當。鄧當是孫策的部將，多次領兵討伐山越之賊。呂蒙十五、六歲時，曾暗中跟隨鄧當襲擊山賊，鄧當回頭發現呂蒙，大驚失色，呵斥他回去，但呂蒙卻鬥志高昂，不肯回去。鄧當打完仗把這件事告訴了呂蒙的母親，呂母很生氣，想處罰兒子。

呂蒙說：「像現在這樣的貧窮卑賤的生活，我實

白衣搖櫓真奇計
一舉荊襄取次收

在過不下去了，如果能在戰場上立下戰功，就可得到富貴。」

呂母被兒子的話說得心裡發酸，就放了他。鄧當部下的小吏因呂蒙年少而輕視他，說道：「呂蒙那小子能有什麼作為呢？不過是想拿一身肉餵老虎罷了。」

過了幾天，小吏和呂蒙相見時，他又侮辱呂蒙，呂蒙大怒，抽出刀來就把小吏殺了，然後就逃走了，躲在同鄉鄭長的家裡。孫策召見呂蒙，覺得他是個難得的人才，就把他安排在自己的身邊。過了幾年，鄧當死了，張昭舉薦呂蒙接替了鄧當，被任命為別部司馬。孫權管理軍政事務時，考慮到諸小將兵員少而費用又不足，想合併部隊。

呂蒙暗地裡借錢買來布料，為士兵們做了大紅色的衣服和綁腿。到了檢閱的那天，呂蒙的軍隊隊列整齊，兵士們個個精神抖擻認真操練，孫權看了很高興，於是就給呂蒙增加了兵員。呂蒙從此跟著孫權南征北戰，屢立戰功，很快被提升為平北都尉，兼任廣德長。

士別三日，刮目相看

孫權對呂蒙和蔣欽說：「你們如今都身居要職，掌管國事應當多讀書來使自己不斷進步。」

呂蒙說：「在軍營中常常苦於事務繁多，恐怕不容許再讀書了。」

孫權說：「我難道要你們去鑽研經書做博士嗎？只不過是叫你們多讀些書，了解歷史罷了。你們說誰能像我這樣事務多呢？我年輕時讀過《詩經》、《尚書》、《禮記》、《左傳》、《國語》，只是未讀《周易》。自我執政以來，又仔細研究了『三史』及各家的兵法，自己覺得大有收益，怎麼可以不讀書呢？應該先讀《孔子》、《六韜》、《左傳》、《國語》以及『三史』。孔子曾經說過：『整天不吃、整夜不睡地空想，沒有好處，還不如去學習。』光武帝擔當著指揮戰爭的重任時，仍是手不釋卷。曹操也說自己老而好學。你們為什麼偏不能勉勵自己呢？」

呂蒙就此開始讀書，專心勤奮。他所看過的書籍，連那些老儒生都趕不上他。後來，魯肅去接替周瑜的職務時，拜訪了呂蒙，和他一起商議政事，魯肅常常被他說得理屈辭窮。魯肅輕輕地拍著呂蒙的背說：「我本來以為老弟只有武略罷了，直到今日，才知道你學問淵博，見解高明，不再是從前在吳郡時的那個阿蒙了。」

呂蒙說：「『士別三日，當刮目相看』。老兄今天的高論，為什麼和被人稱作反應遲鈍的穰候一樣呢？老兄現在替代周瑜，要完全繼承他已經很不容易，況且又與關羽做鄰居。關羽這個人年紀雖大卻十分好學。讀《左傳》簡直可以全部背下來，為人剛直忠誠而雄心勃勃，但他性情驕傲，盛氣凌人。如今你和他做對手，應當有明、暗兩手來對付他。」

於是秘密給魯肅講了三條計策，魯肅鄭重地接受了這些計策，並嚴守秘密不對人講。孫權常常感嘆說：「人年紀大了還能有所進步，像呂蒙、蔣欽那樣，大概一般人是達不到的。富貴榮顯以後，更能折節讀書，酷愛書傳，輕財重義，所作所為可供效法，把他們作為國士，不也是很好嗎？」

計詐關羽

關羽去討伐魏國的樊城，留下一部分兵力防守公安、南郡。

呂蒙給孫權寫信說：「關羽討伐樊城又留下不少兵力在公安和南郡，他是怕我謀取他的後方。我身體不好經常生病，想以治病為名，帶領部分士兵回建業。關羽聽說我回建業，一定會撤走防守的兵力，全部開赴樊城。這時我們大軍在江上乘船，晝夜逆流而上，襲擊關羽空虛的地方，那麼南郡就可以攻下，關羽也就可以捉住。」

於是，呂蒙假裝得了重病，孫權發來文書，召呂蒙回建業。關羽果然信以為真，逐漸將南郡的兵力調往樊城。樊城危在旦夕，魏將于禁趕來救援，被關羽活捉，俘虜了數萬人馬。關羽軍中缺糧，就取用湘關的存米。孫權掌握了這個情況，就採取行動，派呂蒙進軍。

呂蒙到了潯陽，把精銳部隊埋伏在大船中，讓穿白衣服的人搖櫓，裝扮成商人模樣，晝夜趕路，到了關羽駐在江邊的哨所，俘虜了這裡的全部人員。因此，關羽沒有得到呂蒙進軍的消息。

呂蒙到了南郡，蜀將士仁和南郡太守麋芳對關羽本來就心懷不滿，關羽也放出話來要殺他倆。呂蒙大軍殺到，他倆立刻獻城投降了。呂蒙佔據了江陵城，得到了關羽和他將士們的家屬，他去安撫慰問，發出命令，軍中將士不得冒犯居民，不能索要任何東西。他手下的一個士兵，取了民家的一個斗笠，用來遮蓋公家的鎧甲，呂蒙認為他犯了軍令，雖然和自己是同鄉，也不能饒過，於是垂淚殺了這個士兵。軍中震驚，由此路不拾遺。

呂蒙經常讓親近的將士去慰問撫恤老人，給他們治病，送給他們衣服和糧食，所以深得民心。關羽家裡的財寶，呂蒙都封存起來等孫權來處理。關羽在從樊城返回江陵的路上，多次派人來和呂蒙互通消息，了解城中的情況。呂蒙對這些使者很優厚，不僅款待他們還讓他們周遊全城，到居民家中了解情況，有的將士家人親自寫信表示信任呂蒙，動員親屬回來。關羽的使者返回後，把所見所聞傳播出去，那些有家在城中的將士們都知道家中安然無事，生活比以前還好，都沒有了鬥志。

孫權趕到江陵，關羽知道自己勢孤力窮，就逃往麥城，再往西到了漳鄉，他的士兵紛紛離開他投降了孫權。孫權派遣朱然、潘璋堵住關羽必經之路，將關羽父子捉住，在臨沮將他們殺害。荊州遂被孫權平定。

呂蒙之死

孫權任命呂蒙為南郡太守，封他為孱陵候，賜給錢一億，黃金五百斤。呂蒙堅辭不受，孫權不答應。對呂蒙的封爵還沒頒下，呂蒙的病就發作了。

孫權當時住在公安，他把呂蒙接來安置在自己住的內殿，千方百計請醫生為呂蒙治病。他發布通告，若能治好呂蒙疾病的，賞黃金一千斤。呂蒙在治病中需要針灸，孫權為他痛苦難過，為想經常看到他的氣色變化，又怕病人勞累，就在牆壁上鑿了一個洞，在外面觀察呂蒙的病情。

他看到呂蒙能吃一點飯了，就感到高興，對左右的人又說又笑；他見呂蒙吃不下飯，就唉聲嘆氣，夜裡連覺都睡不著。呂蒙的病稍好一些後，他就為此事下赦令，群臣都來慶賀。呂蒙的病情加重了，孫權又到他病榻前去探望，命令道士在晚上對著星辰為呂蒙祈求延長壽命。呂蒙四十二歲時，病死在孫權的內殿，孫權為此異常悲痛。）

周泰以死衛主

孫策去討伐六縣山賊，留孫權住在宣城。孫權身邊不足千人，防備鬆懈，數千山賊突然殺來。孫權剛上馬，山賊已攻到身邊，他的馬鞍挨了幾刀。他身邊的衛士都很驚慌，只有周泰奮不顧身，揮刀殺賊，膽氣衝天。孫權的衛士鎮定下來，和周泰一起奮勇殺敵。山賊被殺散，周泰身負十二處傷，昏死過去，半天才甦醒。這天如果沒有周泰，孫權的性命就難保了。

曹操兵至濡須，周泰領命去抗擊。後因春水上漲，曹操領兵撤走。周泰留守濡須，拜平虜將軍。孫權巡視來到濡須，會見諸位將領，大擺宴席，盡情歡樂。孫權端著酒杯來到周泰面前，讓他解開衣服，用手撫摸著他身上的傷痕，流著眼淚說：「幼平，你為我們兄弟作戰猶如熊虎，不惜生命，身負重傷，皮膚如用刀刻的一樣。我心裡也把你當作親生骨肉一樣看待，委你以兵馬之重。你是吳國的功臣，我應當與你同榮辱，共生死。」

第二天，孫權將自己常用的一件頭巾賜給了周泰，表達了他對周泰的深情厚誼。

猛將董襲

建安十三年，孫權征討黃祖。黃祖在沔口橫上兩條大戰船，用以守衛沔口。戰船是用棕櫚繩拴在岸上的石礅上固定的。戰船上有上千人，以弩交射，箭如雨下，孫權的軍隊不能前進。

董襲和淩統都是孫權前鋒部隊的將領，他倆組織起百人敢死隊，身披雙鎧，乘快船突入黃祖的戰船下。董襲用刀砍斷棕櫚繩，黃祖的戰船順水橫漂，孫權的大兵得以推進。黃祖想逃跑，被孫權的士兵追上殺死。

第二天舉行慶功大會，孫權舉起酒杯對董襲說：「今日得以舉行慶功會，全靠你的斷繩之功啊！」

曹操兵至濡須，董襲跟隨孫權去襲擊。孫權派董襲督五樓船駐濡須口。一天深夜，暴風突起，五樓船將傾覆，董襲手下的人都跳上了小船，求董襲趕快逃生。董襲大怒說：「我受孫將軍的派遣在此待賊，怎麼能夠逃走？誰敢再說就斬誰！」這天夜裡，董襲因船沉而死。

呂範請任都督

孫策輕鬆地和呂範下棋。呂範說：「如今將軍的事業日益興旺，人馬日益強盛，我呂範在遠方，聽說軍紀還有不夠嚴整的地方，我請求暫任都督，輔助將軍您來整頓軍紀。」

孫策說：「子衡，你已經是個有地位有聲望的人了，再加上你手下已有許多門客，在戰場上立下了不少功勳，怎能再讓你屈居這種小職位，為軍中細小瑣碎的事情煩心呢？」

呂範說：「不對，現在我離開了自己的家鄉而來跟隨於你，不是為了妻子兒女，而是想匡時救世。好比我們同船渡海，一事疏忽，就會因此遭受挫敗。這也是為我呂範考慮，不光是為了將軍您啊！」

孫策笑了起來，無話可答。呂範走了出去，脫下盛裝，穿上戎衣，執鞭躍馬，前往官署辦公，自稱已經領受了都督的職務。孫策就正式授予符信，把許多事情都託付給他。從此軍中紀律嚴肅，上下和睦，軍紀得到切實執行。

臨危不懼

魏文帝派遣曹真、夏侯尚、張郃等人率兵進攻江陵。當時，江陵由孫權的征北將軍朱然鎮守。孫權派遣將軍孫盛領上萬兵馬在州上，立圍塢，作為朱然的外援。張郃渡江進攻孫盛，孫盛抵擋不住，只得退走。張郃佔據州上的圍塢，將朱然與外界的聯繫斷絕了。

孫權又派潘璋等人來解救朱然，仍然沒能成功。朱然在江陵城中的士兵多數得了浮腫病，能作戰的只有五千人。曹真在城外築土山，挖地道，建木樓，射向城中的箭猶如下雨，朱然的將士們都嚇得臉上沒了血色。朱然卻沒有害怕的意思，他勉勵將士們堅守下去，並抓住機會攻破敵軍兩個據點。

魏軍圍城六個多月，沒有退走。江陵縣令姚泰領兵守備城北門，他見城外兵盛，城中人少，糧食將要吃盡，就與魏軍聯繫，想作為內應，使魏軍攻破江陵城。在他將要舉事時，被朱然發覺。朱然將他治罪，殺了他。夏侯尚等人見江陵不能攻克，就撤兵走了。從此，朱然名震敵國，孫權改封他為當陽侯。

虞翻斥降將

魏將于禁被關羽所獲，押在城中，孫權來了，將他釋放，以禮相見。有一天，孫權乘馬出來，和于禁並行被虞翻遇見，虞翻喝斥于禁說：「你這個降虜，竟然和我君並騎！」說著，就要舉鞭抽打于禁，被孫權喝住。

孫權在樓船上舉行宴會，和群臣一起聽樂飲酒。于禁聽著音樂不由想起故國流下眼淚。虞翻質問道：「你想以假象來請求免除你的罪過嗎？」

孫權對虞翻的話很不高興，為于禁悵然不平。後來，孫權與魏國講和，想讓于禁北歸魏國。虞翻知道後，對孫權進諫道：「于禁率數萬兵馬而被戰敗，身為降虜，又不能以死效忠。讓他回去對我們雖然沒有什麼損失，但放他猶如放虎，不如將他斬首，號令三軍，以此來告示這就是有貳心的臣子的下場。」

孫權不聽和群臣一起送于禁北歸。虞翻對于禁說：「你不要說吳國沒人，只是我的計謀沒用上罷了。」于禁雖然被虞翻所討厭，然而對虞翻效忠其主公的精神深為感嘆。魏文帝聽說了虞翻的事後，常為他在身邊設個虛坐，以表示對虞翻的讚賞。

酒後言殺不得殺

孫權當上吳王大宴群臣。在宴會將要結束時，他起身行酒，到了虞翻跟前，虞翻趴在地上假裝醉了。孫權剛離開，他又坐了起來。孫權覺得被戲弄了，大怒，拔出劍來就要殺虞翻。周圍的人都害怕起來，只有大司農劉基起身抱住孫權說：「大王以三杯酒之後來殺善士，即使虞翻有罪，天下人誰能知道？況且大王以容賢蓄眾著稱，所以海內望風而歸。如今您就這樣放棄您的美德，這樣做好嗎？」

孫權說：「曹操可以殺孫文舉，我為什麼不能殺虞翻？」

劉基說：「曹操輕易殺害士人，天下非之。大王躬行德義，想和古代的堯、舜相比，怎麼能和曹操相提並論呢？」虞翻由此得以倖免。孫權對手下人說，從今以後，凡是我在酒後說該殺的人，都不能殺。

陸遜　簡介

陸遜（公元一八三—二四五年），字伯言，吳郡吳縣（今江蘇省蘇州）人。他是吳國大將，出身於江南士族，從小失去父親，寄養在叔祖父家。建安九年（公元二〇四年），他出任孫權的幕僚，時年二十一歲。接著他又出任海昌（今浙江省海寧縣西南）屯田都尉。當時正值連年乾旱，盜匪猖獗，他一方面開倉穀以賑災民，勸督農桑；一方面率手下士兵掃平匪患，頗見效益。他曾向孫權建議征討山越部族，取其精銳，擴大隊伍，克敵治亂，為孫權所採納。黃武元年（公元二二二年），劉備伐吳，攻戰彝陵。孫權任命陸遜為大都督，大破蜀軍。他最後官至丞相，憤激憂國，遂得病身亡。《三國志》卷五十八《陸遜傳》介紹了他傳奇的一生。

調度有方

孫桓在夷道征討劉備的先鋒部隊，被劉備的軍隊所圍困，他派人向陸遜求援。

陸遜說：「不用派兵增援。」

諸將都問：「孫桓乃是王公貴族，已被劉備圍困住，為什麼不去救援？」

陸遜說：「孫桓得軍心，城牢糧足，沒什麼可擔憂的。等我安排好作戰方案，不去救他，他所受的圍困自然會解開的。」陸遜按計劃實施他的作戰方案，劉備果然潰敗了。孫桓後來見到陸遜，說：「以前我實在是怨恨你見危不救，到現在我才知道是你調度有方啊！」

當初在抵禦劉備時，諸位將軍或是孫策的舊將，或是宮室貴戚，各自矜誇，誰也不聽誰的。陸遜把寶劍放在桌子上說：「劉備天下知名，連曹操都怕他。現在他在我們的境內，是我們的強敵。諸君們都享受國恩，應當和睦共事，合力剪除他，上報所受國恩。你們互相鬧矛盾，是很不對的。我雖然是個書生，但受命主上。朝廷之所以讓你們受屈聽我的指揮，是因為我還有尺寸之能，能夠忍辱負重。各任其事，這還有什麼可說的！軍有軍令，不可違犯。」破劉備，計謀多出於陸遜，諸將這才服氣。

彝陵之戰

黃武元年，劉備親率大軍攻入吳國的西部邊界。吳國舉國震驚，孫權任命陸遜為大都督，假以符節，督領將軍朱然、潘璋、宋謙、韓當、徐盛、鮮于丹、孫桓等五萬人馬抵禦蜀軍。劉備的大軍從巫峽、建平連營直至彝陵地界，建立了數十個屯兵據點，用黃金、錦緞、封官賞賜來誘勸各少數民族，任命將軍馮習為總指揮，張南為前鋒指揮，輔匡、趙融、廖淳、傅彤等各為分支部隊指揮，先派吳班率領數千人馬在平地紮營，以此向吳軍挑戰。

吳國眾將都主張迎擊蜀軍，陸遜說：「這裡面一定有詭計，暫且看一看再說。」劉備知道他的計策不能實現，只好率領八千伏兵，從山谷中撤了出來。

陸遜對將領們說：「我之所以不讓諸位將軍出擊吳班，就是因為料到其中必有詭計的緣故。」

陸遜給孫權寫奏章說：「彝（ㄧˊ）陵是軍事要衝，國家的前沿要塞，雖然容易取得，卻又容易失去。丟失彝陵不僅是損失一郡土地，連荊州也深堪憂慮了。今天和劉備爭奪這塊地方，一定要如願以償。劉備違犯天意，不守住他的老巢，竟敢自己來送死。我雖然無能，依靠著您的神威，順著天意民心去討伐叛逆，相信最近就可以打敗劉備。回顧劉備的前後行動，失敗的多，勝利的少，以此推論，不值得擔憂，我起初擔心劉備會水陸並進，現在他反而捨舟登陸，處處紮營，觀察他的兵力部署，一定不會有其他的變化了。希望您高枕無憂，不必把這事掛在心上。」

陸遜部下的將軍們都說：「攻擊劉備應當在他剛進犯的時候，現在已讓他深入我們的國境五、六百里，相互對峙已七、八個月，他們佔據的要害地區都已用重兵固守，攻打他們必無好處。」

陸遜說：「劉備是個聰明人而且閱歷豐富，他的軍隊開始結集時，他用心精密周到，是不容易進犯的。現在蜀軍屯駐已久，軍隊疲憊，士氣低落，再也拿不出妙計來。攻擊敵寇現在正是時候。」於是陸遜率先攻擊劉備的一處營寨，沒有成功。將軍們都說：「白白地損兵折將罷了！」

陸遜說：「我已知道打敗蜀軍的方法了。」於是命令士兵每人拿一把茅草，用火攻的方法來攻克蜀軍營寨。一經形成有利形勢，陸遜統率各路人馬一起發動進攻，殺了張南、馮習以及胡王沙摩柯等人，摧毀蜀軍營寨四十餘座。

劉備部將杜路、劉寧等走投無路，被迫投降。劉備登上馬鞍山，把軍隊布置在自己的四周。陸遜督促各路人馬從四面緊逼，蜀軍立即土崩瓦解，死亡的人數以萬計。劉備趁著黑夜逃遁，通訊聯絡人員自己挑擔，把丟棄的軍械鎧甲放在險要路上焚燒來阻擋吳軍追兵，劉備才勉強退入白帝城。蜀軍的船隻器械，水步兵的軍需物資，幾乎全部喪失，士兵的屍體擁塞在江面，源流而下。劉備極為羞愧憤恨，說：

「我竟被陸遜挫敗侮辱，這難道不是天意嗎！」

諸葛恪 簡介

諸葛恪（公元二〇三—二五三年），字元遜，琅邪陽都（今山東沂南）人，諸葛亮之侄，諸葛瑾之子，吳國將領。他年輕時就顯露出非凡的才能，三十一歲時請命平定丹楊之亂，匪患平息，得數萬猛士。在以後的征戰中，謀略在先，武力在後，屢建戰功。孫權病重時，任命他為太子的老師，輔佐朝政。孫權去世後，他窮兵黷武，不顧國力虛弱，百姓貧困，將士們的怨恨，大肆征戰，激起全國上下的不滿。他於建興二年（公元二五三年）兵困新城，返回後即被刺殺。《三國志》卷六十四《諸葛滕二孫濮陽傳》介紹了他一生的主要活動情況。

笑談白頭翁

有一群白鳥棲息在宮殿前面，孫權問：「這是什麼鳥？」

諸葛恪（ㄎㄜˋ）說：「這是白頭翁。」

張昭自以為是在座的人當中年歲最老的一個，懷疑諸葛恪故意借鳥來戲弄自己，就說：「諸葛恪在欺騙陛下，從未聽說有什麼鳥叫做白頭翁的，不妨讓諸葛恪再去叫白頭母的鳥來。」

諸葛恪說：「有一種鳥叫做鸚母，但未必一定有對，是不是請輔吳將軍您再去找一種鸚父鳥來。」

張昭無話可答。在座的人都笑了起來。

才思敏捷，應對自如

諸葛恪的父親諸葛瑾（字子瑜）的臉很長，長得像驢。一次孫權大會群臣時，叫人牽來一頭驢，在驢臉上貼一張紙條，上面寫了諸葛子瑜幾個字。

諸葛恪跪下來說：「請給我一支筆增加兩字。」孫權同意了他的要求。諸葛恪提筆在紙條上的字下面寫了「之驢」二字。在座的人都笑了起來，孫權於是把驢賜給了諸葛恪。過幾天孫權又和諸葛恪見了面。孫權問他道：「你父親和你叔父諸葛亮哪個更有才能呢？」

諸葛恪回答說：「我父親更有才能。」

孫權問他為什麼這麼說，他又答道：「我父親知道應該為誰做事，我叔父不知道，所以說我父親好一些。」孫權聽了，滿意地大笑起來。

孫權叫諸葛恪為大家斟酒，斟到張昭面前，張昭已有了幾分醉意不想再喝了。孫權對諸葛恪說：「你能讓他理屈辭窮，他就應當喝酒。」

張昭對諸葛恪說：「你這不是孝敬老人的禮節。」

諸葛恪反駁道：「現在帶兵打仗，將軍在後；吃飯喝酒，將軍在前。我向您敬酒，怎麼能說是不敬老呢？」張昭無話可說，只好喝下滿滿一杯酒。

過了些日子，蜀國的使節來了，群臣都來會見。孫權對使節說：「這位諸葛先生喜歡騎馬，回去告訴你們丞相，給他送匹好馬來。」

諸葛恪立即跪下拜謝孫權。孫權問：「馬還沒到怎麼就謝恩？」

諸葛恪回答說：「蜀國是陛下您在外面的馬房，今天您下了恩詔，馬一定會送到的，您說我怎麼能不謝恩呢？」諸葛恪的才思就是這樣敏捷，類似的事情還有很多，令孫權覺得他頗不尋常。

丹楊降悍民

丹楊郡與吳郡、會稽、新都、鄱陽四個郡鄰接，面積數千里，地勢險峻，山谷萬重。住在深山老林的山民，沒進過城，沒見過官吏，但他們崇尚武功，果敢強勁，登山越險，穿過荊棘叢生的地方，好像魚兒在水中游動、猿猴在樹上騰躍一樣。

一些作惡多端的人，為逃避官府的追捕，也躲在這裡，和山民們糾集在一起，經常出山騷擾搶掠。官府要經常出兵征討他們，搗毀他們藏身的巢穴。他們打仗時蜂擁而來，打敗了就像驚鳥一樣四處逃竄。歷代官府都不能完全控制他們，成為一件令人頭疼的事。

諸葛恪認為自己有能力治理丹楊郡，就多次請求孫權派他去當太守，並保證說要在三年內得到四萬武士。眾人都認為這是非常困難的事，不容易辦到。他父親諸葛瑾聽說後，嘆息道：「諸葛恪不可能使我家興旺，他要讓我們遭受滅族之禍了。」

諸葛恪力陳必勝之道，孫權就任命他為撫越將軍，兼任丹楊太守，撥給他三百騎兵。諸葛恪到任後，就寫信給鄰近的四郡所屬各縣的長官，讓他們各自守住自己管轄的地界，整頓軍隊，教化百姓，讓百姓定居下來。他又部署諸將領，分兵扼守在幽深險要處的關口，只管堅守，不要和山民交戰。山民們自己種糧，等到田裡的莊稼快要成熟的時候，諸葛恪讓士兵們去收割，連種子也不留下來。山民們的存糧已經吃完，新糧又收不回來，被飢餓所迫，他們紛紛出山投降了。

諸葛恪告誡下屬說：「山裡的人只要改掉惡習，服從教化，都應當安撫慰問，讓他們遷到外縣，不得嫌棄懷疑、扣押拘押他們。」

臼陽長胡伉得到投降的山民周遺。周遺過去是個作惡的山民，被困難所逼暫時出山，內心還打算反叛。胡伉把他綁送到郡府。諸葛恪認為胡伉違反了教令，就把胡伉殺了示眾，並把這件事上報了朝廷。山民們聽到胡伉因捉人而犯罪被殺，知道官府只是想讓山民出山而已，沒有害他們的意思，於是扶老攜幼，紛紛出山。

一年過後，降服的山民人數就像預想的那樣多，諸葛恪自己率領一萬人，其餘的人分給了諸將官。孫權很讚賞諸葛恪立下的功勞，派尚書僕射薛綜前去慰勞，授威北將軍，封都鄉侯。

東興大堤保衛戰

建興元年十月，諸葛恪召集人力，修築東興大堤，並在大堤的左右兩端依山各築城一座，讓全端、留略各領一千人守城，諸葛恪率軍回到建業。

魏國認為東興在它的領地上，吳國侵略了它的疆土，感到受到了侮辱，就派大將胡遵、諸葛誕等人率軍七萬，圍攻兩座護堤城塢，想破壞大堤。諸葛恪得到消息後，發兵四萬人，日夜趕往東興救援。胡遵等人命令各部建造浮橋渡過湖面，把軍隊擺在堤上，分兵攻城。守堤的兩座城建在又高又險的地方，魏軍在倉促之間未能攻下。

諸葛恪派將軍留贊、呂據、唐咨、丁奉等為先頭部隊，火速撲向魏軍。當時天正下雪，魏國的諸將聚會飲酒賞雪，見留贊等人率兵殺來也不放在眼裡，他們脫下鎧甲，扔掉矛戟，只戴著頭盔，拿著短刀和盾牌，在堤岸上戲嬉。魏軍的士兵也沒什麼防備。

留贊等人率軍上岸，立即戰鼓齊鳴，殺聲震天，衝向魏軍亂砍亂殺。魏軍受到這突然的打擊，馬上亂成一團，有的爭著去擠浮橋，有的四散奔逃。浮橋被壓斷，橋上的人都掉進水裡淹死了。在岸上奔逃的人互相踐踏，踩死了不少人。吳軍將士大顯神威，殺敵人數萬，繳獲的物資堆積如山。諸葛恪大勝而歸，被進封為陽都侯，加授荊州、揚州牧，賜黃金一百斤。

傲慢輕敵新城失策

諸葛恪連年發兵出征，勝多敗少，使他產生了輕敵的傲慢想法，並不顧國力民情，拚命想擴張吳國的疆土。

這年，他打算在淮南炫耀武力，驅趕那裡的百姓。有的將軍提出建議說：「現在率軍深入敵國腹地，邊界上的百姓必然會爭相遠逃，恐怕士兵勞苦而戰功很少。不如只圍困合肥新城，新城被圍，救兵將至，等救兵來再想辦法打敗它，就可以大獲全勝。」

諸葛恪採納了這個建議，回軍包圍了新城。戰鬥持續了幾個月，新城沒有攻下。吳軍士兵勞苦不堪，因天氣酷熱而飲用生水，罹患腹泄和腳氣病的人有一多以上，死傷的人也到處都是。各營軍官天天來報告病人越來越多，諸葛恪以為他們在說假話，就想殺報告的人。從此再也沒人敢來報告了。

諸葛恪意識到攻打新城是失策了，又恥於攻城不下，臉上常常佈滿陰雲。將軍朱異有一些不同的看法，對諸葛恪一說，諸葛恪就發怒了，剝奪了他的兵權。都尉蔡林屢次陳述用兵之計，諸葛恪都不採納，蔡林一氣之下就騎馬投魏國去了。魏國知道吳國士兵疲勞多病，戰鬥力大減，就讓援軍迅速前進。諸葛恪見新城無法攻下，只得率軍離去。

一路上，只見到處都是傷病的士兵，有的支撐不住就倒斃在路旁的坑溝之中，有的被魏國俘虜。真是活著的滿腔憤恨，死去的不能瞑目。吳軍的上上下下都呼天號地，對諸葛恪的窮兵黷武怨恨不已。諸葛恪對自己軍隊的悲慘狀況視若無睹，安然自如。他在中洲住了一個月，又打算到潯陽去開墾田地。召他回去的詔書接連不斷地催他，他才慢慢地領兵回來。

從此以後，吳國的人民對他越來越失望，產生了怨恨情緒。諸葛恪也變得暴戾無常，把自己推向了死亡的道路。

酒席宴，魂魄散

武衛將軍都鄉侯孫峻，當初和諸葛恪一起受孫權的臨終囑託，輔佐孫亮。他見諸葛恪專橫於朝廷，大失民心，朝廷內外對他怨恨的情緒與日俱增，就想除掉他。孫峻在孫亮面前說，諸葛恪想製造禍亂。二人商量後，置酒席請諸葛恪赴宴，準備在酒席上動手。

諸葛恪在晉見孫亮的頭天晚上，精神煩躁不安，整夜不能入睡。早起準備洗漱時，聞到水裡有股腥臭味，侍候他的人遞給他衣服，衣服也有臭味。諸葛恪對這種變故很奇怪，換了水和衣服，臭味原來一樣，他感到很不愉快。穿好衣服後，他走了出來，他養的狗跑過來咬住他的衣服，不讓他走。他又回到屋裡又坐了一會兒，再往外走，狗又咬住他的衣服，他讓隨從把狗趕開，登車走了。

諸葛恪在宮門外停下車。孫峻已在帷帳內埋伏了士兵，他擔心諸葛恪不進宮，還擔心他的事情洩露，就自己走出來迎接諸葛恪。倆人見面，孫峻用話試探說：「您如果身體不舒服，等以後再來朝見，我會向主上稟告的。」

諸葛恪回答道：「我應當入朝拜見。」諸葛恪進入宮中，忽然接到散騎常侍張約、朱恩等人寫來的條子，上面說：「今天的酒宴陳設不同往常，我們擔心有其他原因。」諸葛恪看了紙條後有所省悟，隨即起身離去，在宮殿內門附近，碰到太常滕胤（ㄧㄣˋ）。諸葛恪說：「我突然腹痛，不能忍著上朝了。」

滕胤並不知道孫峻的陰謀，他對諸葛恪說道：「您自從出征回來後還沒有朝見主上，今天主上設酒宴請您，您已經到了門口，應該進去才是。」

諸葛恪猶豫了一下，又返了回來，他帶劍穿鞋上殿，拜謝了孫亮，坐在自己的位置上。酒斟上來了，諸葛恪懷疑有毒沒喝。孫峻在一旁勸說：「您的病還沒有痊癒，應隨身帶著常服的藥酒。」

諸葛恪的心情逐漸安定下來，喝著自己準備的酒，和大家一起歡娛。喝了幾輪後，孫亮起身回到內殿。孫峻見機會來了，就到廁所裡把外面的長衣服脫了，穿著短裝，出來說：「有詔書令捕諸葛恪！」諸葛恪受驚跳起，劍還沒拔出孫峻已經連砍數刀，諸葛恪倒在血泊中。散騎常侍張約起身欲救諸葛恪，從旁邊砍傷孫峻的左手，孫峻隨手就砍斷了張約的右臂。武裝的衛士們跑上殿，鎮住混亂的局面。

孫峻說：「今天要殺的是諸葛恪，現在他已經死了，我們繼續喝酒。」於是，他命令刀劍入鞘，打掃乾淨場地，繼續舉行酒宴。

諸葛恪在宮中被殺時，他的妻子正在家裡。她忽然從侍女身上聞到一股血腥味，於是問道：「你為什麼渾身上下有股血腥味？」

侍女回答說：「我沒有啊。」

過了一會兒，血腥味越來越濃，而且侍女的模樣也變了。她又問侍女：「你的眼神怎麼和平常不一樣？」侍女突然跳起老高，頭撞到房樑上，揮臂切齒大喊：「諸葛公被孫峻殺了！」於是，諸葛恪家的大大小小都知道了諸葛恪遇害的消息。

諸葛恪有三個兒子。長子諸葛綽，因牽扯進一件反叛朝廷的事，被諸葛恪親手毒殺。二子諸葛竦（ㄙㄨㄥˇ），任長水校尉。三子諸葛建，任步兵校尉。他們聽說父親被殺後，知道大禍臨頭，趕快用車載著他們的母親逃跑。孫峻派騎督劉承在白都山追上他們，殺死了諸葛竦。諸葛建渡過長江，想逃往魏國，但走沒幾十里路就被追兵捉住。諸葛恪父子三人的首級在街市上懸掛了幾天，後經臨淮人臧均上表請求，孫亮、孫峻才同意讓諸葛恪過去的部下收斂埋葬了諸葛恪。

典藏中國：

01	三國志--限量精裝版	秦漢唐	定價：199元
02	三十六計--限量精裝版	秦漢唐	定價：199元
03	資治通鑑的故事--限量精裝版	秦漢唐	定價：249元
04-1	史記的故事	秦漢唐	定價：250元
05	大話孫子兵法--中國第一智慧書	黃樸民	定價：249元
06	速讀--二十四史--上下	汪高鑫李傳印	定價：720元
08	速讀--資治通鑑	汪高鑫李傳印	定價：380元
09	速讀中國古代文學名著	汪龍麟主編	定價：450元
10	速讀世界文學名著	楊坤　主編	定價：380元
11	易經的人生64個感悟	魯衛賓	定價：280元
12	心經心得	曾琦雲	定價：280元
13	淺讀《金剛經》	夏春芬	定價：200元
14	讀《三國演義》悟人生大智慧	王　峰	定價：240元
15	生命的箴言《菜根譚》	秦漢唐	定價：168元
16	讀孔孟老莊悟人生智慧	張永生	定價：220元
17	厚黑學全集【壹】絕處逢生	李宗吾	定價：300元
18	厚黑學全集【貳】舌燦蓮花	李宗吾	定價：300元
19	論語的人生64個感悟	馮麗莎	定價：280元
20	老子的人生64個感悟	馮麗莎	定價：280元
21	讀墨學法家悟人生智慧	張永生	定價：220元
22	左傳的故事	秦漢唐	定價：240元
23	歷代經典絕句三百首	張曉清 張笑吟	定價：260元
24	商用生活版《現代36計》	耿文國	定價：240元
25	禪話•禪音•禪心禪宗經典智慧故事全集	李偉楠	定價：280元
26	老子看破沒有說破的智慧	麥迪	定價：320元
27	莊子看破沒有說破的智慧	吳金衛	定價：320元
28	菜根譚看破沒有說破的智慧	吳金衛	定價：320元
29	孫子看破沒有說破的智慧		定價：320元

人物中國：

01	解密商豪胡雪巖《五字商訓》	侯書森	定價：220元
02	睜眼看曹操-雙面曹操的陰陽謀略	長　浩	定價：220元

03	第一大貪官-和珅傳奇（精裝）	王輝盛珂	定價：249元
04	撼動歷史的女中豪傑	秦漢唐	定價：220元
05	睜眼看慈禧	李 傲	定價：240元
06	睜眼看雍正	李 傲	定價：240元
07	睜眼看秦皇	李 傲	定價：240元
08	風流倜儻-蘇東坡	門冀華	定價：200元
09	機智詼諧大學士-紀曉嵐	郭力行	定價：200元
10	貞觀之治-唐太宗之王者之道	黃錦波	定價：220元
11	傾聽大師李叔同	梁 靜	定價：240元
12	品中國古代帥哥	頤 程	定價：240元
13	禪讓--中國歷史上的一種權力遊戲	張 程	定價：240元
14	商賈豪俠胡雪巖(精裝)	秦漢唐	定價：169元
15	歷代后妃宮闈傳奇	秦漢唐	定價：260元
16	歷代后妃權力之爭	秦漢唐	定價：220元
17	大明叛降吳三桂	鳳 娟	定價：220元
18	鐵膽英雄一趙子龍	戴宗立	定價：260元
19	一代天驕成吉思汗	郝鳳娟	定價：230元
20	弘一大師李叔同的後半生-精裝	王湜華	定價：450元
21	末代皇帝溥儀與我	李淑賢口述	定價：280元
22	品關羽	東方誠明	定價：260元
23	明朝一哥王陽明	呂 崢	定價：260元
24	季羨林的世紀人生	李 琴	定價：260元

三國文學館

01	三國之五虎上將 關雲長	東方誠明	定價：260元
02	三國志人物故事集	秦漢唐	定價：260元

中國四大美女新傳

01	壹 沉魚篇--西施	張雲風	定價：260元
01	貳 落雁篇--王昭君	張雲風	定價：260元
01	參 閉月篇--貂蟬	張雲風	定價：260元
01	肆 羞花篇--楊貴妃	張雲風	定價：260元

智慧中國

01	莊子的智慧	葉 舟	定價：240元
01-1	莊子的智慧-軟皮精裝版	葉 舟	定價：280元
02	老子的智慧	葉 舟	定價：240元
02-1	老子的智慧-軟皮精裝版	葉 舟	定價：280元
03	易經的智慧	葉 舟	定價：240元
03-1	易經的智慧-軟皮精裝版	葉 舟	定價：280元
04	論語的智慧	葉 舟	定價：240元
04-1	論語的智慧-軟皮精裝版	葉 舟	定價：280元
05	佛經的智慧	葉 舟	定價：240元
06	法家的智慧	張 易	定價：240元
07	兵家的智慧	葉 舟	定價：240元
08	帝王的智慧	葉 舟	定價：240元
09	百喻經的智慧	魏晉風	定價：240元
10	道家的智慧	張 易	定價：240元
10-1	道家的智慧-軟皮精裝版	張 易	定價：280元
11	菜根譚大智慧	魏晉風	定價：280元
12	心經的智慧	何躍青	定價：240元

心理學大師講座

01	北大教授講解脫之道	葉 舟	定價：240元
02	北大教授講包容之道	葉 舟	定價：240元
03	北大教授給的24項人緣法則	葉 舟	定價：240元
04	北大教授給的28項快樂法則	葉 舟	定價：240元
05	捨得與放下也是一種退場機制		

商海巨擘

01	台灣首富郭台銘生意經	穆志濱	定價：280元
02	投資大師巴菲特生意經	王寶瑩	定價：280元
03	企業教父柳傳志生意經	王福振	定價：280元
04	華人首富李嘉誠生意經	禾 田	定價：280元
05	贏在中國李開復生意經	喬政輝	定價：280元
06	阿里巴巴馬 雲生意經	林雪花	定價：280元

07	海爾巨人張瑞敏生意經	田　文	定價：280元
08	中國地產大鱷潘石屹生意經	王寶瑩	定價：280元

歷史中國

01	大清的崛起	任吉東	定價：240元
02	大明的崛起	沈一民	定價：240元

中華經世方略

01	權商合璧--呂不韋投機方略	秦漢唐	定價：230元
02	武霸天下--秦始皇創業方略	秦漢唐	定價：230元
03	亂世奸雄--曹操造勢方略	秦漢唐	定價：230元
04	楚漢爭霸--劉邦用人方略	秦漢唐	定價：230元
05	貞觀盛世--李世民創世方略	秦漢唐	定價：230元
06	紅顏至尊 --伍則天統馭方略	秦漢唐	定價：230元
07	鐵血建軍--朱元璋成事方略	秦漢唐	定價：230元
08	外柔內剛--雍正隱忍方略	秦漢唐	定價：230元
09	內聖外王--曾國藩用世方略	秦漢唐	定價：230元
10	紅頂商人--胡雪巖經商方略	秦漢唐	定價：230元

先秦經典智慧名言故事

張樹驊主編　沈兵稚副主編

01	《老子》《莊子》智慧名言故事	林忠軍	定價：240元
02	《孫子兵法》智慧名言故事	張頌之	定價：240元
03	《詩經》智慧名言故事	楊曉偉	定價：240元
04	《周易》智慧名言故事	李秋麗	定價：240元
05	《論語》智慧名言故事	王佃利	定價：240元
06	《孟子》智慧名言故事	王其俊	定價：240元
07	《韓非子》智慧名言故事	張富祥	定價：240元
08	《禮記》智慧名言故事	姜林祥	定價：240元
09	《國語》智慧名言故事	牟宗豔	定價：240元
10	《尚書》智慧名言故事	張富祥	定價：240元

國家圖書館出版品預行編目資料

三國志人物故事集 / 秦漢唐 作-- 一版.

-- 臺北市 :

廣達文化，2011.5 ; 公分. （文經閣）

ISBN 978-957-713-470-7（平裝）

1.傳記 2.三國 3.中國

782.123 100003946

書山有路勤為經
學海無涯苦作舟

三國志人物故事集

作　者：秦漢唐
出版者：廣達文化事業有限公司

書系：文經閣

Quanta Association Cultural Enterprises Co. Ltd
編輯執行總監：秦漢唐

發行所：臺北市信義區中坡南路 287 號 5 樓
通訊：台北郵政信箱 51-83 號
電話：27283588　傳真：27264126
劃撥帳號：19805171
戶名：廣達文化事業有限公司
E-mail：siraviko@seed.net.tw
www.quantabooks.com.tw

製　版：卡樂製版有限公司
印　刷：大裕印刷排版公司
裝　訂：秉成裝訂有限公司

代理行銷：創智文化有限公司
23674 新北市土城區忠承路 89 號 6 樓
電話：22289828　傳真：22287858

一版一刷：2011 年 5 月
定 價：260 元

書山有路勤為徑，學海無涯苦作舟

書山有路勤為徑，學海無涯苦作舟。